KNOWLEDGE-BASED MARKETING

• 文化创意产业译丛

知本营销

——21世纪竞争之刃

[英] 伊恩·查斯顿 著

张继军 江马益 孙煜华 译

中国人民大学出版社

序 言

传统上，公司的股本金在很大程度上取决于资产负债表（the balance sheet）上的净值。近些年来，资产负债表与股市价值之间的差额急剧加大。在某些情况下，差额反映出投资者对组织内部知识和技术的感知程度，这是一种常见的解释。

最近几年，世界各国政府开始认识到，知识是一种促进整个经济快速发展的关键因素。不少人主张，在现代经济里，知识是公司内部最重要的资源，任何国家的公司都不例外。一些知识分子甚至提出知识的重要性现在要大于劳动力、资本以及土地。后一假说的基础是，知识是一种基本的资源，能帮助组织机构在市场上争得独特的位置。

知识通常是一种无形资产，隐藏在经理和员工的脑海里。不少企业希望通过挖掘知识的优势来支持其电子贸易活动，互联网和电子商务自动化系统的出现为这些企业注入了催化剂。若要实施有效的在线知识型策略，这些组织不得不确保所有的组织性数据可转换成一种明晰的形式，企业因此可实时利用这类数据，更好地为其网上客户提供产品和服务。

知识管理方面的大多数论著倾向于关注管理这一概念的信息技术的层面。尽管技术管理至关重要，但在介绍知识如何运用于执行功能性任务上，做到言之有据、内容翔实同样是必要的。有鉴于此，帮助学生和执业经理弄通知识支撑和强化组织内的营销管理功能正

x

xi 是本书的目的。本书在理论上广征博引，并辅以大量的实例，既论证了知识管理这一概念，又说明了其在实践中的作用。

第一章介绍了知识与管理过程的概念，并且提出恰当的组织内部结构，以优化知识的储存、提取与利用。第二章追本溯源，回顾了大众营销兴起以来所经历的演变过程，其中包括介绍新近出现的大众定制化理论。同时讨论了知识在现代营销实践中所起的作用。第三章审视了电子商务促使营销在执行任务方式上发生巨大变革的原因。该章还评述了知识管理的问题以及网络平台的妥当利用方式。

第四章考察了企业如何勾勒外部环境的面貌，以便判断不同的知识源影响组织表现的方式。第五章对组织在策略、金融和功能方面的能力水平逐一作了评论，这些组织能力直接决定组织的表现。根据本章的论述，知识管理在有效提高和利用组织性能力方面具有至关重要的作用。第六章审视了可供企业选择的替代性营销立场。该章既探讨了知识在支持替代性立场上的作用，也讨论了网络在市场定位中的作用。

第七章从实际出发，评述了不同的策划思想。该章审视了知识对资源型企业的影响，并以实例说明营销计划与知识利用妥善结合的方式。知识如何支持产品更新，这是第八章关注的问题。该章回顾了用以优化革新活动的系列产品管理与开发的过程，还涉及了另一内容，即知识管理在日趋复杂的革新实践中发挥的作用。第九章探讨了如何运用知识更有效地实施企业的促销计划。

第十章对知识用于优化售价和分销决策的相关方法逐一进行评估。第十一章审查了知识管理在服务性行业实施营销策略方面发挥的作用，其作用日趋重要。第十二章讨论了一系列发现的问题，这些问题与业界领导、员工成长以及营销过程中促进知识利用的框架相关。

目·录
Contents

第一章

知识与组织

章节提要

知识已成为一种可以影响公司市值的新型资产。就其储存形式而言，知识既可由个人拥有，也可通过形式系统在整个组织内传播。组织机构对于学习所持的态度影响着它对知识的习得与运用。以组织为单位的学习活动可为赢得新的竞争优势奠定基础。随着信息技术系统（IT systems）的建立以及基于网络的技术诸如外联网（extranets）、内联网（intranets）的运用，知识管理越发简便易行。知识必须经过习得、符码、储存、重新提取的过程，方可得到有效的利用。为完成这样的过程，各类组织已开发出多种知识系统并搭建了知识平台。通过创建信息交换渠道，与供应链或市场体系内的其他组织保持密切的联系，知识可以得到进一步的开发利用。

引言

传统上，公司的股本值在很大程度上建立在资产负债表的资产　1

净值上。净资产与市场资本之间的差额表征着无形资产，如专利、品牌、质量管理等在市场上被认定的价值。近年来，资产负债表与股票市场价值之间的沟壑急剧扩大。一种解释是，差额反映出投资者对组织内知识与技能水平的感知程度不一（Herbert，2000）。

谈到知识，我们有必要辨识两种构件，即：

1. **数据或信息**　它们描述了发生在组织内部、组织之间以及其所处的市场环境内的事件。这类信息具有价值，在某些情况下（如邓白氏公司 Dun & Bradstreet 之类的信用咨询机构）构成可向客户出售的产品的基础。

2. **知识**　知识存在于组织之中，或位于员工的头脑内，或经符码后储存在组织的资料库，如公司的策略手册里。这类知识源可被视作对信息的实际利用，我们可通过理解知识来促进任务的完成，如解决问题或员工履行其岗位职责。

我们可以视信息为知识的构件，但不可视其为知识的整体（Gore and Gore，1999）。例如，我们可称知识是一个统摄一切的术语，一个囊括员工信念及态度的概念，而信念和态度本身就基于可获取的信息。知识除可融合信息外，还依赖于这类信念持有者的执著和理解。另外，鉴于信念经常受组织内部人员互动情况的影响，这种活动可以影响判断、行为和态度的形成。于是，知识往往会与某种视点相关，该视点继而会影响行动且通常囿于特定的语境。

考察知识问题时，我们有必要对个人知识与整个组织所持的知识略作说明。波兰尼（Polanyi，1996）认为组织性知识包括公司知识及员工的共识。可以预测，随着知识越出个人的范围而为他人所共享，组织便会发生变化。整个共享过程是一种社会互动活动，具有增强该组织未来行为能力的潜能。已有人认为组织内部的知识涉及(1)"知其然"、(2)"知其何以然"、(3)"知其所以然"、(4)"关注所以然"（Quinn et al.，1996）。

托夫勒（Toffler，1990）在认识知识的重要性方面作出了贡献，他的贡献也许具有重要的意义。他提出，知识能在刺激整个经济迅速发展方面起到至关重要的作用。在现代经济中，就组织层面而言，知识是公司内部的最重要的资源。现在，它的重要性已超过劳动力、资金或土地，知识已成为组织在市场上占据独特地位所要依赖的基本资源。

知识与学习

人们已经认识到，利用知识可为商业经营带来附加值。因此，近年来，人们对组织机构如何卓有成效地利用长期积累起来的信息这一问题的关注程度与日俱增，这也就不足为奇了。在利用信息方面已出现一个概念性的主题，即组织型学习（www. learning. mit. edu）。

在相当长一段时间里，学习如何与客户建立牢固的联系一直被视为确保企业面对动荡的局面和/或在市场激烈竞争条件下立于不败之地的法宝（Webster，1992）。德·盖斯在评论这种现象时称，在产品和过程均可被迅速复制的情况下，企业激发员工的学习积极性是真正获得竞争优势的唯一源泉（De Guess，1988）。学习会帮助员工个人掌握创新式工作方式，进而促使整个组织在竞争中脱颖而出。

贴近传统的主导思想是，企业资本资产中的技术含量发挥着重要作用，它是产品在竞争中占据优势的保证。与该主张相比，贝尔（Bell，1973）则认为员工习得的信息及知识发挥着更为重要的作用。斯莱特和纳瓦尔（Slater and Narver，1995）也表达了类似的看法，他们得出一个结论：获取竞争优势的一个卓有成效的方式是充分利用员工习得的技能，并将其作为提供较高价值和跟客户建立更密切联系的途径。这个观念与伍德芙的看法（Woodruff，1977）异曲同工，后者建议企业重视获得新的学识，理由是这种活动对于提高客

3

户价值具有关键的作用。

组织学习的起源与理论基础可以回溯到诸如西尔特和马奇（Cy-ert and March，1963）、阿吉里斯和舍恩（Argyris and Schon，1978）以及森治（Senge，1990）之类学者的著作。在过去的几年里，就此话题产生的观点层出不穷，令人目不暇接，引起了学界广泛的兴趣并从多种视角予以审视。伊斯特比—史密斯（Easterby-Smith，1997）在其评述该主题得以发展的理论根源的论文里指出，以下学科为其发展作出了贡献：

1. **心理学/组织发展**　重点关注学习的等级性问题—调整个人的学习以适应组织学习的需要—以及对支撑思维过程的认知地图（cognitive maps）的重要性的认识。

2. **管理科学**　在此领域，人们主要关注的是信息的创造、利用与传播。

3. **战略管理**　主要关注的是，学习原则带来竞争优势的方式及企业学习如何用新的方式回应日新月异的市场条件的能力。

4. **生产管理**　主要关注的是，如何将生产率的运用演变为学习的一项措施，以及组织设计对学习过程的影响。

5. **社会学**　在此领域，兴趣点被引向一些较大的问题：学习的性质、学习所依附的方式及诸如权力、政治和冲突之类的组织现实影响学习过程的方式。

6. **文化人类学**　主要关注价值及信念的重要性，尤其是与不同社会中的文化差异相关的价值和信念以及它们对学习过程可能产生的影响。

但是，伊斯特比—史密斯进而指出，上述林林总总的源泉很可能阻碍了完善的范式的形成，而明晰的范式可指导管理人员掌握通过组织学习来提高活动效率的方式。在战略管理的浩帙繁卷里，森治（Senge，1990）一派的理论学家指出，学习过程与获得竞争优势之间应该存在明确的关系。哈马尔和普拉哈拉德（Hamal and Prahalad，1993）也表达出这样的观点，即仅仅组成学习组织还不够。他们将学习过程理解为一种活动，这种活动应当被转化为对新知识的汲取；新知识可用来提升特长，从而使该组织提高效率，增强竞争力。能力的提高会有助于组织内部实施有效的管理功能。按照辛库拉（Sinkula et al.，1997）和摩根（Morgan et al.，1998）等人的观点，我们似乎有必要研究组织学习与加强能力之间是否存在某种关系。例如，在斯莱特和纳瓦尔（Slater and Narver，1995）看来，就其功能而言，营销因处于外部环境和企业内部活动之间，故在利用组织学习带来的种种益处上占尽了先机。辛库拉（Sinkula，1994）已经指出，尽管这类论断已经过明显的概念演绎，但是我们仍有必要开展研究，借以弄清可否论证学习与组织能力之间具有某种经验性的关系。此观点得到摩根等人（Morgan et al.，1998）的响应，他们注意到，在相关文献里鲜有经验性的证据来证明组织机构获取可用于改善内部能力的新知识方式，从而为发展出新形式的竞争优势奠定基础。

贾沃斯基和科里（Jaworski and Kohli，1993）认为，对市场或客户行为的变化明察秋毫并积极应对，是成功企业所表现出的一个重要特征。与此相似，在有关组织学习的文献里，围绕着组织具备应对外部环境变化能力的重要性的论述比比皆是，屡见不鲜。组织可以借助新知识打破工作惯例，拓宽视野及更新知识框架，这类视点已成为重要的催化剂，影响了大批研究者，他们倾心于探明在市场表现、学习和知识之间是否存在着某种联系。

这类研究的一个共同目的是，审查有效获取的知识如何能使组织受益，组织可以获取与理解客户需求相关的知识并予以分析（如：Jaworski and Kohli，1966；Slater and Narver 1995；Morgan et al.，1998）。这些作者得出的结论是，以市场为导向的组织倾向于展现争取开发新知识源的行为特征。阿吉里斯和舍恩（Argyris and Schon，1978）将这种方式定义为"双环式学习"，而格林（Glyn，1996）则

5

定义为"高级学习",这种方法使得组织更具多样性,灵活多变、游刃有余。如图 1—1 所示,它与"单环式学习"或"初级学习"模式形成对照。"单环式学习"的出现,事实上是它拒绝与新的学习发生关联,因为其管理层在解决难题的过程中倾向于使用已有的知识。

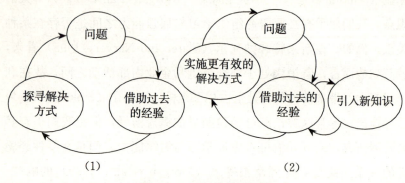

图 1—1 不同的学习风格

(1) 单环式学习 (2) 双环式学习

圣保罗公司 (St Paul Companies) 的学习情况

在开拓全球性寿险市场的过程中,圣保罗公司 (www. stpaul. com) 认识到,允许员工获得知识与信息是取得成功的关键因素 (Owens and Thompson,2001)。为达到这一目标,该公司重视学习,力求将先进的操作技能及课程内容传输给每一位员工。为支持这一主导思想,圣保罗公司创立了圣保罗大学。圣保罗大学有 13 所学院,分别关注专门的知识领域。按照要求,所有员工每年必须完成至少 40 小时的学习。"前沿"是一个专门用于学习的门户网站,员工们可通过此网站完成网上课程的学习、收集学习资料和获取外部的学习机会。

圣保罗公司学习策略的核心是培养知识群体。这些群体可以通过"知识交流网"得到帮助。该网站既提供工具,又介绍共享专业知识的方法,还帮助解决问题。工作群体一般由来自同一部门的人士组成。虚拟项目团队主要是一个跨职能的群体，他们从事以时限为基准的项目。在需要专门知识的地方就会形成一个共享专门知识的中心。该中心作用如同一个枢纽，世界各地的员工均可与之联系。例如，伦敦中心对于保险人而言就是一个枢纽，澳大利亚的员工可加以利用，结果捕捉到价值达 1 500 万美元的新业务。员工只要有学习的需要，虚拟课堂就能予以满足。课堂所开发的内容可以演变为资源，被其他群体利用。例如，南非的风险控制经理了解到当地的一家医院正在遭到病毒的侵害，她立刻联系全球各地的健康风险管理者。结果在 24 小时内，她就找到了控制感染的方法。该公司通过帮助一家发病的投保医院，不但帮助了卫生机构，也减少了公司被控渎职的风险。

知识管理

到 20 世纪 90 年代，许多企业认识到，利用计算机技术处理信息是一种颇有价值的方法，人们可借此迅速地接触知识源。通过开发利用信息技术的成果，人们可获得一个关键性的优势：一种捕捉、分析和传播信息的更有效的手段。但随之产生的不利之处是，信息技术生产出如此丰富的信息财富，以至于可能导致"知识超载"。因此，信息技术成为许多企业进行交流的主要渠道，要求掌握数据库使用技能的呼声越来越高，人们希望提取和运用储存在组织内部数据库内的知识（Lahti and Beyerlein，2000）。

野中（Ikuiro Nonaka，1994）论述了日本企业成为全球玩家的成功经验，他在审视影响其成功的诸多因素时指出，知识是一种赢得竞争优势的可靠后盾。他将知识分为两种：隐性知识和显性知识。隐性知识储存在个人的头脑里，通常以对话的方式与他人共享；显性知识格式规范，通常以文件的形式储存在数据库和公司手册之类的地方。扎克（Zack，1999）注意到，显性知识正在组织里发挥越来越重要的作用，它在知识型经济里代表着最重要的生产要素。他进一步划分出下列知识类型：

1. **断言式知识** 概念、类型和描述者构成了组织内部进行有效交往和知识共享的基础。断言式知识即指对这些内容进行的共享式的描述性的理解。

2. **程序化知识** 描述事物发生或表现的方式。共享此类知识为有效地协调活动奠定了基础。

3. **普遍知识** 性质广泛，组织内外的不同群体均可分享。

4. **专门知识** 适用于特定的组织，涉及诸如客户界定、订单处理和物流之类的问题。

显性知识的有效利用需要设计出恰当的知识储存形式以便于员工的使用。在这种情况下，知识需加标签、编制索引，其储存形式可被检索和处理。新知识必须经过提炼、加标签、分析、摘要、按标准化编排、整合和分类后方可进入储备库。在今天的企业里，数据的规范获取与储存大多是通过自动化的信息技术系统得以实现的。在此情况下，负责知识储备的管理人员应当认清自己的职责，确保知识的储备形式便于整个组织内的员工使用。这是一个至关重要的前提条件，如果此条件得不到满足，整个知识系统就无法有效运作。

后面的这个观点已被一项博士研究项目所证实。普利茅斯商学院为英国国家健康中心（National Health Service）所辖的西南病理实验室开发了一套新的技术系统。系统的设计没有同用户即实验室工作人员进行沟通，系统安装后又没有安排操作培训工作。结果，该系统未能实现加强与提升病理实验室临床诊断水平的初衷。

企业可将使用知识的方式分为两种：整合式与交互式（Zack，1999）。整合式使用表现为进出数据库的数据流。信息的提供者与使用者分别同储存系统相互作用而非直接接触。我们可以以工程师先前的做法为例：公司工程师首先制定产品的规格并予以储存。销售人员可提取这些数据，以便应对客户的询问。这类系统必须不断更新并采用硬性指标才能保证存入的知识得到有效的提取。为实现这一目标，大型的整合式数据库需要有专人负责知识的获取、传播与提交。

交互式使用主要用于服务个人，使他们有机会共享知识。知识内容是动态的，与数据储存并行，数据的储存仅仅是交互活动与合作的一种副产品。聊天室、电子邮件论坛、具有网上交谈功能的内联网均是典型的交互系统。交互系统处理信息的方式一般是分门别类（或按"线索"）编排在某些情况下，专职人员可通过研究这些交互式使用情况来提取数据丰富的知识，也可能唤起其他员工的兴趣。在此方面，例如，咨询企业可利用内联网来从事特定客户项目的管理。企业可指定专人从事"教训习得"的收集任务，并将这些内容输入组织统一的数据库内。

从知识中获益

8

早在 20 世纪 90 年代初，英国石油公司（www. bp. com）便开始鼓励总结项目知识并倡导组织内部共享知识的运作机制。很长一段时间后，"知识管理"一词才出现在商业杂志或学术刊物里（Wah, 1999）。该公司在建设欧洲加油网点过程里，通过共享知识所节省的建设成本据估计高达 5 000 万英镑。

英国石油公司最初共享知识的途径是依据一种名为"虚拟团队"的非正式计划，运用简单的框架来掌握项目在开始前、进行中和结束后三个阶段的状况。该公司现设有内联网，存有万余名员工的信息。另外，在 1 500 余名员工的案头装有电视会议与应用共享的技术设备，为员工、供应商和客户之间的沟通提供了便捷的条件。

肯·格林（Kent Greene）是推动英国石油公司进行知识管理的先驱者之一（Stewart，1999）。他发现，有一团队在建设北海施哈兰（Schiehallen）海上油田的过程中，借助知识共享使油田的造价比预算低 6 000 万英镑。格林以其观察为例说服各部门的主管，使他们认识到运用知识管理来解决棘手难题的益处。英国石油公司采用同样的策略成功地实施了进军日本零售市场的计划。他们有效地降低了一家聚乙烯厂和一家大型炼油厂搬迁所需的停工时间。格林坚持认为，成功地获取知识的关键在于提出四个核心问题，即：

1. 预计会发生何事？

2. 实际发生了何事？

3. 为什么会出现偏差？

4. 我们从中可以学到什么？

陶氏化学药品公司（www.dow.com）是一家隶属加工业的企业，它可作为知识价值利用方面的另一个范例（Dzinkowski，1999）。自 1992 年起，该公司便致力于革新工艺和降低成本以提高生产率。他们的"领袖培养网络"着手培训中层管理人员利用知识来解决经营问题，接受过培训的人数已逾 3 000。该公司还建立了一套先进的客户技术服务体系，技术问题可通过电话服务中心转到数据库的自动解答器上或与公司的专家连线。在短短的几年里，根据测算，该系统节约研发（R&D）成本近 30%。

陶氏化学药品公司还开展了专项活动，通过将公司的资产分门别类，对自家的家底做到稔熟于心。他们特别关注公司的专利，因为公司的 3 000 余项专利占据了企业的知识财产很大的比例。根据调查结果，陶氏化学公司与其他组织如客户和供应商所达成的新的专利许可协议，价值 10 亿美元。

成功的要素

实施知识管理的动机会受何种因素的影响？为进一步摸清这些
因素，德·朗和比尔斯（De Long and Beers，1998）两人对一系列
的项目展开了深入调研。这些项目分属 31 个组织，涉及诸多环节，
从研发到生产到销售，不一而足。有些项目属于自筹资金，要求用
户有偿使用所得的知识；有些项目依赖于公司资助，项目的经费计
入公司的经营费用。通过分析案例资料，他们发现，不同的项目拥
有四大类特征：

1. 创立知识储备库。

2. 改进获取知识的途径。

3. 改善知识环境。

4. 将知识作为资产进行管理。

在知识储备的语境里，可再做细分：其一是智能系统，它具有
竞争性，可用于过滤、综合及解析有关企业外部环境的信息。其二
是层次分明的知识库，信息与知识有条不紊地纳入其中。例如，惠
普公司（www.hp.com）的"电子销售伙伴"系统可提供技术性能
信息、销售演示、客户/账号信息以及便于现场销售人员使用的其他
辅助工具。另一类知识储存类型是员工头脑里的隐性数据。有关企
业发现，这类数据储备机制并不理想，他们正在想方设法地提取这
类知识并将其转存到电子数据库内。人们发现，有些数据通过语词
的方式进行交流，效果颇佳，于是不少企业鼓励员工定期参加社交
活动，"常用的战例"在活动中得到交流。

许多企业致力于提高知识储备系统的使用效率，为此他们增添
了出口网络，帮助其他的人从此类知识中获益。微软公司（www.
microsoft.com）建立了专家网，软件开发团队借此可在企业内找到

能助其一臂之力的有识之士。该系统由数据库和电子界面构成，收录了知识特长类别和个人简介。英国石油集团公司勘探部（BP Exploration）利用电视会议系统、扫描仪、数据共享工具及通讯系统可帮助现场工程师迅速解决他们所遇到的难题。供应商、客户和工程师虽然身处异地，但在后一系统帮助下可进行实时数据交换，从而迅速达成妥当的解决方案。

许多企业为此项研究作出了贡献。不少企业认识到知识管理需要具备一个先决条件，即必须调整社会规范和价值观念以鼓励员工光明正大地分享他们的经验，无论经验是好还是坏。有一家计算机企业举办了一系列研讨会，试图说服工程师接受缩短营销时间本身所具有的价值，他们不应热衷于一事一议的解决问题的方式。另一家企业利用客户的反馈意见来评估员工在数据交换方面的坦诚程度。还有一家企业安装了决策审核系统，在该系统的帮助下，他们评估员工是否以及如何利用知识来做出关键性的决策。

相关企业对知识价值的重视程度不一。斯堪的亚公司（www.skandia.se）是瑞典一家大型金融服务企业，该公司将知识资本作为内部审计要项，纳入年度股东报告。如前所述，陶氏化学公司通过专利权来为获得的知识定价。然而，多数企业虽然意识到这类形式化过程需要更新会计工作的主导思想，但他们并不准备引入这些基本的变革来改变他们的报表结构。

德·朗和比尔斯所研究的一些项目涉及了巨大的组织转型问题。尽管如此，大多数企业对改进经营管理的关注仍停留在某一特定的功能上，诸如产品开发、客服支持系统、员工教育、过程调整及软件开发之类的活动。有鉴于此，两位作者承认，局部改进的情况若放在判断细节对组织提高整体性能的贡献程度的语境里，则极难衡量。但是，若根据所收集的案例材料，我们仍可识别下列因素，它们可能有助于知识管理项目的顺利进行：

1. **价值关联** 节约资金或带来明显收益的项目评估起来也许最为容易，它们对高级管理人员也有着巨大的诱惑力。例如，霍夫曼-拉若奇（www. roche. com ）公司曾全力以赴地开展了一项研究工作，旨在有效地缩短新药的上市时间。每延误一天上市就意味着少收入一百万美元，一旦了解了这一点，这一规划的动机就很容易理解了。

借助可测算的节余来考量项目是一种重要的能力，因为实施知识管理项目大多成本昂贵。安永咨询公司（www. ey. com）计算出他们在知识管理上的费用占其收入的 6％，而他们的竞争对手麦肯锡公司（www. mckinsey. com）测算出的数字更高，占到其收入的 10％。

2. **基础设施** 如果投资项目属于恰当的基础设施项目，那么该项目成功的概率更高。在大多数情况下，这类基础设施项目带有明显的技术特征，需要使用诸如 Lotus Notes 一类的软件工具进行信息储存与管理。另一个重要的方面是台面计算与沟通技术，也就是说，至少项目的参与者可通过计算机联网来进行文件交换及沟通。

成功的企业还须确保其员工掌握必要的信息交换技能，团队负责人具备传递知识的能力，虽然有不少人认为这一条件并不重要。鉴于这些技能直觉程度不高，许多企业纷纷投资于培训项目，旨在提高员工素质及电子交流技能。

3. **知识结构** 对知识进行定义、分类或储存绝非易事。然而，数据库必须性能完善，否则他人可能无法提取存入的知识。因此，许多企业设有数据库管理员的岗位，负责规范知识利用各个环节的操作，包括从最初的知识提取一直到知识的再分发。另外，整个体系必须具有机动灵活的特征，以便于系统升级与调整。

4. **文化氛围** 案例材料所提供的证据似乎表明，知识管理系统的设计必须符合组织的经营文化，这与其他管理的基点相仿，如变化管理、合并与收购及授权等。活力四射的文化氛围似乎有如下特征：（1）员工具有明确的知识利用的导向；（2）员工在共享知识方面不受任何清规戒律的限制；（3）任何特定的项目所订的目标都不会让员工感到无所适从。

5. **语言**　有证据表明，"组织学习"或"知识管理"之类的字眼会令许多员工忐忑不安。鉴于这种情况，必须持谨慎的态度，尽可能设计出替代性语言。说明拟开展的项目所使用的话语应与具体组织内的语言环境相匹配。譬如，在开展进一步把握用户需求变化的项目时，如果将项目命名为"改进客户服务计划"，该项目更容易为员工所接受。

6. **激励**　知识管理项目一般需要开展较长一段时间才能修成正果，为此，人们需要跨部门工作，并承担借助新技能才能完成的任务。在这样的情况下，如何激发员工踊跃参与的热情问题颇为棘手。某些时候，企业倾向于采用短期激励措施，如奖金，来鼓励表现出色的员工。鉴于知识管理项目耗时长、性质难以明确，一些企业采用员工定期考核制度以使员工有机会得到正面的反馈。他们认为通过这种机制来持续激励员工效果更好。

7. **渠道**　将单一渠道确定为传递知识的最佳途径，这种做法往往是行不通的。凡是成功的项目都是广开门路，多种渠道并举，以保证员工共享信息：私下交谈、专门拜访、聚会、研讨会、通讯及数据库等，不一而足。譬如，克莱斯勒公司新近成功地开发出汽车新品，他们将成功归功于所实施的相关人员同楼办公的举措。

8. **高级管理层的支持**　一般说来，在开展可能影响未来表现的项目时，如果高层管理者能挺身而出，明确表明他们的立场，这将会极大地鼓舞士气。他们拥有多种选择来决定表明态度的方式：利用各种场合大肆宣扬知识利用的重要性，提供必要的资金支持，以及阐释何种知识管理领域对公司的未来发展至关重要。

知识体系

为进一步了解组织如何协调知识的获取与利用，迪贝拉等人 (DiBella et al.，1996) 对四家不同行业的组织开展了深度调查。四家企业分别是法国电力公司（Electricité de France）、菲亚特公司 (Fiat)、摩托罗拉公司（Motorola）和共同投资公司（Mutual Investment Corporation）。他们从收集的案例材料中推导出一个结论，即有效的学习体系包含下述七个因素：

1. **知识源**　其定义是指组织对知识内部开发或利用外源知识的偏好程度。

2. **产品加工重点**　重视积累产品和服务的相关知识，把握知识投资的导向以改善企业的内部活动。

3. **文件编排模式**　内容为组织所采用的知识储存系统。一个极端是知识可能保存在员工个人的头脑里，另一个极端是全部的知识可能经仔细编排存入公司的各种经营手册内。

4. **传播方式**　指组织设法使知识在员工之间进行传递的途径。一种方法可能是创立结构严谨、形式明确的方法，使组织上下共享真知灼见。另一种方法是态度随和，让员工自行决定是否与项目的其他成员共享知识。

5. **学习重点**　指的是组织内部所运用的学习风格，类型可为单环式或双环式。

6. **价值链关键点**　指价值链上的重要区域（如营销、制造、设计、物流），企业主要针对这些区域开展学习活动。

7. **技能培养**　指企业为提高员工的素质而采取的各项措施，尤其是指企业的培养措施侧重于员工个人抑或强调某种团队或群体学习的形式。

13

　　查斯顿等人（Chaston et al., 1999）深入英国的小型生产公司，调查那里开展知识管理的情况，其目的在于了解学习系统在传统型企业与创业型企业内的作用。研究结果表明，创业型企业与其更习惯于常规思维的竞争对手相比，在学习系统的运用方面成效显著。根据这项研究结果，他们提出了创业型企业的学习系统所呈现的特征，如图1—2所示：

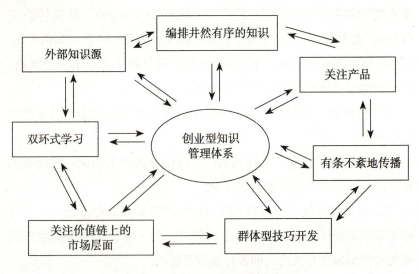

图1—2　创业型企业知识管理系统

　　在利用知识源方面，传统型企业看好从企业内部获取知识。这一点与创业型企业的态度形成鲜明的对比，后者恰恰热衷于引进企业外部的知识。在产品过程侧重点的问题上，创业型企业重视正在进行的产品开发或客户服务工作，而传统型企业通常想方设法提高组织内部活动的效果。在文件的编排模式方面，传统型企业在知识储备上采取较随意的方式，而创业型企业则倾向于创建形式严谨、内容集中的记录系统，让其扮演关键信息储备库的角色。该体系在组织的记忆系统有效运作方面发挥着至关重要的作用。创业型企业在采取后一种方式整理知识时，同样青睐于创立形式严谨的传播方式系统，确保全体员工均能共享信息。相比之下，传统型企业看来采用了随意的方式，他们似乎认为，个人会按其"所需"彼此共享知识。

传统型企业的学习重点落在单环式的学习上。对英国创业型企业的调查表明，这些企业的学习重点为双环式的学习，他们不断吸收新的知识并以此为基础提高解决问题的效率。这个观点与其他研究者的结论不谋而合。在价值链关键点方面，传统型企业重视有助于进一步改进组织内部运作效率的活动。创业型企业似乎并不看重价值链上与为客户增值的相关的层面。在技能培养问题上，创业型企业与传统型企业的做法再次形成对比：前者的管理旨在提高团队的整体素质，而后者的培训目标则是提高生产率中的个人能力。

知识平台

电子商务可以作为企业培育创业机会的一个新途径。公司一旦做出这样的抉择，接踵而至的后果便是，组织内部知识平台以更为紧密的方式连接市场体系内的其他知识源，如供应商和客户。造成这一后果的原因是，随着买卖双方建立电子联系及贸易活动实时展开，数据交换量便会激增。于是，客户和供应商紧紧盯住市场，市场体系内的风吹草动均会引起他们做出剧烈和迅速的反应。

电子商务体系的建立导致知识交换形式层出不穷。通过这一平台，供应商可与客户就投放到市场上的产品的优点与特征充分地交换意见。另外，数据交换可以是互动式的，也可以量身定做，满足客户的特殊知识需要。例如，惠普公司采用了一种系统，它通过询问客户的要求（如价位、颜色、打印速度）帮助客户挑选打印机。系统根据客户的回答，向客户提供相应的宣传册，将该公司的意见推荐给客户。

客户有时需要大量的额外信息，如果依赖传统的信息渠道，绝 *15*

难办到，而电子商务平台则可以满足客户的需要。譬如，网上葡萄园（www. wine. com）是一家在线供应商，可提供葡萄酒的各种详细信息，如酿造、品种、质量、最佳佐餐食品等。从供应商的角度看，电子商务平台还有一大优势，即此种媒介使用成本极其低廉，大量的知识均可得以传递。若与常规渠道（如邮寄商品目录或电话联络）相比，这种媒介既高效又便宜。

此类平台亦可实时传播知识。企业需要对瞬息万变的市场做出最快的回应。在此情况下，实时传播的特点尤为重要。例如，在进行在线股票市场交易时，客户常常会身处困境，面对金融市场的新走势，需要再次考虑立刻购进或抛出投资股票。遇到这样的情况，在线客户可即时获得所需数据，帮助他们做出决策。

再有，知识系统可追踪和记录客户所做的搜索活动与购买决策，巨细无遗。在系统的帮助下，供应商可掌握企业全部购买活动的概况，任何人只要同企业打过交道，其购买行为便有案可查。一旦了解某一群体处于至关重要的位置，供应商便会采取措施，设法采用量体裁衣的方式对每一位客户的特殊需要做出回应（例如，亚马逊书店的在线服务帮助老客户挑选并推荐图书）。更有甚者，如果将这类知识与企业的生产系统有机地结合起来，企业便有能力对客户的产品或服务的特殊要求做出迅速的反应。以摩托罗拉公司（www. motorola. com）为例，该公司收到客户所要求的传呼机的指标后，能及时将要求传递给他们的工厂，工厂迅速生产出所需的产品，并在第二天向客户交货。

知识网络

新知识是赢得竞争优势的基础。随着各类组织对知识价值的认识日趋明确，组织内和组织间的新型知识构架层出不穷，为实施创业性更强的新商务策略提供了运作机制。这些动机无非是努力以创造性的方式回应变幻莫测的市场机会，它们拥有一个公分母（a common denominator），需要打破管理职能间的界限，提倡加强合作、确保信息的有效流通，并以此替代先前的那种不择手段攫取稀缺资源的态度。这类合作在形式上呈蛛网式结构，于是，"知识网络"、"学习网络"之类的术语大行其道，被广泛用于描述这些新型的组织形式（Chaston，1999a）。

越来越多的证据表明，知识网络（www.tomoye.com，*16* www.psdn.org.ph）的形成可能为面临根本变革需求的公司提供了一条捷径：在组织内部实现提高创业性的行动目标。人们在汽车产业内开展并进行工程学（simultaneous engineering）的研究时，使用过这个概念。这是有关此概念起源的最早证据之一（Clark and Fujimoto，1991）。这一趋势在汽车制造业的基本表现是职能性、部门性结构向整合性更高的工作形式转型。像往常那样，日本汽车公司又起到表率作用，如马自达、本田和丰田，他们在各自的组织里不断追求新品开发的优化工作。知识网络的成功与否取决于下述四个关键因素：

1. 共同定位，项目开发的所有当事方之间借此形成社会性交往。

2. 合作步骤的规范化，以此确保职能的交叉部分得到有效的发挥。

3. 将工作条例建立在团队文化之上，团队文化强调共同承担责任的重要性。

4. 在产品开发的各个环节上，要保证网络与"客户的声音"保持密切的接触。

福特欧洲公司

福特欧洲公司（www.fordeurope.net）曾尝试照搬知识网络的观念，他们的努力一开始便遭遇到巨大的阻力：根深蒂固的部门化的结构使他们无功而返，没能在组织内部的群组之间建立真正的合作的态度（Starkey and McKinley, 1996）。推出令人怦然心动的汽车以改变福特公司在人们心目中普通汽车生产商的形象，是驱动福特公司全面改革的动力之所在。在"福特2000"的大旗指引下，该公司致力于建立一个以团队为基础、职能部门协调一致的模式，其结构发生了根本的变革。该公司双管齐下，在实施上述举措的同时，努力更新组织的价值观念，创造良好的学习环境，鼓励企业员工谋求合作与资源整合，从而摒弃了内部竞争和散兵游勇的工作模式。显而易见，网络式的管理模式有助于知识管理被纳入组织文化之中。此过程任重道远，企业需通过经年累月的努力才能完成相关工作，才有资格自诩"并行工程学"是驱动其组织运营的哲学思想。然而，福特公司在近些年来推出面目一新的"福特卡"（Ford Ka）和"福克斯"（Ford Focus）后，已已露成功的端倪。

17　　　创建枢纽结构、扮演交换中心的角色，这是组织机构建立知识网络的另一种方法，如图1—3所示。随着枢纽式知识网络的建立，中心组织的任务是敦促市场体制的成员（如供应商、中介和客户）之间实现知识的互通有无（www.intrinix.com）。组织机构苦苦寻觅快速处理信息的新途径，并以此为基础谋求新的创业机会。结果，电子商务技术便在市场体系内应运而生，它的出现极大地促进了枢纽网络的形成。企业纷纷采取措施，用整合性知识的交流系统取代传统时序性生产线流程及线性信息流，诺曼和罗米瑞兹（Norman and Ramirez, 1993）把这种情况描述为市场体系内的"价值配置"（value constellation）。企业转变为枢纽式组织后，其贸易地位可以得到加强。这的确意味着，许多创业型企业很可能在未来几年里全力挖掘知识管理的潜力，以占领各自市场系统内的核心位置。

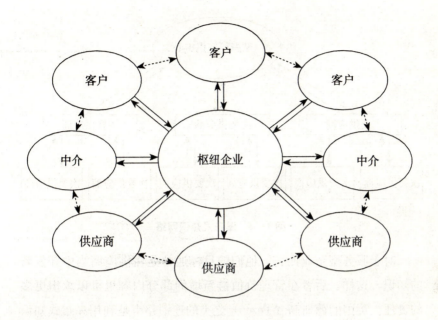

图1—3 知识枢纽网络结构

引领产品开发潮流、做好服务工作，这是许多大型贴牌厂（OEMs）所面临的一个问题。就生产型企业而言，他们只有在减少元件生产和辅助系统组装工作所占的比重后才能着手解决这一问题。大多数贴牌厂仅仅是市场体系的组成部分，他们在过去严重依赖于中小企业来满足自己对种类繁多的元件和服务的需要。富有开拓精神的企业已经认识到，如果他们能够从以价格为主和充满敌意的收购活动中脱身出来，担负起知识中心的重任，便可向供应商提供更多的系统设计和产品生产的企业。此举促成了图1—4所描绘的瀑布式知识网络。在这类网络里，贴牌公司的任务是指导学习过程并获取相关信息。例如，航空发动机企业普惠公司（Pratt & Whitney）已经创办这种网络，该网络可帮助美国东海岸的小企业提升自身能力，成为公司专业部件的供应商。

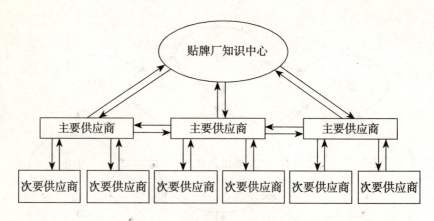

图1—4 瀑布式知识网络

对于服务型企业而言，他们的目标通常是在供应商当中开发新的知识，这样，后者在管理价值链新增的部分内容里可以承担更多的责任。英国的德斯高（Tesco）之类的连锁超市是利用瀑布式知识网络的佼佼者，他们纷纷创建互联网网页，供应商可随意访问并获取相关的知识，从店铺级的交货政策手册到检查店铺的货物周转情况，不一而足。后一类信息可帮助供应商及超市掌握销售速率，他们可根据客户购买活动的新动向及时采取应对措施。

19　　　小型企业常常既缺乏知识要素，又无充足的资源来实施创业行动，他们对此往往束手无策。攻克障碍的一种方法是：志同道合的企业建立起合作关系，携手共建"横向知识网络"。这方面的成功案例不胜枚举，如软件企业群策群力，共同努力完成整合系统的项目；生产型企业通过创立电子商务交易系统来提高销售规模；不少的独立零售商联合成为不同群体，希望能以"自己的品牌"从事经营活动。如图1—5所示，建立这类网络一般需经四个阶段（Chaston，1999a）。第一阶段主要解决的是创意问题，创意可来自方方面面，如企业自身、贸易组织、客户或致力于辅佐创建产业群（industrial clusters）的政府机构。在第二阶段里，需要召开一系列的会议，在与会者针对创意畅所欲言后，提炼他们的思想并营造相互信任、彼此依赖的氛围。在通常的情况下，调查研究工作需要在第二阶段进一步展开，借以支持正在进行中的讨论。一旦创意被选定，即意味着进入了第三阶段，在此阶段需反复推敲恰当的学习方案。最后是第四阶段，网络初具雏形，开始实施各方认可的学习方案。

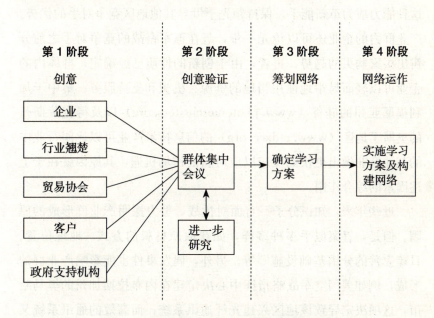

图1—5　新型多企业知识网络形成过程模式

　　学习网络的另一种形式是因产业群的形成而产生的，产业群是 *20* 指专门为特定产业部门进行产品生产及提供服务的企业在地理上的聚集。产业群的形式多种多样，一部分集中于单一层次（如鱼类加工厂），而另一部分则由市场体系内不同层次上的企业所组成（如意大利鞋业和时装业，www.furnishingsfromitaly.com）。这类结构越来越引发政府的兴趣，因为人们发现，产业群的创立与发展均可提供一种有效的机制，促进区域性的经济振兴战略的实施（Porter，1998）。

　　早期关于产业群的论著大多倾向于关注它所提供的经济利益，如产业群的出现为快速低成本获得本地专家级的知识奠定了基础；

由于有大量的熟练工人可供选择，企业的生产率可得到提升；另外，企业还有机会通过共享诸如分配与营销之类的共同性的服务来降低经营成本。然而，越来越多的证据表明，产业群所具有的一种最强大的特征是它具有获取和共享知识的能力。产业群内的企业可借助这种能力成为革新能手，保持领先于世界其他地区竞争对手的优势。产业群内的企业还可以抢先一步，赶在孤军奋战的竞争对手之前分辨出买家购买的趋势。再者，由于创新的性质已经确定，群体内的企业可以轻而易举地使用当地的资源、机械和支持服务。集中于加利福尼亚州的硅谷（www. photonicsclusters. org）以及得克萨斯州的奥斯丁地区（www. ctdxcc. org）的信息技术产业可以比同行业中的其他企业做出更快的反应以应对新的市场机遇，其原因就在于上述因素的综合作用。

近些年来，知识分子一直面对挑战，努力探明产业群形成的原因。但是，答案似乎多种多样，如获取原材料的方式、地理位置、日臻完善的分销基础设施等等。另外，偶发事件也能影响产业群的形成，例如美国空军战略指挥中心决定建在内布拉斯加州的奥马哈市，这项决定导致该地区兴建光纤通讯系统，而高效的通讯系统又促使众多的电讯企业跟"网"而至，纷纷进军该地区开办电信服务中心。

就知识型产业而言，推动产业群形成的因素是出现了批评型的知识大众。这种现象在下述两种情况下特别容易出现：一是研究工作所产生的商业机会掌握在学术机构的手中［如以麻省理工学院（www. masstech. org）为中心发展起来的技术带，以加利福尼亚州境内斯坦福大学为核心发展起来的信息技术产业］；二是大型公司致力于开发前沿技术，他们为此建立了主要的生产区（如在第二次世界大战期间，波音公司在美国西海岸设厂制造 B－29 轰炸机）或新生企业由于业务大获成功，逐步成为全球性的主要玩家［如位于明尼亚波利斯的生产起搏器的先锋医学电子公司（www. medtronics.

com）以及位于西雅图的微软公司］。

　　有些作者指出，互联网的诞生及相关的通讯技术促成虚拟产业群的出现，它将世界各地的个体企业家与小型企业联系在一起。我们在思考这类预测时，需要注意大多数的企业家仍然是社会性的动物，面对面的互动活动会极大地激发他们的思想，使他们思如泉涌。另外，在许多不同的行业部门存在一个显著的现象，企业家似乎具有相同的生活格调，这种格调促使他们汇聚到某个地区〔例如：信息技术员工偏爱加利福尼亚州；游艇设计师喜爱英国的西南地区；时装设计师对巴黎或米兰一往情深（www.globaltechnoscan.com）〕。因此，虚拟产业群可能比一些专家所预测的"未来的世界"的形式要存在的时间长一些。

　　然而，我们更有把握的是，互联网和相关技术会持续扮演重要的角色，可以更有效地储存信息、允许市场体系内的当事方之间进行更快捷的知识交流。于是在21世纪，我们可以信心十足地预测，不同形态的知识网络将会转变为占据主导地位的经营结构，公私行业组织的创业活动均需凭借此结构才能得以有效的管理。

第二章
营销与知识的运用

章节提要

营销是第二次世界大战后出现的一种管理哲学，内容涉及利用知识来了解并满足客户的需要。像利华公司（Lever）、雀巢公司之类的企业早期的成就就是通过大规模的营销取得的。20 世纪 60 年代，有许多这样的企业认识到，通过掌握不同市场的相关知识，他们可以研发出种类更多的产品以更好地满足市场上不同的需要。利基市场（niche market 一词的音译，专指市场细分后的微小份额。——译者注）策略针对的是人数很少的客户群体，它借助深度了解来提供专家级的产品或服务，采用此种经营方式的公司通常规模较小。近年来，大多数组织已经认识到建立长期忠诚的客户关系的重要性。这种哲学一般被称为关系营销，尤其受服务型企业的欢迎。只有详细掌握客户在购买前、中、后阶段的行动规律，企业才能有效地运用关系营销策略。

引言

22

20 世纪 50 年代见证了以"营销概念"著称的经营哲学的出现。

总的说来，这种哲学认为，应了解客户的需要并努力让客户享有优于竞争对手提供的服务，这是一条实现组织目标的最佳途径。

1985 年，美国营销协会（American Marketing Association）主张，可将市场营销管理定义为"一系列的策划和实施活动，通过贯彻营销理念，执行商品、服务和创意的定价与促销策略，以便与目标群体进行交换从而达到客户和组织的目标"。从定义的内容上看，显而易见，知识管理的思想在该术语见诸管理文献以前早已被商家广泛使用。

第二次世界大战结束后，美国的公司不断探索营销管理方式，它们成为许多当代营销管理方法的基石。诸如宝洁公司（Procter & Gamble）和可口可乐公司的实践表明，只要充分利用规模生产的优势，不惜重金在客户中宣传其产品的优点，就有可能成功地主导市场。他们在为标准产品赢取较高市场份额方面所采用的经营哲学已以"规模营销"而声名远播。促成他们大获成功的一个关键因素是传媒的作用，借助电视、电影及收音机之类的媒体，他们可以轻而易举地进入广大的潜在的客户市场，并且成本低廉。

理查德·泰德罗（Richard Tedlow，1990）是一名商业历史学家，任教于哈佛商学院。他分析了美国数家知名企业的成长史，这些企业遍及汽车、电子产品、零售和软饮料等行业。他研究了这些公司在第二次世界大战前后的表现，并从中概括出一些一般性原则。这些一般性原则可用于说明组织创立成功的大众市场品牌所需的知识的性质。这些知识需求包括以下四类：

1. 能够用于与大生产相关的规模经济的知识，借此可通过薄利多销来创造高额利润。

2. 将产生的利润再投资到高级形式的促销活动的知识，以此作为培养和引导市场需求的机制。

3. 创立垂直系统所需的知识。原材料采购、生产运作管理与产品交付终端用户全部通过这一系统进行。这一系统通常需要企业内部某些环节进行整合（如：福特汽车公司同时拥有总装厂和配件生产厂），并辅之以与销售体系内的其他部门所建立的合同关系（如可口可乐公司降低成本的举措，该公司向装瓶公司提供浓缩原浆，由这些公司负责特定的市场区域内的生产管理与销售）。

4. 抵御竞争的知识。公司通过采用低单价高销量的策略抢先占领市场后，需要利用此类知识创造规模经济障碍以防范竞争者的进攻。

实施有效的规模市场营销策略，企业需要依赖两类知识，即市场知识（如客户需求、竞争者的活动）与实行功能性管理的知识，后者涉及标准商品采购、生产与销售。相关因素被概括在图2—1中。就规模营销的整个过程而言，绝大部分知识均被运用于执行功能性任务，识别市场机会并利用规模生产能力来制造成本低而产量高的产品销售给终端客户。

24

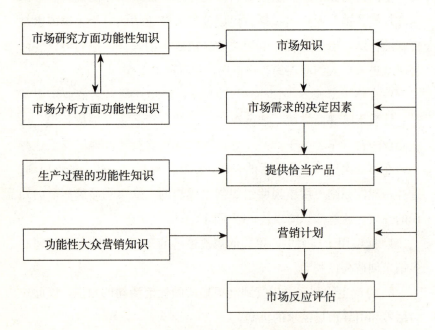

图2—1 知识促进规模营销的示意图

为获得市场和客户信息，企业需进行市场调查。市场调查费用主要用于下述活动：（1）购买库存审计数据；（2）监视竞争对手的活动（价格、促销花费、促销活动）；（3）调查消费者对公司的广告活动的了解程度；（4）消费者调查以评价使用类型和态度类型。从传统上看，从事快速消费品（FMCG）行业的公司分配给市场调查工作的资源通常是有限的。在许多大众市场上，消费者的需求被视为同质性的，因而掌握诸如购买趋势、消费者的态度和行为之类的情况被看成是手到擒来的事，这是导致对知识无迫切需求的一个基本原因。

利用知识引领潮流   *25*

在大众市场上，品牌经销商正面临着一个问题，即如何在与超市的竞争中生存下来，这些超市连锁店以低廉的价格供应非名牌或其自有品牌的产品。面对激烈的竞争，这些公司若想维持国内外名牌产品的基本价格，就必须利用其客户及技术知识来提供优质产品，借以继续使他们的名牌产品与非名牌产品区别开来。

美国的消费者越来越担心居室内的细菌污染的问题（Teng，2000）。关于洗衣机内细菌滋生的研究报告一公布更令人忧心忡忡。宝洁公司了解到消费者中出现的新的需求，不失时机地调整了其著名的去污剂产品"汰渍"（Tide）的配方。1999年，他们推出含有过氧化氢的汰渍液体产品，之后又推出经重新配方的含有漂白剂的汰渍洗衣粉。这两种产品均有专门的配方，在洗衣时可杀死细菌。

其他品牌也将这一知识运用于一系列产品生产，他们利用开发出的新技术来作为应对的方法。宝洁公司利用环式糊精的方式是提升技术作用的一个例证（McCoy，2002）。环式糊精是一种环形单体分子，具有捕捉化合物的性能。宝洁公司拥有此项技术的

专利。宝洁公司先是利用他们的知识为 Bounce 牌布料柔顺剂开发出一种香味传播剂。1998 年，他们把环式糊精添加到 Febreze 牌清新剂里，充当除味剂。接着在 2000 年，他们又把它添加到 Febreze 牌的清洁剂里，这种液体可以除去难闻的气味。与此同时，宝洁公司还开发出 Febreze 牌抗菌剂，这种新型喷剂可杀死厨房表面上 99.9% 的细菌。

走向国际市场

世界上著名的全球品牌（如麦当劳、百事可乐、箭牌）中有许多是在美国起步并随着美国公司在 20 世纪五六十年代发展为跨国公司的大潮逐步遍及全世界的。有些品牌如利维斯牛仔裤轻而易举地被海外市场所接受，他们基本上不需要了解不同客户的需求。尽管如此，在不少情况下，全球性经销商发现，调整产品的定位极有必要。

肯德基进入日本市场的情况便是一例，它证明有必要利用新知识来调整策略（《国际零售与分销管理杂志》，1993 年）。该公司在 20 世纪 70 年代首度进入日本，那时他们沿用了在美国屡试不爽的策略：在购物中心内开店，人们可以驾车驶入，并将产品定位在整个家庭的"快餐食品"。这一策略实施后的结果是灾难性的：当时日本大多数人都是骑自行车购物。

该公司通过深度市场研究，获得了有关日本人的生活方式、态度和购买行为的大量信息。他们发现，当时采用的大众市场策略并非抢占太平洋市场的滩头阵地的最佳方式。该公司决定调整品牌的分布状态，着手在高档市场区和靠近富人区的火车站开设新店。促销活动则针对年轻人，他们努力传达出肯德基炸鸡代表着餐饮消费新潮流的观念。

一些学者如科特勒（Kotler，1994）认为大众市场营销已是一个奄奄一息的命题。他称早在 20 世纪 60 年代，企业就代之以新的营销方式，提供系列商品供客户选择（如通用公司生产的型号多样的汽车），并借助诸如"目标营销"一类的方法将营销的重点放在特定的客户群体上（例如：啤酒的广告直接针对高消费人群，如 18 岁至 25 岁的男子）。毋庸置疑，这一观点虽不无道理，但我们也可予以反驳：产品的延伸或目标营销虽然偏离"万人一品"的经典经营方式，但实际上仅仅是快速消费品"蓝筹"（Blue Chip 西方赌场中三色筹码之一，价值最高，此处意为"表现出众的佼佼者"。——译者注）公司使用的策略是，将品牌的多样化作为一种扩大市场覆盖面的方法，其本质与大众市场产品思想无异。

这一观点在宝洁公司和联合利华公司的去污剂市场上得到证明。两家公司都有系列品牌，每种产品都有自身独特的优点。然而，这些产品的基本主张是用于清洗衣物，正是这种信息才需要借助电视广告类的大众营销媒介得以广泛传播。

了解客户

大企业仍然对规模营销情有独钟。由于观看大众市场的促销信息的人既有用户又有非用户，传媒投资方面存在着浪费现象。尽管如此，观看电视广告的单位用户成本仍旧相对低廉，这也是大企业看好它的原因之一。另外，正像拉普（Rapp，1990）所指出的那样，即使可以借助最先进的市场调查手段，对客户需要购买产品的时间进行准确的判断也非常困难。他举了沃纳-兰伯特（Warner-Lambert）之类的企业的例子来说明。沃纳-兰伯特公司着手推销其防过敏的药物苯海拉明（www.allergy-cold.com），但这家企业根本无法预测谁将要打喷嚏。在这种情况下，大众市场广告宣传在成本方面仍然划算，虽然事实上只有一小部分人在特定的日子里购买防过敏药。

　　然而，这种情况绝非意味着我们可以忽略不断出现的新技术，这些技术正在强化大众市场营销的效果。以苯海拉明为例，沃纳-兰伯特公司除利用电视广告外，还创建免费电话客服中心，人们借此在居住国足不出户便可获得基本的信息。该系统除强调品牌服务优势外，还为该公司建立客户数据库奠定了基础，美国的过敏症患者可以成为随后进行的直销活动的对象。

知本竞争

27　　产业一旦存在多年，整个行业便被主要企业瓜分。在此情况下，外来者若想进入并非易事。努克公司（Nucor Corporation）是善于将信息转化为知识的典范，以此为基础，他们推出具有竞争力的新形式。公司的创始人肯尼斯·艾佛森（Kenneth Iverson）身处幕后，大力鼓励员工以创新的方式开发利用知识，利用知识挑战行业陈规成为他的管理哲学（Slywotzky，1996）。

　　20世纪五六十年代，美国钢铁业盛行的做法是通过在固定成本、生产率、钢铁厂方面的大量投资，以有竞争力的价格提供系列产品。到了20世纪60年代中期，这些规模庞大、高度集中的钢铁厂产生出高额税收，美国的钢城如匹兹堡的居民没有谁真的在意日本所发出的挑战。日本简单照搬美国的做法，但建设出更为高效的钢铁厂。时至1971年，日本和美国的钢铁产量几乎持平。一些主要客户如软饮料企业开始用铝代替钢来作为饮料罐的生产原料，这对钢铁行业而言不啻雪上加霜。

　　肯尼斯·艾佛森为钢铁制造业构建了一幅全新的景象。这一前景是基于"及时制"（JIT）的经营哲学：建立低成本、规模小而灵活的钢厂，用废钢替代矿石来作为原料，就近向客户提供低价钢材。

在此理论的指导下，一种名为"微型厂"的全新行业得以诞生。到了 20 世纪 80 年代，努克公司股东价值达 10 亿英镑，与伯利恒钢铁公司（Bethlehem Steel）大体相抵，而后者是全球最大、历史最为悠久的钢铁制造厂之一。

我们无法用产业结构、原材料渠道或其他外在因素解释努克公司的成功。相反，成功是建立在不断开发知识的原则之上的，他们借此得以在诸如市场识别、工厂建设、加工技术等领域培育创收能力，并赶在竞争对手之前引入新技术（Gupta and Govindarajan，2000）。就这样，努克公司在 20 世纪 80 年代继单枪匹马开辟出美国的微型厂方式后，开始探寻为汽车及配件产业供应扁钢制品的机会。到那时为止，无人相信微型厂模式可以在此产业获得成功。努克公司用事实证明，这种看法是错误的：1987 年，该公司在印第安纳州劳福兹维尔市建立了首家微型厂，利用薄板坯铸造技术制造扁钢。

在组织内部，努克公司的企业文化以有效利用知识为核心展开，他们希望凭借知识来应对传统思维较强的钢铁厂商，顺利进入新的市场并赢得市场份额。为鼓励共享知识，努克公司采取一系列措施 *28* 来衡量各部门的表现，并以此为基础，挖掘部门及经营场所之间的共享机会的最佳方式。为进一步激发共享知识的积极性，这家企业施行财政奖励制度，根据个人与集体的表现付酬。公司为确保交流通畅，专门制定政策将每座工厂的员工人数控制在 250 人至 300 人的范围内。公司鼓励员工前往其他场所交流思想和看法。另外，公司自行建造和更新自己的工厂而不依赖外界的承包商。这样做一举两得，既可保持知识又可加快知识循环。

市场细分

时至 20 世纪 60 年代初期，在西方国家的大多数消费市场上，产品就其生命周期而言已经进入成熟期。其结果造成品牌之间的对峙：各公司为维持自己的品牌的销量，努力说服其他品牌的客户改变其产品的忠诚度。史密斯（Smith，1956）在其一篇经典文章里，阐述了这样的观点，即在表面上无增长潜力的情形下，企业若想维持增长，必须采用市场细分的概念。支持该主张的基本逻辑是：企业通过详细掌握客户需求的变化，可开发新品来满足不同的客户群体的需要。这一策略可能产生两大优势：（1）专业化——公司可以刺激消费，从而扩大市场；（2）如果在特定的市场份额里尚未出现竞争，公司的促销成本可以降低（Cahill，1997）。

营销商在考虑采取市场细分的策略时，需要认识到此举可能导致额外的开销（Moschis et al.，1997）。可能导致成本增加的因素有产品的开发费用、从单一产品转向系列产品所导致的生产成本的增加以及较高的物流成本。

市场细分的早期做法曾在很大程度上受市场信息性质的影响，客户的不同需求就有可能导致信息的产生。将客户群体划分为各种"自然群体"曾一度是规范性的做法。其假设是，人们可以期待此类群体内的客户有着相似的需求。那时，营销商若要对数据进行深度分析，他们面临的一大阻力是，计算机处理数据时，耗时长，费用高。另外，大多数统计工具要求使用者具有相当高的编程水平。因此，早期的市场细分技术大多依赖于常见的数据类型，如邮政系统提供的地理位置分类或社会—人口学的类型（年龄、教育、收入、职业）。

29　　　今天的市场研究人员使用的计算机性能高、价格低，而且还有许多简单易用的软件工具（如"社会科学统计程序"）可供选择。尽管他们可能会讥笑早期的市场细分的方法，但在当时这些方法被视为是妥当的，它们有助于完成客户研究所设想的任务。另外，尽管营销者通常了解市场研究有助于降低成本，但20世纪60年代的研究者还是被要求将已有的低成本的数据库作为信息源来进行"产业群体分析"。再有，我们需要承认，当时的学术研究人员并非真有能力指导商业界开展卓有成效的市场细分的实践。相反，学界倾向于以概括的方式提供建议，如"市场份额必须可以测量，具体而又便于操作"（Gibb and Simkin, 1997）。

一些学者对利用综合数据进行产业群体分析的规范性标准方法颇有微词。但是，甚至在今天，这种方法依然可以提供有用的信息。这个结论已由基亚克比（Giacobbe, 1994）所证明。他专门研究了美国零售业的市场细分的标识，通过对覆盖 200 万居民的地理区域的抽样调查，构建了一个万人规模的数据库（名址在内），从此数据库中提炼出地理—人口数据，包括诸如收入、职业、教育之类的变量。产业群体分析揭示出 4 个天然群体，即地位显赫的富裕人群、移动的专业人士、中产阶级和贫困家庭。他接着调查了不同的超市连锁店，分析结果表明，超市是向各明确的群体提供零售服务的最为有效的渠道。

实验性知识管理

研究文献结构严谨、论证规范，这表明客户信息是经调查研究和周密的数据分析后取得的。其结果为市场细分方面的知识管理决策提供了依据。然而，上述规范性的模式是否永远支持一切企业所进行的市场细分的努力，丹尼尔斯（Danneels, 1996）所作的市场调查对此提出了质疑。

这位研究者走访了比利时服装业的零售商。他发现，通行的理论是零售商应当利用经验市场研究成果将市场分为不同的群体，然后按群体决定需求，然而与之相反，被调查者经常指出，他们的方法更有可能是建立在对机会的直觉把握上的。这些营销商采用的营销方式是以试错为基础的。新店开业时，店主往往会提供风格迥异、品牌繁多的商品，随后根据实际的销售经验来调整产品结构。通过在店内对客户行为的观察，可以获得对不同客户群体性质的一般性认识。

30

就比利时服装市场而言，零售商似乎拒绝社会一人口式客户群体分类方法。相反，这些零售商乐于采用自己开发的客户类型，将客户套入不同风格的群体。另外，研究还表明，在大型商店集团里，不同的部门和管理层之间存在着互动的关系。在某些情况下，此类知识的融会能导向决策的提出，但在另外一些情况下，由于不同观点的持有者之间的政治斗争会导致做出一些令人质疑的市场细分决策。

随着计算机控制的低成本数据库的建立，许多企业有可能超越综合的社会一经济数据库，通过使用所积累的客户记录可以进行更为复杂的内部分析（www.dssresearch.com，www.marketsegmentation.co.uk）。从 20 世纪 90 年代初期起，西方世界的大多数主要银行开始利用其客户档案来探查是否存在识别使用群体的可能。这类档案包括个人信息及他们支付的服务类型的数据。个人信息是客户在最初寻求金融服务时提供给银行的。在大多数情况下，这些产业群体可提供不同购买类型和风格方面的信息。这样的知识可随后用于特定市场服务以及目标更高的促销活动。

佩契曼（Pechman，1994）回顾了银行所进行的研究工作，并以隐蔽的方式列举了群体分析所透露的信息，这些信息使得信用卡市场下述细分成为可能：

1. **非固定型客户**　使用信用卡的新手，他们一般采购量不大，主要原因是他们收入较低。

2. **以方便为主的客户**　经常持卡购物，通常会在月底付清未清偿余额。

3. **初试者**　指的是岁数不大的成年人群，由于他们的收入低于平均水平，这使得他们只能适当采购，产生的未清偿余额往往到月底也未支付。

4. **电视购物者**　指一些年老者，他们有小额透支的记录，但他们即便大量使用信用卡，也只产生微乎其微的服务费。

5. **信用卡狂** 通常是一些已婚人士，家有孩童，收入中等偏上，习惯大量使用信用卡。

6. **偏爱使用现金者** 通常是新卡的持有者，信用额度有限，但他们很少在月底付清未清偿余额，因此要支付高额的利息。

7. **圈外人** 指的是低收入的年轻人，他们很少使用其信用卡。

越来越多的证据表明，在许多市场上，人口数据在市场细分研 *31* 究方面会产生误导的后果（Bone，1991）。针对这一情况，研究者们已提出多种替代方法以便对市场进行精确的划分。例如，邵斯等人（Sorce et al.，1989）建议企业在分析时应考虑生活方式的因素，该建议得到了全产业的广泛接受，结果出现"消费形态细分"（psy-chographic segmentation）方法。人们一般认为，这种方法恰当地运用了统计技术，从而可更准确地了解消费者。奥兹等人（Oates et al.，1989）以实例说明此方法的运用方式。在研究中，他们将消费形态变量与零售商店的特点结合起来判断年长者在购买非处方药方面是否存在不同的市场需要。经群体分析，他们划分出五种群体类型，即：

1. 以家庭为导向的人。

2. 年轻而坦然者。

3. 精力充沛的退休者。

4. 自食其力者。

5. 好静的内向型的人。

通过分析每一群体对商店特点所持的不同看法，他们发现在医药零售业方面，五类群体的确有着不同的需求。

借助"利润分析"这种低成本的软件，人们有可能采用另一种市场细分研究方法（Green et al.，2000）。此方法假设，某种特定的商品可以产生一系列的好处，客户对此有着不同的需要。通过分析，人们可以发现好处之间的差别并为好处确定相对而言不同的等级。

掌握这类知识有助于识别潜在市场份额。一种名为"组合分析"（conjoint analysis）的心理学量化工具为此方法奠定了可行性。研究者广泛采用不同的算法（algorithms），开发出一种基准（cardinal scales），人们可借此评估每种好处在促使客户总体满意方面所发挥的作用。研究者通过组合分析识别潜在的市场份额后，可利用判别函数分析来为一系列好处之间的互动关系创立模型。

一种名为"双标细分"（DOS）的廉价软件帮助人们进一步探讨市场细分的问题（Forsyth et al.，1997）。"双标细分"是一种模型工具，其设计目的是识别财政方面可变群，这是该技术的一大优点，而先前的细分模型大多不具备充足的商业价值。其分析的起点是，通过询问客户来判定产品不同的好处及特点，然后使用判别函数分析来获得数据模型。通过对数据做视觉审视，我们通常会获得许多固定的群体。随后，分析者可以用算法软件回到双标细分的步骤，通过将细分群体周边部分彼此相叠，对客户进行重组。最后可使用相关系数分析验证修正后的分类在统计理论上是否是有效的。

细分理论的实践

知识管理项目，无论是以营销为内容还是涉及其他的管理功能性领域，均须依赖相关的分析家，他们能够准确有效地阐释所得到的信息。客户数据可被视作把握营销进程的基础。詹金斯和麦克唐纳（Jenkins and McDonald，1997）在考察使用过程时，使用一系列个案分析来检验概念理论与实际后果之间的潜在差异。在英国航空公司的个案里，他们得出这样的结论，即组织内部提高效率的压力加上决策大权掌握在世界各区域的经理的手中，这就意味着公司的营销人员无法实现其努力满足不同层次客户需要的愿望。

通过对卜内门公司（www.brunnermond.com）的个案研究，人们发现，这家经营化肥产品的公司在产品管理者与生产者之间

32

存在着沟通的渠道。不幸的是，在产量最大化和销售团队以产品而不是以客户为导向的压力下，旨在提高效率的灵活多变的市场管理策略也无法浮出水面，因为实施这种策略的方式也是采取更为集中的细分的导向。

根据这些材料，詹金斯和麦克唐纳得出一个结论：组织内部结构一旦涉及主要员工的态度与信念，通常会演变为有效利用已有信息的障碍，不同客户群体的需要无法得到满足。他们指出，在真实世界里，人们可能会遇到四种不同的处理细分市场的方法。

当销售区域或销售力量结构作为细分决策的基础时，有可能出现销售细分。在大多数情况下，这种以内部销售管理为基础的感知与客户的实际需要并无相似之处，客户的需要往往会跨越市场的不同层面。结构性细分常用于以生产为主及经营决策受营销部门结构左右的情况。这再一次说明，客户群体的实际需要屈从于组织的内部价值。当企业利用外部数据时，栓合细分（bolt-on segmentation）便可发生，但营销部门忽略了一个事实，即这种信息性质（如人口数据）并未为精确区分客户需要体系的建立提供一种现实基础。

詹金斯和麦克唐纳得出结论，他们所称的战略性细分是唯一有效的方法。贯彻这一策略的企业在市场驱使下，努力利用外部有效的数据资源，为该组织服务的所有细分市场提供卓越的价值。

利基市场营销

利基市场（或微小市场）指的是很小的客户群体，他们有着非常具体的产品需求。在向利基市场服务方面，成功的企业通常需要具备产品生产的专业技术运作能力以及执行高度集中的营销任务的能力。成功与否通常取决于下述事实：这家企业是否是利基市场上某种产品或服务的唯一提供者。

从传统上看，利基市场营销是一些小企业采用的策略，他们竭力避免与全国性的大牌产品发生对峙。在某些情况下，这些小企业已有可能建立利基市场，因为某些客户群体的需求正在为大企业所忽视。例如，有些客户只想购买绝对新鲜的果蔬，现有的超市分销体系不可能进行有效的投资来满足这类市场需要。于是，他们就让出了一块市场，由小农场或菜农来填补，他们通过"开放的农场"、"自采自摘"、特供方式来供货。

就许多小企业的情况而言，识别利基市场是靠公司的创办人凭直觉做出的，他们的决策离不开他们对市场的把握，他们对市场状况的敏锐观察或长年为特定的产业内的大企业服务（Chaston, 1999a）。有相当大比例的小企业在利基市场上打拼，多年来他们一直在向特定客户群体提供专门服务，并因此继续存在。有时，利基市场的出现则是因为公司的所有者或经理懈怠，反对拓展业务范围所致。

红磨坊公司

在实践过程中，理论例外的现象往往俯拾即是，英国快餐制造商红磨坊公司便是一例（Grocer, 1996）。该公司原先靠提供低成本的快餐起家。英国快餐市场虽由数家大型经销商控制（如 KP 公司和金色奇迹公司），但这些公司忽略使用排他技术，没有在品种、质地和口味上下功夫。红磨坊不失时机地推出特色产品，主打儿童快餐业中的特定利基市场。企业采用卡通人物如蜘蛛人为特许经营方式来迅速提升新产品的市场标识。这家公司只是一个利基市场的玩家，但它通过经营琳琅满目的利基产品，稳居英国第四大快餐制造商的宝座。

在不同寻常的情况下，靠利基市场起家的企业后来也能成为世

界领袖，为整个行业设标定准，例如微软就取得此种佳绩。微软公司专攻软件业的利基市场，其主人比尔·盖茨一定有着不凡的预见力，他估计到了计算机会登堂入室，摆上各家的案头。然而，退回到 1975 年，即使对这位微软公司的奠基人而言，这也是不可企及的梦想，尽管他后来为目标的实现立下汗马功劳。好运成就了这一切，IBM 公司急需为自己的新品装备操作系统。微软公司开发出 MS-DOS 系统，从而与 IBM 公司签约。此合同带来的巨额利润成为微软公司建构全球性帝国的基石。

现在，诸如 IBM、微软和甲骨文之类的大型公司左右计算机产业的倾向越发严重。尽管这样，小型开发商依然有机会掌握利基市场（Synder，1994）。在快速消费品市场营销方面，计算机专业公司一般具备技术知识能力，他们可以占有大玩家忽略或不了解的领域。财务软件市场情况显然已经如此，Intuit 和 Peachtree 之类的公司在此领域不但成功地建立利基市场，而且有足够的能力抵御微软这样的企业的进攻。

成功的利基市场玩家总也摆脱不了强大的竞争者可能进行的报复，对此他们忧心忡忡。解决威胁的另一种方法是将业务出售给竞争对手，这样顷刻间便可消除对财富将来可能萎缩的担心。例如，Lotus 公司采用了这一策略，同意 IBM 公司对它的收购。

利基市场玩家在权衡放弃孤军作战将业务出售给竞争对手时，必须明白其软件决策不可能一劳永逸。风险的存在的确成为放弃奋战而选择出售的另一个好理由。达·芬奇系统公司的情况即是如此。它将 WordPerfect 文字处理系统出售给 Novell 公司，后者另从 Borland 公司手中购买了 Quttro Pro 的产品。不幸的是，由于微软控制这些市场的能力太强，长远来看，两次收购均非明智之举。

从知识到利基市场

中国"文化大革命"期间，时年 6 岁的詹姆士·周（Zhou，J.）被道士收养，道士传授给他哲学知识，包括中药的使用方法

(Dinar，2001)。"文革"后，他得以进入大学，先后获得农学学士学位和植物遗传学硕士学位。他后来移居美国继续生物化学的博士学位课程的学习，之后在耶鲁大学任研究员。在耶鲁大学工作期间，他开展了防癌和防病毒药品的研究。到了1996年，他获得资助在康涅狄格州沃陵福德市创建了"药径"（Herbsway）实验室以整合其学识与草药知识。

周的公司利用草药生产浓缩保健茶，可促进多方面的身体健康。周正在追溯已有万年历史的中国草药知识，其中一个认识是草药的混合效果较单一植物药效更强。他努力开发新品以投放美国的保健茶利基市场。为此，他利用自己掌握的西方技术知识，来精确测试和评估每一配方。这家公司可供应26种浓缩保健茶，用于治疗特定的身体紊乱。其中有种产品可以保肝，有益于免疫系统。这种茶有助于多酚，多酚又可调节胆固醇水平，并产生出天然糖的替代物，既没有异味又无副作用，甚至不含热量。产品所需的草药全部来源于周出生的中国乡村。

营销风格

第二次世界大战后，欧洲及许多环太平洋地区竭尽全力重整饱受战争蹂躏的经济。随着这一进程，美国军人返乡，回到一个以经济建设为重心的国家，这个国家希望能在20世纪的后半期成为经济强国。战争期间，美国是盟军军用物资的生产中心，他们借此积累了丰富的经验和财富，很快就转向后来被称为"美国梦"的创造过程中。战后美国经济的发展受迅速增长的消费者购买力的推动，为许多企业提供了实施全球式扩张的平台，如可口可乐公司（www.cocacola.com）、麦当劳公司（www.mcdonalds.com）、利维斯公司

(www. levistrauss. com)。

部分管理理论家研究了这些企业的成功的原因，他们得出这样的结论，即企业的业绩与其采用的经营哲学思想密不可分。该思想认定营销乃是有效地实施交易管理的过程。充分了解买方的需求，优化买卖双方之间的交易过程，这是交易型营销所采用的模式。这些理论家们认为，该模式优于传统的产业模式——兴建工厂生产产品，然后四处寻找客源，推销其产品。

20世纪营销学的翘楚，如麦卡锡、科特勒等，深受经典管理思想的影响。他们主张对组织所处的内外部环境进行细致的研究，他们认为这是交易管理的切入点。借助此类知识，管理者可选择未来的行动目标、设计实现目标的策略及策略实施计划的要点。他们可以通过制订计划，全面运用市场要素即俗称的4P要素（4P指产品 product、价格 price、促销 promotion 和场所 place。——译者注），为市场交易推波助澜。这个概念得到长期的运用，屡试不爽。组织性品牌管理结构所依据的正是这种理念，它至今还被广泛地用在雀巢公司（www. nestle. com）、通用食品公司（www. kraft. com）之类业绩卓越的组织里。 *36*

交易型营销的基本理论最初源自对市场竞争的研究。美国的各大品牌为争夺市场份额不惜大动干戈、兵刃相见，他们的战场通常摆在有形的消费品市场上，如去污剂和咖啡等。20世纪七八十年代，研究者们试图验证市场管理的经典理论可否在其他的环境（如产业及/或服务业市场）里雄风依旧。然而，他们遭遇巨大的困难，无法收集证明经典的经营观念亦被产业或服务业内的管理人员广泛运用的证据。起初，人们通常将企业缺乏明确的市场策略的指导归咎于管理人员工作不力，指责他们不了解结构严谨、形式规范的营销方式所具有的种种优点。这种营销观念的核心是，收集信息规范化有助于营销部门及时获得知识，来调控客户交易与服务的过程。

然而，在北欧国家里，人们开始运用一种"扎根理论"（grounded theory）。根据这种理论，管理者不对管理过程预设条件，而是通过据实观察，追求方法的融会贯通，以识别新的营销模型。产业营销与收购集团公司（IMP）开展了具有开拓性意义的工作。他们证明，在多种产业市场上，企业并没有强调利用知识与其他品牌针锋相对，相反，他们通常认为，信息收集有益于开展企业间合作。这类合作旨在建立长期的相互信赖的关系。

奈斯特龙（Nystrom，1990）等学者提出营销学经典学派所依据的是企业经济交易理论，该理论认为投放到市场上的产品规格明确，同时供应商和客户又完全掌握同类商品的优劣情况。奈斯特龙认为经典营销理论是建立在下述假设上的，即客户具有获取信息的能力，故可比较相互竞争的企业所做的报价，做出合理的选择。另外，他还感到，营销学经典理论做了一个错误的假设，即认为买方是消极、被动的用户，对与供应商进行互动毫无兴趣。

然而，通过研究金融、零售之类的服务行业的营销过程，人们常常发现，在很多情况下，客户的购买行为并未呈现出明显的交易导向。因此，供应商企业应不失时机地与客户开展信息交易，借助掌握的知识，努力同买家建立形同伙伴的长期关系。制造行业展开了一场旨在加强客户—供应商之间联系的运动，支持这一活动的是全面质量管理（TQM）及时制（JIT）的管理思想。

全面质量管理是一种组织性承诺，需要依赖信息开发来实现客户对产品质量及/或服务质量的预期。显而易见，诸如 IBM 或施乐（Xerox）之类的大型贴牌公司实现客户预期的前提是他们的供应商掌握必要的知识，能够提供高质量的元件。为实现这一目的，供应商和贴牌厂均需改变传统上的对抗性的谈判方式，放弃以价格为主导、不重视信息的做法，而要采取信息流畅、以关系为主导的方式，尊重彼此的努力，共同实现优化产品质量的目标。

及时制这个概念的基础是利用知识来设法削减制成品的数量以及在做的工作，方法是改变过去那种由经济订单量（economic order quantity, EOQ) 公式所决定的单一产品长线生产的观念，逐步采用具有高度回应性、批量型生产的系统，其基础是设法将生产计划与新近收到的客户订单结合起来。尽管任何概念的实际收效一般均低于其所激发的期望值，惠普之类的公司通过采取知识管理措施，借助及时制不但有效地降低了库存，同时还为企业增辉添彩，让人们觉得企业可以根据客户需求的变化做出迅速而灵活的回应。然而，与全面质量管理的情况相似，成功运用及时制要求贴牌厂必须与供应商建立一种信息畅通、密切合作的关系，只有这样才能充分贯彻如下的概念：当日交货、乐于入驻商场管理元件的配置工作及采用电子数据交换系统实现发票的签发自动化。

在 20 世纪七八十年代，公司在运作上出现一种大规模扩张的态势，各家企业致力于提供多行业的服务，如同时向金融业、快餐业及管理咨询业等广泛的领域进军。这些组织聘用的营销人员试图运用经典观念如促销的"4P 原则"来影响客户的需求，但是他们的努力遭遇到重重困难。实践人员和理论研究者均得出一个相同的结论，即货物具有不可捉摸性、生产与消费界限难以两分以及消费者的需求呈异质性，由于这类特征的存在，我们可能需要形成新的范式，才能进行有效的服务性营销。

与产业型市场上的营销者相似，许多服务型市场的营销理论家曾关注如下事实：过去强调单笔交易的企业应当努力与客户建立长期的合作关系。赖克费尔德和萨瑟（Reichfeld and Sasser, 1990）为这一替代性哲学提供了强大的推动力。他们证明了如果以交易为中心势必会导致人们不惜钱财追求新的客户，而实际情况是，真正的营销收益源自旨在保留老客户所开展的活动〔或者用他们的术语来说是为确保客户"零流失"（zero defections）〕。产业型企业和服务型企业均开展了市场运作的研究。作为结果，出现了一种新的思想学派，他们不断地探讨企业将内部资源与创立和维护客户忠诚度协调起来的途径。总体上看，这是一种新的导向，现以"关系营销"

•*38*

而闻名，该思想既有美国的贡献（Berry，1982），又有北欧思想的渊源（Gummesson，1987）。新营销形式的支持者们认为，现在的市场竞争日趋激烈，变化无常，为了能在市场上生存下来，组织工作的重心必须从交易管理转移到与客户建立长期的合作关系上（Webster，1992）。

一部分新营销的追随者指出，建立在"4P 原则"基础上的营销方式强调了资源的重要作用。在 20 世纪 50 年代至 60 年代的北美品牌消费品市场上，这种传统的观念或许找到了用武之地，但与今天的世界风马牛不相及。例如，戈罗尼奥斯（Gronroos 1994）论述到："作为一般理论的'4P 原则'的有用性，从实用的目的考虑，至少可以说是相当成问题的。"面对那些寻求标准化的大众产品的客户，企业可采用多元化的哲学，既可着手与主要客户建立长期的牢固的关系，也可沿用传统的 4P 方法，这也许是一种稍微和缓的观点。安迪生和纳如斯（Anderson and Narus，1991）提出了一种类似的平衡观点，他们建议企业在选择最适合市场状况的策略时，应当反复权衡，既要考虑旨在建立更密切的关系的客户导向，又要思考维持密切合作关系的成本以及可能产生的效益。

毋庸置疑，在交易型营销与关系型营销孰优孰劣的问题上，理论学家会继续展开争鸣。事实上，互联网和电子商务时代的降临似乎已在"火上浇油"（Chaston，2000b）。也许我们应该认识到比方式问题更为重要的是营销者使用信息的途径。在实地世界和在线世界里，真实的情况是我们所获得的信息绝大部分具有历史的特征，运用这些信息往往会导致对市场机会做出消极的回应。对于渴望"掌握未来"的企业而言，首要的任务是用新的方式取代这种消极的方式。在新方式里，信息可以作为知识管理体制的基础，新体制会为企业形成积极的营销策略助一臂之力。借助源源不断流入的客户实时数据外加人工智能设备，营销者现在有能力实现新的营销哲学思想，在这种思想的指导下，企业可有效地识别商机，成为产品和

39

服务项目的"先动者"（first mover）甚至可以更好地满足客户的需要，这些或许是电子商务最令人怦然心动的层面。

一对一营销

在资本商品的产业市场上（如办公楼群的建设、生产线自动化），营销者一如既往地笃信这样的哲学思想，即每一位客户均有其独特的利益需求，需要提供独特的定制化的产品或一揽子服务才能予以满足。消费品生产企业希冀采纳相似的哲学思想，但经年累月，他们一筹莫展屡遭挫折，因为要获得关于每个客户个体的恰当知识并随后制造出独特的产品均意味着高昂的成本费用。

1993 年，派因（Pine）提出如何保证大众营销持续繁荣的问题，他认为人们应当多关注产品或服务定制化的思想。他提出以下五阶段发展说，认为这个过程可使企业由生产标准化的产品转向制造定制化的产品：

1. 将标准产品的服务定制化。

2. 有些产品，客户只需自行改进便可满足其独特的需要。要在这些产品上开发出独特的客户服务方式。

3. 将生产场地移近客户，这样可实现交货地的客户服务。

4. 培养快速反应能力。

5. 将元件模块化，以便于提供定制化的产品和服务。

派因之所以能够阐释这种明显具有革命性的营销方式，是因为各家公司在 20 世纪 80 年代及 20 世纪 90 年代初已经获得了执行他推荐的行动所必需的知识。所获得的知识有两个关键的领域，一是制造技术，二是以计算机为基础的信息管理系统。在早期，"全面质量管理"促使生产能力发生变化，这种管理通过获得知识，开发出可以支持零缺陷生产水准的新技术。"及时制"接踵而来，这种革新致力于获取知识使经营成本最小化,其方式是减少原料、压缩工作流程以及成品的库存水平。

公司一旦开始获得及时制方面的知识,他们立刻认识到,及时制的终极形式最终也可能得以操作,即生产不按计划而是按客户的订单进行。另外,通过利用计算机支持的生产线自动化所特有的灵活性及快速反应,同时这些企业掌握了"瘦身生产"(lean manufacturing)方法,可在一个班组时间里,生产出丰富的产品形式。

戴尔计算机公司是最先利用上述生产观念的企业之一(The Economist,2001)。公司将其计算机主干产品控制在数量有限的硬件模块上。通过对供应链的有效管理,该公司可以确保其供应商以随机应变的方式供应这些硬件。这些模块可在 4 分钟内组装完毕,另需 90 分钟的时间安装所需的软件,以此来满足特定客户所提出的操作要求。由于企业积累了实施定制化观念所需的知识,公司可以做到在三天内完成"订单—交货"的周期。

对于传统色彩较强的产业而言,获得类似的"按指示生产"定制化的能力难度更大。例如,欧洲有大约 40 家汽车公司及其配件供应商在实施一项"三日车"的项目。一开始,"订单—交货"的周期为 60 天。有趣的是,在项目的第一阶段,人们就发现汽车实际生产时间只需两天,随后需要 5 天才能将车从工厂交给经销商。其余的时间都耗在文件准备、配件交货计划及编排生产过程上。汽车厂通过利用知识管理的手段极大地缩减上述时间,有些厂家可用 14 天就能完成"订单—交货"的周期。目前,进一步缩减时间遭遇到的最大的瓶颈是喷漆车间的问题。更换颜料是一件颇为棘手的事,所以直到今天,大多数汽车制造厂还是喜欢批量生产同一颜色的汽车。

在工程技术工人努力培养进行瘦身生产的能力的同时,信息产业的人们也在不断测试,想方设法降低个体客户有关知识的获得、储存和提取的成本。其中主要的推动力源自甲骨文公司之类的企业所开发出的可以编程的极其强大的关系数据库软件。与此同时，消费者开始大量使用信用卡，而且零售店普遍使用读码器，可以阅读通用产品代码（即条形码），这种工具帮助企业获得有关个体客户的购买行为的信息。另外，越来越多的客户选择通过电话服务中心直接从供应商处（如邮购公司、银行和航空公司）购买产品和服务，这样数据会分门别类地生成。大型公司将数据处理能力与丰富的新数据有机地联系起来，从而占据了卓越的地位，能够非常细致地领悟到个体客户的需要和行为类型。

创立消费市场定制化（即一对一营销）的基石是由在 20 世纪 90 年代中期得到迅猛发展的互联网所奠定的。客户登录网络准备在线购买商品时，他们需根据要求提供有关自己的详细信息。很快，新的软件系统开始阅读这些信息。客户再做在线访问时，供应商便可借助新软件做出定制化了的回应。亚马逊公司（amazon. com）是这种一对一营销形式的早期例证，该网站充分利用客户的购买行为并以此为基础，日后向客户推荐可能感兴趣的其他书籍。

41

定制化的印刷

利用新技术完成定制化服务，印刷业为此提供了早期范例（Fultz，1999）。彩色印刷过去依赖于套色印刷技术，由于经济效益受印刷规模的左右，印制少量的印刷物的费用极其高昂，令人望而生畏。随着可调式数据、数字化彩色印刷技术的应用，这种情况发生了巨大的变化。诸如 Indigo 公司、IBM 公司、喜康公司（Xeikon），施乐公司及爱克发公司（Agfa）之类的公司已开发出新型的印刷机。这类印刷机不需要胶片，可使用数字文件，经加工印制出成品。在套色印刷时代，制作校样不但耗时长而且成本高，如今所有的与制作校样相关的工作都被彻底淘汰。结果，由于按要求印刷的成本低廉，营销者可以针对客户印制形式多样的促销材料。

多种商机由此而生，如营销者探明客户对某些产品感兴趣后，可专门印制邮购目录介绍这些产品。爱克发公司充分利用了这类创造性的机会，他们不失时机地邀请广告公司的主管共进早餐同商大业。他们利用可调式数据、数字化印刷技术，制作了彩色的邀请函。在送出的邀请函上印有一个由"Alph"字符构成的粥碗，受邀主管的大名在汤勺上漂荡，个性化色彩十足。

另一个案例与总部设在明尼苏达州的诺华种业（Novartis Seeds）公司有关。该公司在为其种子用户建立了数据库后，开展了一次直邮促销活动。他们从其客户数据库内提取了多种信息，涉及九十余个领域，这些数据经整理加入到产品说明书里。此外，说明书还提供了客户的购买史，介绍了当地的地理和作物生长方面的信息。这本宣传册，外加一封完全个人化的信函，被寄给与其客户毗邻的种子批发商。

第三章

电子商务的出现

章节提要

　　互联网的出现使得知识管理实践发生了革命性的变革。人们起初将电子商务经济学视作有助于降低在线交易的商品与服务的价格。近来，企业已经认识到通过在线资源所积累的知识可被用于构建更为密切的客户联系。在这种知识的帮助下，人们可以创造出具有竞争优势的新形式，组织机构可借此避免在线价格大战。电子商务的最大部分存在于 B2B 市场。这是因为产业型企业正利用在线知识来运作供应链，其反应更为迅捷、方式更为灵活。互联网采用了种类繁多的技术，但运作核心是利用联机数据库来进行知识的存储和提取。在线系统已在前不久实现了自动化，这一成果进一步加强了企业的反应能力，可以针对客户对知识、商品和服务的需求做出更迅速的反应。

引言

　　1969 年，五角大楼的高级研究计划署阐明了一个朴素的目标，　42

希望美国全境执行军事合同的科学家和工程师能够分享其计算机和软件系统方面的知识。结果，名为"ARPANET"的概念随令而成，其原理是设法将信息打包，这些信息包可通过电话线传播，互不牵连。ARPANET 经不断改进后，最终还增加了一个新的优点，即由于入网的计算机之间并没有直接的联系，主叫方只需支付最初的信息包交换的费用，在通常情况下，其费用仅为市话费。

到冷战结束时，ARPANET 已广泛运用于美国的学界。1991 年，国家科学基金会（National Science Foundation）受命负责向公众开放这一系统，开放时将系统更名为"NSFNET"。NSFNET 系统成为我们现在所熟知的万维网或互联网的主干。20 世纪 90 年代初，网络或互联网鲜为人知。那时，能意识到这种技术的潜在影响的人少之又少，人们很难想到该技术会在第三个千年结束时改变世界的商业形式和知识管理的方式。

如我们今天所知，互联网是由多种网络所构成的：属于独立组织的小型局域网（LANs）、覆盖面广的广域网（WANs）以及单独的计算机。计算机或网络需要使用传输控制协议/互联网协议（TCP/IP）后才能与互联网相连。互联网还有其他网络，包括主干网（如 NFSNET）、商务网（直接接入互联网的企业网络）、为小型企业提供互联网接入服务的服务提供商、教育/研究组织所拥有的非商业性网络以及门户网站。门户网站为其订户提供互联网的接入服务（如美国在线 AOL 或 Compuserve）（Gielgud，1998）。

大多数网站都设有地址或"域名"，作用与电话号码相仿，通过域名，人们可单独进入该网站。信息传播可采用文件传输协议（FTP）的方法，用此方法可传递图像、影视短片、录音材料、文本或图表。在访问网站时，人们会看到"在线菜单"（gopher）。互联网是一种乔装打扮的菜单，这样的比方颇为恰当：每个菜单均经精心设计，通过添加图表、画片乃至声音来产生引人注目的效果。

大众媒体已在强调互联网的作用。尽管如此，我们必须认识到使用这种新技术绝不是将宣传册照搬上网那么简单。总体说来，在全球范围内，对技术进行整合的趋势愈演愈烈，诸如通讯、卫星广播、数字电视、计算机之类的技术已经踏上合并之途。整合的结果便是，全世界可以获得一种更为灵活、更为便捷、价格极其低廉的信息交流的方式。这类高速交流的方式的诞生无疑对推动知识管理系统的开发与利用具有重大的意义。

我们在探讨新技术的过程中，不应事先框定互联网所能带来的机会，此乃明智之举。相反，我们须拓展争论的范围，全方位地讨论信息交流的方方面面，并以此为基础研究知识管理的更为有效的方法。商业型企业正在逐步认同这一观点，下大力气开发利用电子商务所提供的多种多样的机会。企业应开拓思路，思维要超越互联网，统摄所有的有助于企业开展电子商务的平台。这个见解得到了西博尔德和马谢克（Seybold and Marshak，1998）的论证。他们指出，电子商务的内容不但包括使用一系列的技术以保证信息交流畅通无阻，而且要为知识的获得提供帮助。信息交流技术不胜枚举，如互联网、电子数据交换、电子邮件、电子支付系统、先进的电话系统、手机一类的手持设备、交互式电视、自动售货亭、智能卡等。 *44*

公司一旦决定采用电子商务来创造新的商机，他们便会面对一个随之而来的问题：该组织的知识平台会与市场体系内的其他知识源（如供应商和客户）密切联系（Seybold and Marshak 1998）。造成这种结果的原因是买卖双方一旦建立电子联系，那么随着交易活动的实时发生，他们之间的数据交换量便会急剧增加。结果，我们会看到这样的现象：客户与供应商在市场体系内以动态的方式迅速回应市场上的变化。

爱德信咨询公司（Arthur Andersen's）于1999年开展了一项欧洲电子商务发展趋势的研究项目。研究结果有力地说明了电子商务可能对未来的企业运作方式的影响程度。该公司提出下述"五点实情"：

1. **新结构**   在过去，为求得自立，企业不遗余力地掌握丰富多彩的知识，他们努力借助知识发挥其在供应链内的作用，如采购、设计、销售与分配。现在，电子商务可帮助企业及时获得信息，并据此做出迅速的决策。在多数情况下，企业可以通过共享知识来寻求外力的帮助（有些事项如交由别的企业处理，成本更低，如将采购事项交与专业采购协会以及在超大购物中心设专柜推销其产品）。这样做不仅可以降低成本，还可以增加回应的灵活性。

2. **企业内在价值**   在过去，企业是以自己的实际资产（如土地和建筑物的价值）来作为衡量成功与否的尺度。尽管金融市场一直认可无形资产如知名度、品牌价值，但分析人员实际上倾向于使用财务报表上的固定资产来评估企业的价值。在一个瞬息万变的世界里，有形资产可能会阻碍企业迅速调整企业结构，妨碍企业针对新出现的商机采用不同的更为灵活的应对措施。在新的千年里，企业的实际价值将建立在知识资源和员工的技能上面。这一见解得到了越来越多的人的认同。

3. **零成本扩张**   在传统的制造业里，通过投资来增大生产能力通常是扩大业务量的前提。知识管理领域采用的途径与此迥然不同。如计算机软件业所表现的那样，在完成产品开发的原始投资后，随后进行的市场开发成本几乎可以忽略不计。人们只需拿出微乎其微的资金，从母盘上复制光盘。

4. **价格**   经济学家经常宣传他们的理想市场理论。按此理论，价格可以迅速恢复均衡的状态，因为客户和供应商在获得完善的知识方面享有同样的机会。人们通过在线服务，可以进行价格比较，也可参加在线拍卖活动，一个近乎完美的知识世界似乎唾手可得。其结果便是，企业会发现他们越来越难以控制市场上的价格，因为这种权力将要转移到客户的手中。

5. **交货及时**   各个层面的商业活动能够有机地联系起来，从向供应商订购原材料到自动向客户发送产品，各个环节结合在一起。

这就意味着，电子商务的供应链不会因为员工的问题而延缓运作。它的运作不考虑员工之间因缺乏知识而不能进行有效地沟通。没有创立协调的电子交流渠道的企业只能在离线情况下有所作为（如接单前需以手工的方式调查客户的资信情况），他们很快就会发现其竞争对手正在不断地蚕食他们的市场份额。他们的对手不惜花重金投资电子技术，以储备必要的知识，且这种技术可根据客户的询问，做出迅速回应。

电子商务经济学

在理解电子商务对世界经济的潜在影响时，人们应认识到在许多市场上，技术具有削减成本、提高竞争力和改善价格机制的作用（*The Ecnomist*，2000b）。因此，技术可能会促使世界接近教科书所定义的理想化的竞争状况：畅通的资讯、零交易成本、无进入壁垒。我们虽然难以验证这些理论，但有些产品（如书籍和光盘）似乎在佐证市场正在形成理想化的竞争模式的看法，这样的竞争导致了市场价格大幅度下降。

在 B2B（企业对企业）市场上，互联网对经营成本也产生了影响。企业可迅速获得必要的知识，成功地找到价格最低的供货商；同时，还可以通过网上采购的方式，极大地降低交易成本。于是，收购成本也可大幅度地下降（Goss，2001）。亦有证据表明，供应链的管理效率也在不断提高，因为在线自动采购系统与货物补充电子管理数据库串联在一起，企业可借此有效地降低库存成本。例如，据高盛公司（Goldman Sachs）的估计，上述因素已帮助电子元件产业节省约 40% 的收购成本；而英国电信则估计他们通过在线收购降低了交易处理成本，平均降幅达 90%。

利坦和里夫林（Litan and Rivlin 2001）得出这样的一个结论，　46

即互联网促进了知识交流，该效果体现在节约成本与组织的生产率的提高上。他们指出了一个事实：在诸如航空业一类的产业里，电子商务可以降低经营成本至少 10％。信息交换的速度可以影响那里的营销和分销的成本。百时美施贵宝公司（Bristol-Myers-Squibb）用实例说明了供应链经济学所受到的影响，这家公司断定合作者之间改良的知识流可降低库存并改进客服或执行订单的周期。据他们的估算，通过引进以网络为基础的知识交换系统，他们节省经营成本约 9 000 万美元。详细掌握市场行情亦有助于促进供应链内部的竞争，也可降低价格。例如，据估计，在线旅行社在价值 200 亿美元的旅游市场上已将平均佣金成本由 10％降至 5％，也就是说为客户节省了大量钱财。

市场走向

由美国思科系统公司委托并由得克萨斯大学承担的一项研究项目颇有戏剧性地展示了电子商务所代表的市场机会的规模（Internet Indicators，1999）。研究者得出一个结论，在美国 1999 年年度经济里，电子商务产生的税收达 3 320 亿美元并支撑着近 1 400 000 个职位。如果我们认识到美国依托互联网所产生的税收使这个行业名列世界经济体前二十位，而且它几乎等于瑞士国民生产总值，这些数字就更具戏剧性。这些数据也表明，尽管万维网在 20 世纪 90 年代后期才推出，就其市场整体规模而言，电子商务已可与传统行业如能源、汽车和通讯相匹敌。

麻省剑桥的福里斯特市场调查机构（Forrester Research）已作出预测，到 2004 年时，全世界在线零售额将会达到 1 840 亿美元（www.forrester.com）。然而，这个数字与他们对 B2B 市场的估计相比则相形见绌，这个市场年税收已达到 1 093 亿美元，到 2004 年可突破 13 000 亿美元。

时光退回 20 世纪 90 年代中期，那时全力支持互联网的人是小公司群体里的企业家。当时盛行的一种理念是，他们只要稍许投资创建自己的网站，就能跨入网络贸易的世界，他们被这种流法深深吸引。另外，他们的满腔热情还源于另一个事实，在线商务启动费用合情合理，而且他们可以同世界任何国家的能接触计算机的潜在客户开展业务。到了 20 世纪 90 年代末，全世界推出了名目繁多的电子商务的新概念，令人眼花缭乱。其中最有名的当属美国的亚马逊在线书店（www.amazon.com）。

随着投资公司逐渐认识到新技术所具有的巨大的商业潜力，一些电子商务创业公司开始上市，他们出售公司的股份，结果使业务创始人一夜走红，成为百万富翁。然而，新企业家及其投资者们似乎忽视了一个小企业数百年来笃信不疑的贸易规则，即如果吸引不到足够的客户，企业将入不敷出，债务也会越积越高，离破产的日子也就不远了。www.boo.com 便是这种情况的典型。该公司的创始人，模特卡基萨·利安德（Kajsa Leander），将办公地点设在伦敦的奈比街上，她雄心勃勃，一心想创办一家全球性网上体育服装公司。公司的计划颇有胆识，打算同时在 7 个国家推出产品。创办这种在线经营企业，需要先行投入大笔资金用于设计和建设一种计算机系统，使其能够处理"预期大流量的销售"（Management Today，2000）。另外，这种创举还需要投入数百万英镑的广告支持。宣传活动依傍的是电视广告之类的传统媒介来将客户吸引至企业的网址上。2000 年 5 月，金融界的公司赞助人认定，该公司转亏为盈的希望渺茫，结果，该公司被置于破产受管的状态。类似的失败的案例也发生在互联网的家乡——美国。由此引发的恐慌程度在 2000 年 3 月的美国的金融市场得到戏剧性的表现。月初时，纳斯达克（NAS-DAQ）指数达到 5 000 点的创纪录的高位，随后在两周内，25% 的市场跌幅让电子商务公司的市值贬值数百万美元。

影响股票价值走向的一个越来越重要的因素，是人们认识到电子商务公司与离线的同行相比面临一大障碍，即他们在开展在线业务时缺乏必要的贸易知识，而他们的实地竞争者凭借多年的经验积累了丰富的知识。另外，这些新兴公司还得花大量的钱财用于传播其产品主张方面的知识和推广其网址的知识。尽管缺乏确切的证据说明一家新的电子商务企业需要投资才能建立市场知名度，但波士顿咨询集团公司提供了一套翔实的难度指数（Boston Consulting Group，1999）。他们的结论是，在 2000 年，美国零售商在线营销商品的收入将会超过 360 亿美元，这说明零售行业的增长率达到 145％。然而，他们的研究表明，真正从互联网上受益的不是像亚马逊公司之类的纯网络商点，因为在线收入总数的 62％流进那些在门店运作基础上增设网站的传统零售商。产生这种趋势的原因是，与完全依赖网络的同行相比，多渠道的零售商可以极为低廉的单位成本吸引网上客户。据推算，在吸引访问网站流量方面，后者每吸引一名客户需花费 22 美元，而前者则需要花费 42 美元。

历史悠久的企业善于利用他们丰富的贸易知识进入在线市场，并在其中获得累累硕果。他们的成功证明，网络空间的所有权正在快速脱离电子商务的首创一代之手。就营业额和利润而言，在线贸易最大的赢家当属戴尔计算机公司、IBM、甲骨文、思科、英特尔和微软公司之类的企业。在金融服务业的大部分领域，情况也是如此，历史悠久的银行正在吸纳新兴的纯在线业务。

关于小型商务市场，我们收集到的数据并不多。目前在这个行业里，新兴的电子商务企业似乎仍然以极快的速度在发展。然而，考虑到他们同样需要投资建立恰当的客户群，我们同样可以预测，在未来的几年里，这个领域的执牛耳者仍可能是那些已经积累丰富的运作知识的小企业，他们有着稳定的客户源，因此可以顺利地通过增加在线业务来完善其在实地市场的活动。

市场知识可提供的益处

以网上银行为例，显而易见，电子商务可降低经营成本，因而可以提高利润空间，对其他行业的影响莫不如此（Goldfinger，2002）。证券经纪业是另一金融行业，此行业另有证据证明，如果降低的经营成本能够以低价的方式反映出来，贸易活动将持续下去，新的客户将不断增加。低价可以带来拓展市场的机会，这条规律使许多欧美的企业家深信不疑，他们运用所掌握的电子商务技术方面的知识，开设新的网上银行。

这些市场新生儿对实地银行形成了威胁，但许多实地银行在应对方面措施迟缓，以致不少的产业观察家做出如下结论：要么这些大银行极其近视，要么这些组织缺乏移师电子商务所必需的知识。然而，随后发生的情况说明，比起只提供在线服务的新的竞争对手，这些实地银行对市场有着更充分的了解。这些银行经年累月从事实地交易，从中积累了关键的市场知识。他们知道，与证券交易不同，银行服务对弹性的要求极低。据此他们明白，对许多客户而言，在线银行虽然可以略微降低收费或向存款户头提供稍高的利息，但人们认为这些不足以弥补客户因转换银行而带来的可见的费用和风险。这种情况也意味着，开办在线银行业务的实际成本不是技术的成本，而是与吸引客户相关的营销成本。因此，在银行业，拥有庞大的客户基础的老牌企业较新入行者享有重要的竞争优势。

49

较好地掌握客户行为的知识，其结果就意味着大多数实地银行会放手让在线经营者增加促销投资，这是向客户介绍网上银行观念的必经之途。当对网上市场的兴趣达到一定程度后，实地银行便会通过互联网提供服务，将其作为物理性的传统网络外的一种选择，从而更好地满足客户的需要。另外，实地银行还明白，虽然客户对谁提供服务兴趣不大，但是收入的主要增长点则在于成功地涵盖新的服务内容。因此，现有银行可利用互联网作为进行拓展销售活动的媒介，他们的做法与新兴的网上银行迥然不同，后者不得不为吸引客户而使出浑身解数。

互联网与电子商务的优点

埃克曼（Eckman，1996）强调现有企业采取电子商务策略的重要性。他提出一些所有组织都应扪心自问的问题：（1）互联网是否改变了市场目标或范围；（2）互联网是否有助于满足客户的需要；（3）客户是否会长期使用互联网？审视企业从事电子商务可以为客户提供何种好处，这是探讨这些问题的一种方式：

1. **便利** 可提供每天 24 小时、全年 365 天的服务。另外，就消费品而言，客户不必亲自驱车前往商店，无需在店内查找商品并可免去排队交款之苦。

2. **信息** 在线用户在查找知识的过程中均可获得帮助，因为他们足不出户便可借助技术迅速获得有关产品、价格和供应情况的详细信息。

3. **减少争端** 在购买商品时，客户可避免与销售人员讨价还价或产生争端。

4. **多媒体** 通过利用最新的技术，客户可详细掌握他们获得满意服务的过程（例如，在选购家具时，可以通过观看三维展示来选择最佳的设计）。

5. **新产品与新服务** 诸如在与网上金融服务商联系时（如股票交易和银行业），可获得的管理软件工具。

50 互联网还向企业提供下列好处，即：

1. **低价** 企业采取用电子数据库替代实地资源之类的措施，使得客户可通过访问获得有关商品或服务的知识。

2. **改善分销渠道**　一旦以信息为基础的产品如杂志或软件可以在线获得，公司无需投资实地分销渠道即可实现知识的全球性分销。

3. **降低个人销售成本**　因为销售人员一对一的知识提供模式可被互动性的网站所取代。

4. **建立关系**　通过网站，企业可获得有关客户行为的购买行为的数据。因此，数据可用来建立知识管理系统，以指导开发提供更高级客服的新途径。

5. **定制化的促销活动**　与传统的传媒如电视或纸质广告不同，企业可在网上开发沟通材料，设立这种网站正是为了满足特定的小客户群体的特殊知识的需要。

6. **市场快速反应**　由于企业已经认识到轻点鼠标就可回应瞬息万变的市场的情况，因此他们可以将新产品的知识或销售的条件与条款通过互联网迅速地交与客户。

7. **市场的新机遇**　借助电子商务，企业几乎可在不增加成本的条件下，为其提供的产品增添新的知识内容，继而为其产品添加了可感知的价值。

有些企业现在认识到，互联网是一种技术工具，若将其用于加强知识管理的实践，组织会获得更多的在网络空间进行贸易的经验。麦戈文（McGovern，1998）论述"电子商务生命周期"的演变过程，分析了物流及运输服务商在进行电子商务方面所采取的策略。起初，很多企业均利用这种技术通过建立网站来提供企业的一般信息，这种机制可帮助客户获得有关产品和服务的新知识。随后出现在线营销模式，可向客户提供必要的知识，客户得以掌握他们的货物在运输过程中每一环节的状况。网站发展的另一个阶段是可以根据客户的要求实施在线报价。网站发展的最新成果是龙头企业打造以知识为基础的在线营销平台，客户借此可以更有效地管理交易过程的每一环节，从下订单一直到解决交货后的遗留问题。

51 加速供应链知识的交换

近20年来，企业一直在关注如何调整其所属的供应链的结构来达到成本最优化的目的（Sharman, 2002）。在这个过程里，一个至关重要的因素是保证供应链里的公司之间可以进行迅速有效的知识交换。随着电子商务时代的降临，知识共享过程得到极大的简化，企业可以迅速获得信息来规划和控制生产能力、生产计划、库存和分销。另外，与早期的技术如电子数据交换相比，以互联网为基础的知识交换的成本极其低廉。

以互联网为基础的供应链现呈整合的趋势，供应商、制造商、分销商及终端用户之间可进行多种层面的知识交流。我们以爱立信数据网络部为例，这个部门为企业寻找到了制造商如梭乐电子公司（Solectron）和克莱斯蒂卡公司（Clestica）并且从许多供应商处购买了紧缺的元件。终端用户的满意程度与伙伴们能否保持同步息息相关。然而，伙伴们过去极不情愿与他人共享知识，很难让他们互相帮助以便完成各自的任务。为了解决这一问题，爱立信要求使用相同的常用软件构建的平台，这一平台构成电子知识交换系统的基础。在此基础上，各个伙伴表现得好像是同一组织的成员。

互联网亦可被用来向供应链的成员提供客户需求信息的快速反馈，因而创立了一个更大程度上受市场驱动的系统。在美国，人们组建了一家新型公司——美国建筑有限公司——来扶持建筑业。大的建筑公司在开工建设新的项目前大约三个月至六个月就可了解他们的材料需求情况。美国建筑有限公司以网络为基础的知识交换系统可以将这类市场需求数据反馈给材料的供应商。该公司便可协调材料的采购工作，将材料运进位于其"接驳式转运"（cross-docking）设施内的具体项目的"储备箱"，并采用及时制的方式将货物交到客户的建筑工地。

电子商务的使用语境

如何利用电子商务，这是企业经理首先试图了解的问题。从表面上看，技术日趋复杂，可替代的路径比比皆是，企业在从事电子商务过程中会时常为其所震慑，这也不值得大惊小怪。因此，试图为电子商务的确切作用做一综合将不无益处。如表 3—1 所示，有两个层面的运用方式可供组织机构选择。一是电子商务可帮助客户获得有关知识，诸如价格、商品货源和交货的情况。另一层面是电子商务可以提供相关知识以支持交易工作。

<table>
<tr><td></td><td>低</td><td>高</td><td></td></tr>
<tr><td rowspan="2">电子商务在提供知识方面的作用</td><td>知识内容重点导向</td><td>电子商务知识整合导向</td><td>高</td></tr>
<tr><td>涉及知识程度低的导向</td><td>交易知识重点导向</td><td>低</td></tr>
</table>

电子商务在利用知识来支持购买交易方面的作用

图 3—1　电子商务替换性导向矩阵

如图 3—1 所展现的那样，企业运用电子商务来提供知识以支持客户及/或帮助交易，支持力度可分成高或低。这一分法可提供四种选择。在为客户及交易过程提供支持方面，组织机构可选择低度介入。例如，许多经营快速消费品的公司创办了近似于静态的网站来

52

进行有限的交流，可为其产品提供额外的促销支持。一些组织有意避免将电子商务用来支持任何交易活动，仅仅把这种技术当作帮助客户更便捷地获得新知识过程中的一个重要因素。出版业的许多企业采用了这一方式，他们为其报刊杂志提供了网络版。

第三种选择是利用电子商务来支持交易活动，但是与此同时为在线客户提供新知识，不过这些知识很有限。这种情况在下述产业表现得特别明显：客户寻求知识的过程非常复杂，但产品或服务以电子方式进行将非常便捷。不少计算机软件制作公司往往采用这种方式，其基点是客户要与供应商的技术销售力量进行对话。客户一旦确定合适的软件，便可在线订购，他们有时还可通过电子的渠道接收货物。

图 3—1 最后一种选择是两者兼顾，既要提供知识帮助客户又要能有效地跟踪"订单—交货"的循环。英国的在线运作模式如 www. thetrainline. com 和 www. lastminute. com 为后者提供了例证。这些企业仅仅存在于网络空间里，他们的客户在真实世界里无法找到他们，因为他们没有任何零售渠道。

对于刚刚开始发展电子商务营销策略的企业而言，访问诸如戴尔计算机公司（www. dell. com）或美国航空公司（www. americanair. com）的网站会让人感到有些压抑，因为若想对这些"优秀的电子商务"组织施展拳脚，首先必须进行大规模的网站投资。然而，首要的也许也是最关键的问题是，这些组织不能完全丢弃他们多年来从实地经营中积累的经验和知识。好消息是，我们在观察电子商务运作情况时，可以发现原有的营销指导原则基本上依旧可以使用。克罗斯和史密斯（Cross and Smith，1995）在其"道路互动原则"里言语酣畅地提出了这个概念，即：

1. 技术仅仅是一种客户利益至上的经营策略的促进器。

2. 营销商必须竭尽全力促使企业的营销目标与客户的需要及喜好保持均衡。

3. 任何以技术为基础的项目应该能够为客户带来多重好处。

电子商务技术

组建互联网的一个初衷是创建一种人们可以按组写信和交谈的系统。通过第一代的构架，人们可通过互联网将文字和图片发至远方，支持该系统的两种仪器是浏览器和服务器（Harpin，2000）。当用户进入一个网址（或 URL）时，浏览器就会与服务器产生互动。其要求通过超文本传输协议（HTTP）传出，它告诉服务器在其目录的框架内何处可找到特定的网页。网页用 HTML（超文本标示语言）格式写就，作者可以说明格式，也可建立与互联网上其他网页的链接。服务器回应浏览器的方式是发回所需的 HTML 网页。第一代的互联网系统可发行静态的电子文件，在潜在运用方面，仅可使企业被动地增加产品或服务的额外信息以供客户选择。1995 年，通用网关接口（CGI）技术开发成功，它使互联网动态化。通用网关接口标准允许浏览器提交统一资源定位（URL）的要求，后者可在服务器上直接运用，而无需开启若干静态的网页。这一成果为互联网创造了机会，互联网可传回动态数据、搜索数据库、发送邮件及进行全面的运用。在此结合点上，互联网进入了一个新时代，网络可向企业提供新的机会，企业得以利用知识管理来支持营销过程。

然而，统一资源定位系统的确有其自身的明显缺陷，即它不保留记忆，人们无法回溯先前的活动。也就是说，使用者在访问后踪迹皆无，没有留下任何痕迹。这个问题随着 cookies 技术（网页信息暂存与识别技术）的发明而得到解决。网景公司（Netscape）率先推出 cookies 技术，它是一种在要求使用通用网关资源定位时在使用者浏览器上创造的小文件。服务器通过它可通知浏览器在使用者的硬盘上储存信息，在使用者再次联系服务器时便可开启这些信息。通过创造对"先前使用情况的记忆"，cookies 技术有助于（1）保持

54

为数众多的网页信息；（2）识别使用者的身份，从而实现网址的自动登录；（3）在使用者的计算机内储存使用者的信息。

Cookies 技术的出现引起人们对互联网安全问题的关注，因而网站的运行商开始提供服务帮助使用者关闭 cookies 的机制。另外，人们认为 CGI 在支持高速互联网使用方面表现欠佳，反应缓慢。为解决这些问题，人们开发了第三代网络构架，名为"应用计划接口"（applications programme interface /API）。这种方法使服务器可在不依赖向使用者的浏览器发送 cookies 的情况下，储存信息的概要和话路（session）。然而更为重要的是，API 技术允许使用以对象为导向的（object orientated）框架，并允许大量用户使用。

营销界想方设法满足在线客户的要求。他们在早期所面临的一个问题是，企业的实地目标客户群体明显不同于网络的目标群体。在试图界定在线目标受众的过程中，营销者有必要认识到互联网的使用正在不断改变，总是有人对互联网的潜在功能做出新的试验（Lord，1999）。例如，早期的用户通常是在计算机产业效力的受过高等教育的男性，但这种情形现已改变，大众中间有很大比例的人群在网上活动。拥有高收入、高社会地位的人才玩网络，虽然这个偏见一时消除不了，但有可能在不长的时间里，在线人群会与实地消费群相融合。然而，我们必须认识到，在可以预见的将来，在线人数依旧会比实体客户的人数要少许多。

随着在线人数的增长及在线群体已开始与实地人群相融合，营销者可以提出这样一个问题：我的目标受众在哪儿？洛德提出颇为有趣的英国分层模型，包括下列群体：

55　　　1. **网络妈妈**　护理行业中的中年妇女，她们抚养 3 个少年。她们乐于使用电子邮件进行交流，但仍偏爱阅读杂志来获得信息。

　　2. **游戏男孩**　在家居住的少年，他们可从家庭、学校和网吧上网，极度迷恋网络游戏。

　　3. **网络青年**　单身男性，二十多岁，喜欢女孩和体育，可在工作地点和家里上网。

4. **"打了就跑"型** 事业成功的中年男子。这些人以事业为重，工作时使用互联网但不把这种技术视为娱乐项目。他们使用在线银行业务并利用互联网购物，如假日采购。

5. **网络秘书** 在企业的职业是高级秘书，谙熟计算机。起初接入互联网是其工作的部分内容。现在可在家利用技术发送电子邮件并做在线采购。

6. **信息狂** 已婚的中年人，有孩子，是中级管理人员。他们上班和在家均要使用互联网，将大量的时间用于查找新的信息源，也许有些过度。

7. **网络大家** 不到 30 岁的男性。电脑技术"狂人"，使用技术已成为其生活的主要内容。他们也许仍在家居住。

考虑目标市场的定义时，贝克（Baker and Baker，2000）的观点也许值得注意。他们感到，人口学式的在线受众的界定方法在收集客户的基本情况方面效果欠佳，不如他们所称的"垂直市场"（vertical market）的方法。"垂直市场"既可高度界定又可针对具体产业，例如：保健、园艺、机械工具和计算机软件。他们认为"垂直市场"的方法具有下述优点，即网站拥有知识内容，可指导个体客户解决具体的问题。这也就意味着，网站可根据客户的需要量体裁衣，保证向个体客户提供其急需的信息、商品、特供和价格。

垂直客户要求其对订单和收货情况的查询能得到迅速的回应。同样，他们也想获得产品的详细信息和客户的保障服务。我们必须认识到，并不是所有的客户都希望在线交易，不少人仅仅喜欢利用这种技术来获得信息。对于这一部分客户，企业应该做到：（1）保证实地销售体系的到位；（2）考虑提高客服水平，客户一有需要，可利用技术立刻与企业的客服队伍建立联系。要实现这一目标，在多数情况下，在线系统应与其他中介和终端客户的渠道建立牢固的联系，企业通过客户的渠道将产品和服务提供给客户。

从知识到新型销售

1922 年，美国汽车协会（the United States Automobile Association）开始向美国军方用户提供保险单。到了 20 世纪 80 年代后期，美国汽车协会认识到信息技术整合系统有助于知识的迅速生成，从而帮助企业提高竞争优势（Straub and Klein, 2001）。他们认为，互联网的出现是迅速了解客户的机会，可进一步加强其核心业务。公司可利用掌握的客户的基本数据开发出新产品，企业的一切经营优势可通过新产品进行整合。例如，企业的银行部可利用其所掌握的船舶保险知识，为船舶业的客户设计出一揽子财政扶持措施。商品与客户服务人员可收集客户的财产损失数据，建议企业通过帮助客户置换受损的财产，获得新的收入。

如果企业愿意充当知识源从而使客户从中获益，这可加强客户的忠诚度，结果必然会导致销售收入的增加。这一理念在美国大都会保险与理财公司（Metlife）主持的网站上得到印证。访问者既可选择查看该公司的产品，也可浏览内容丰富的其他网页，这些网页为一系列的问题提供指导意见，如家庭福利、健康、理财、生意和保险等。对家庭福利感兴趣的人可进入丰富的知识源，查找各种各样的主题，如怎样做祖父母、如何当父母、关爱老人、选择消暑营地或有关育儿的知识。

我们仍需要人手

从理论上说，如说服客户在线订购，这将极大地降低公司的经营成本，这也是互联网的一个诱人之处。不幸的是，有越来越多的证据表明，客户需要详细的信息才能做出购买决定，但靠机械式的回应显然有欠周全。解决问题的方法在于设法实现计算机和人的互动，把网站与电话服务中心整合，供人任意选择（Booth, 1999）。例如，文疗器具公司为独立的金融顾问建有网站，这些顾问承担起产品销售的中间人。顾问可点击屏幕上的按钮，以生成一份电子邮件发向公司的电话服务中心。

越来越多的企业认识到人介入电子商务的必要性，因此一些企业已将电话服务中心更名为"客户联络中心"。这些中心不断加强服务，通过全方位开发电子媒介（如电话、传真和互联网）来提供客户所需的知识。将来人们利用"IP 语音"技术可进行互动电视及电视会议，从而同客户保持更密切的联系，这也是企业进一步改善知识服务的机会。

为内部客户服务

在许多 B2B 的服务型市场，供应商将承担专业知识的源头的角色。这个角色由顾问、律师、会计和银行家一同扮演，他们提供的知识深奥复杂，在大多数情况下不适合通过电子商务的渠道提交给客户（Chait，1999）。然而，这种情况并不意味着这类组织不应积极地探索电子商务技术。他们的困境源于他们采用的运作模式：由专家从个人角度来设计客户问题的解决方案。只有在解决方案可以为组织内其他人员共享时，该企业才会财源滚滚。

很久以前，咨询业就认识到这种业务现实。不幸的是，任何增加知识共享的可操作性的努力均会遇到巨大障碍，对此人们束手无策，因为：（1）个人具有以明确的方式占有知识的自然倾向；（2）无力将知识以明晰的形式符码化后储存，以便被他人如遍及世界各地的办事处的员工使用。后一问题现已得到解决，因为这些组织正利用内联网、网络系统和联网数据库来储存并将知识发往任何需要它的地方。

这种哲学思想可从利特尔咨询公司（Arthur D. Little）得到印证。这家公司凭借网络系统将其 3 000 名员工联系在一起。为了解决将隐晦的知识转换为明晰的知识的难题，他们实施了员工培训项目，让每一个人信服一个道理，即知识共享可提高对外服务的质量，他们个人获得的好处也随之增长。为支持这一活动，他们创立了两种新的管理人员角色：知识倡导者，这类员工受命在企业内部宣传知识管理的益处；知识服务员，他们是负有操作责

57

任的个人,他们确保知识的编码、分类、储存及供他人使用的各个环节。在线系统包含的内容是客户的数据、每个员工的技能方面的信息、咨询方法论和解决问题的工具的说明。

网络系统的自动化

管理人员注重收集自动化知识管理系统和电子商务系统的设计与操作方面的信息。他们很快发现,大公司如戴尔和思科公司的同一事例频繁地出现在各种商业杂志、文章和书籍里,鲜有改变。反复提及同一事例绝非巧合。这种现象反映出一个事实,即在创办卓有成效、完全整合、自动化的知识管理系统方面,成功的组织寥寥无几,即使在大企业的范围内看,情况依然如此。这种状况背后蛰伏着一个原因:企业需要展现下列特征,甚至在其考虑进军电子商务前:

1. **受客户驱动** 在使用自动化的信息提供系统和购买系统时,客户如不满意,"轻击按钮"便可转向另一个供应商。如果公司已经承诺保证满足客户的需要,只有在这时才能创办市场与公司之间的对客户友好的界面。因为只有在以市场为导向的情况下,组织才能对客户的需要进行深度的了解。基于这种了解,电子商务知识管理系统才能得以构建。

2. **笃信及时制和全面质量管理** 无论是在线市场还是离线市场,营销工作的重点应该是致力于保持现有客户的忠诚度。持这种哲学观点的一个切实的理由是,获得新客户的营销成本比从现有客户增加销量至少高 10 倍。向忠诚的客户介绍电子商务的理念时,这种可助其与供应商沟通的方式会使他们产生期望,即在线交易比在离线的世界里购买同样的商品速度要快许多。在下列情况下,客户的这一要求才有可能得到满足：供应商已致力于运用及时制来尽可能地缩短"订单—交货"调整周期。

3. 供应链的管理才能　电子商务系统承诺可根据客户的需要提供迅速的互动式回应。实现这种承诺的前提是，在整合供应链的每一元素后，组织内部和市场体系成员之间出现通畅的数据交换流。这一目标的实现要求参与者具备广泛的先期经验，他们为开发以信息技术为基础的数据交换系统和决策辅助系统做了大量的尝试。因此，企业拥有相同的特征绝非巧合：他们之所以常被引述为电子商务的佳例，是因为这些组织总是各自市场层面上的领头羊，他们将计算机和通讯领域内的最新成果融入到经营的方方面面。

1998 年，西博尔德和马谢克担负起一项艰巨的任务，他们需要在总结其企业丰富的咨询经验的基础上，制定一整套的指导原则，使其成为建立有效的在线服务时所必须遵守的原则。该公司觉察到客户的需求，并想方设法予以满足，这也成为进行系统设计的起点。客户的需求具有多样性，包括客户采购前所需的信息、希望购买的产品规格、为需要定制化产品的客户提供设计支持服务、在线提交订单的功能、电子支付手段和掌握所订购货物的状态（涵盖从下订单开始一直到最终交货整个过程）。

需要注意的是，在大多数市场状况下，客户的需求大同小异的情况非常罕见。西博尔德和马谢克提出的忠告是，只要企业主要的销售收入来自某些客户，那么从一开始就要关注这些客户。只有在通过在线方式满足这部分客户群体的需求后，企业才可能探索如何利用技术将服务向收入不高的其他市场区域延伸。对许多企业而言，在获得电子商务的一些基本经营经验后，他们接下来可能采用的步骤是探索如何发挥知识管理才能，来提高服务的质量（Schwarz，2000）。与供应链的其他成员建立密切的联系，将整个联系建立在知识共享的基础上，这是企业实现此目的途径。该措施将有助于发展新的服务项目，使他们的服务沿供应链自上而下地进一步发展。

59

延伸服务

采用电子商务，服务范围可以得到拓展。这种理念在 Non-stopRx. com 身上得到了明确的印证。NonstopRx. com 是一家新型的电子商务网站，由两家方案供应商所创——永不停顿方案公司 (Nonstop Solutions) 和供应链方案公司 (Supply Chain Solutions)，服务对象是美国的医药界。美国的医药业的一大特点是点多面广，分散在美国各地。而供应商则雄心勃勃，希望能一统天下，为更多的地区提供服务。新型网站致力于调整供应而提升绩效的运作。低效可能演变为沟壑，导致低效环节出现的原因是知识的不完善：

1. 批发商不断收到众多供应商发来的传真，产品与价格信息源源不绝且瞬息万变。

2. 定价条件及分销合同过度复杂，需要大批的管理人员及财务人员投入大量的时间。

3. 商品流的管理不力，造成库存过量及难以及时交货。

4. 名目繁多的退税和回扣为批发商带来另一个沉重的管理负担。

新型的枢纽服务网站的目标是开发并运行以知识为基础的电子商务模式，它根据客户的实际数据来设计物流体系，使整个交货过程最优化，它可以判断管理运输、产品处理、经营活动及库存成本的最佳方式。永不停顿方案公司已经通过使用知识管理系统降低零售连锁店的库存，降幅达到 44%，并且在保持交货服务水准的情况下，盘活了 6 000 万美元的资本。

为永不停顿方案公司设计的运作模型一般不适合在企业内部使用，除非采取必要的措施使企业内部数据管理系统自动化，因为客户希望提供知识的设施能够访问供应商的内部信息系统，以便以最佳的方式在线搜索交货的整个过程。为实现这一目标，企业需要投资建设下述类型的系统，如图 3—2 所示（Bob and Coronel，2000）。

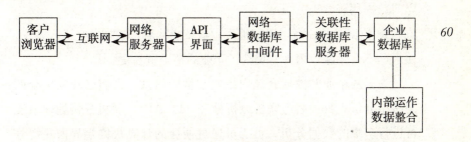

60

图 3—2　电子商务数据库系统

　　该系统还可以增加一些其他设施：中间件（Middleware）、关联性数据库系统和收录企业贸易活动信息的数据库。网络服务器由于不能接入或阅读数据库，故无法回应对数据的需求，这是需要增加中间件的原因。中间件是服务器的延伸，它可以从企业的数据库内提取信息并将信息传回网络服务器。中间件之所以具备这种功能，是因为它可读取服务器使用的编程语言、验证询问的合法性、查询数据库并生成 HIML 格式的数据页面，随后传回服务器。为履行这一职责，中间件必须能接入企业的数据库。实现这种功能需使用"结构化查询语言"（SQL）或"开放式数据库互联"（ODBC）系统。使用何种方式通常由企业数据库的驱动程序的操作语言决定。

　　企业一旦创建了数据库的自动化系统，那么从内部来看，系统所获得的信息可为创立数据库奠定基础。借助数据库，可详细分析客户和内部运作记录，企业在进行在线贸易活动时，这些内容会被记录在案。要达到这一使用目的，数据库必须具备如下主要特征（Inmon and Kelley，1994）：

　　1. 从组织各个方面获得的全部数据必须经整合固定在同一个位置。

　　2. 数据要按标题进行编排（例如：销售、营销、金融），如此这般，功能性的问题便可得到解决。

3. 数据库必须准确地反映因时间的推移所发生的变化。因此，新数据在被输入系统后，时间顺序须得到自动更新，以便新数据与先前数据相兼容。

61　4. 数据必须完备，不能消失。这就意味着，数据一旦进入系统，便永远不会删除，因为它反映了企业的整个贸易史。

为了从企业的数据仓储内提取宝贵的信息，人们已开发出全面的新型分析工具，名为联机分析处理（OLAP）。联机分析处理系统可进行多维的数据分析，员工可通过便捷的计算机终端界面获得分析结果。如果将数据分析系统与其他系统联结，其功能可大幅度地加强，图像包、统计分析软件和模型系统均可与之连用。模型系统可对"假定情况"做出处理。关联式数据库是大多数电子商务库的构建形式。用户可借此构建关系模型，以利用好信息。数据可作为事实存在，具有数量或数值的特征。通过将事实与其他数据联系，特定的事实可获得一种"维度"（dimension）。例如，销售数字可与位置层面（或销售地域）、产品类型和销售时间相关联。每个维度都包含着代表事实的"特征"。于是，位置维度可包含与国家、城市、街道和街牌号码相关的特征。这些特征允许人们从任意层面上进行分析，从宏观到微观均可。人们通常将任一层面的分析视作"对数据的钻研"。如果说运作数据库起初是由感兴趣的部门员工所促成的反应性活动，那么在下一阶段，企业在此积累丰富的经验后，便可通过数据分析自动化而扮演积极的角色。

人们一般将积极进行数据自动化的做法称作"数据开采"（data mining）。支持数据开采的理念是通过开展数据的自动化分析，数据间的异常即新的关系便可得到识别。如此一来，这类活动使信息分类转化为群分（grouping），新知识也可随之产生，而新知识又可能帮助人们做出决策，以新的方式开展有效的在线贸易活动。数据开采方面的一些常见的算法（algorithms）有：神经网络（neural networks）、决策树（decision trees）、回归树（regression trees）和以记忆为基础的推理。数据开采实践可以导致以下的后果：（1）客户对某种产品的购买将意味着这些客户有一定比例的人在 90 天内会购买另一特定商品；（2）处于特定地理位置上的客户更有可能成为忠实的回头客，以及如果让某地客户享受免费送货的服务，他便可能立刻下订单。然而，我们必须认识到，数据开采依然是被包裹在襁褓里的科学，因而产生的后果也可能与营销的策划风马牛不相及。但不言而喻，这种技术对电子商务在未来的发展具有极其重要的启示。

利用知识还是滥用知识？

　　企业数据库一旦开始获得从在线客户处收集到的信息，该企业便可利用神经网络来分析买方的行为，并将信息分门别类；积累的知识为企业今后的行动奠定了基础，当特定的客户或客户群再次访问组织的网站时，企业便可选择最佳的方式予以回应（*Business Week* ，2001b）。

　　利维斯公司宣称，自其开始使用个性化回复软件以来，牛仔服的销售额增加了 33％，老客户访问网站的流量增加 225％。惠好公司（Weyerhauser）的威斯康辛门窗厂利用软件评估分销商的税收流量。这个系统可对分销商的工作做出判断，哪些应得到优待，哪些被淘汰反而有利。从开始使用软件算起，该企业已将客户的基数压缩了一半，而同期的年销售量却翻了一番。好莱坞制片商也在采用票房数据追踪技术，以加快决策的速度：哪些影片应该安排在全国哪些地区的影院上映。

　　根据设计，在线回应系统可分析客户所代表的销售潜力。这种系统使用的是数据商 Acxiom 公司提供的软件。该公司提供名为"族群信息库系统"（Infobase Ethnicity System）的服务，该服务可按姓名从一个拥有 9 800 万条记录的数据库里查找有关住房、收入、教育及其他人口信息。系统可根据这类信息进一步判断客户的族群倾向。该公司提供的这套系统是一种网络驱动服务，将他们的专利软件与像 E. piphany 一类的标准平台整合在一起。

据估计，许多企业，特别是与那些金融服务相关的企业，将会着力建设知识管理系统。一旦客户在线来访，该系统可自动判断客户所需服务的性质及公司应该提供什么样的服务。这类系统能否做出准确的决策，已有观察者对此表示忧虑。人们现将该系统与先前发生在美国的一次真实事件进行比较。那时，银行利用邮政编码来自动决定是否向客户抵押服务，这种方法以"红线区"（red lining，指当时提供信贷的机构经常用红笔划定一些社区，列为拒绝提供消费信贷的地区。——译者注）而名噪一时。人们对系统产生忧虑的原因是，这类客户在线自动评价系统是建立在分门别类的基础上的，因此或许无法准确描绘生活在真实世界里的人们。果真如此的话，在线客户就有可能遭到供应商的不公正的对待，人们现在把这种后果称之为"网络阶级划分"（weblining）。

第四章

勾勒知识体系

章节提要

> 企业应透彻理解其所属的供应链及市场体系，这也是企业获得成功的基础。电子商务不仅改变了市场体系内部的知识性质，还变更了知识流的性质。全面勾勒整个体系有助于获得蕴藏在体系内的决定性的知识。这一体系的核心系统包括终端用户、终端用户点、中介、竞争与供应商。终端用户市场提供有关客户行为的知识。企业需要掌握中介的物流和分销活动的进展情况以便介入终端用户市场。人们必须彻底了解竞争，因为竞争是威胁的化身。供应商既是资源的源头，又是知识的源泉，均可用于强化企业的经营活动。一般性的知识影响源以核心体系为中心，包含了一系列的变量如经济环境、政治立法、金融环境、技术和社会性文化等等。

引言

亚当·斯密在其著作《国富论》（*The Wealth of Nations*，又译 63 《原富》——译者注）里列举了分工可以带来的种种经济利益。远在这以前，智能人（Homo sapiens）已经意识到，个人和组织通过在社会上承担产品生产和流通的不同职责，可带来经济利益。因此，从古代开始，国家经济由多种要项构成，如生产原材料的基础产业、制造物品的匠人、服务海外市场的贸易公司以及通过放债加速资金流通的银行业等。

经济学家随后构建了一系列范式来解释社会分工所带来的诸多益处。他们拟定的原则的本质可由下述理论予以说明：在相同商品市场上存在着替代性分销的机制。在任何市场层面，生产者都有权选择向最终客户直销，或者通过中间人来促成交易（Fingleton，1997）。经济学史家指出，中间人很容易谋得一席之地，因为他们可以辨别利基市场，并千方百计地以最有效的成本为这个利基市场服务。经济学理论认定中间人为一种盈利组织，因为他们为产品的递盘价低于其随后的销售价格。中间人也可负责保证按期交货。这个过程被人们称作"中介"（intermediation）。如果中间人递盘的价格过低，生产商无法接受，后者就可能选择向最终客户直销商品。后一种情况被称作"反中介"（disintermediation）。经济学家可以借助供求理论判断两种模式的优劣。

经济学家的模型是建立在供求曲线间的关系的基础上。尽管如此，还有一种潜在的因素影响市场服务的方式，即在执行某项职能时，某些组织比同一市场的其他组织拥有更丰富的知识，从而获得商机。下述有关银行诞生的例子有力地支持了知识可以创造商机的理论（Myers and Rajan，1998）。一般认为，银行业先驱者是中世纪活动在布鲁日（Bruges）地区的货币兑换者。他们最初的业务仅限于金条和钱币的兑换。不幸的是，中世纪货币尚未统一，因此各种各样的货币难以估价。于是，人们竭力减少以钱币为交换手段的贸易，这也是合乎情理的。货币兑换者开始通过吸纳存款来创立付款体系。他们借助货币划转的手段促进了贸易的发展。他们利用自己掌握的货币系统知识，通过简单的会计手段消除了人们对采用可疑的货币交易的担心。

"知识就是力量"，我们把这条经典格言放在商业的语境内，它便可得到新的一层意义："知识是价值之源。"只要掌握着别人希望得到的知识，任何组织均可将此需求看成一次创收的机会。知识越为独特，要价也就越高。组织内部具有一种自然的倾向，试图"锁住"专有知识，以便使所有资产的收益最大化。这一命题是可以理解的，其诱惑力可从福特公司之类的企业找到例证。20 世纪 30 年代，福特公司尝试建立一家垂直整合的公司，其业务涵盖全程，从原材料采购一直到最终的汽车销售点。与此相仿，IBM 在 20 世纪 50 年代，借助匠心独具的软件和硬件系统，赢得了大客户的欢心，占据了垄断性的供应商的位置。

然而，在当今世界里，由于技术日趋复杂，企业越来越难以拥有充足的知识来统摄其业务的所有领域。结果，在许多行业里，企业决定全神贯注地投身于可以产生最大价值的知识领域。与此同时，企业将活动的其他项目委托给外部组织。大部分网络公司的行动可以印证这种情况。他们将其物流的运作托付给联邦快递（FedEx）和联合包裹运送服务公司（UPS）之类的公司。

近些年来，有许多情况促使企业重新考虑其所扮演的角色，其中一个最重要的原因是信息技术的影响。因为在前信息技术时代，以纸张为基础的话语信息流既缓慢又缺乏精确性。数据存储和传输一旦进入电子平台，这类问题在很大程度上便得到消除。随着电子通讯规模逐步加大，组织逐渐对下述问题持浓厚的兴趣：产业部门的最精确的信息源在何处？根据定义，在执行具体任务的相关组织中，哪些信息最有可能被捕捉到？在寻找这类目标的过程中，企业已经开始勾勒行业知识梗概以确定市场体系内知识资源所处的位置。

电子商务时代的来临迫使营销者延展勾勒活动，以便识别知识在市场上的位置。这些知识可以支持如下行动：

1. 降低提供信息的成本。

65

2. 增加提供信息的速度。

3. 促使全年365天、每天24小时提供信息。

4. 其提供信息详尽的程度远远超过传统渠道可传递的信息，如电视广告或杂志广告。

5. 增强客户行为的分析能力，使其成为提供定制信息的基础。

企业一旦识别这些信息源，无论信息源处于企业的内部还是外部，营销者都在从事与下述相关的活动中占据优势：

1. 降低价格和/或加快产品交货的速度；

2. 改善购买的便利条件和/或服务质量；

3. 拓展市场的范围；

4. 提供更多的产品选择。

核心系统概况

整体系统

大多数电子商务策略需要整合进入现有市场的运作过程。因此，如果营销者想获得成功，他/她必须透彻地掌握知识源影响地域性市场体系的方式。方法之一是勾勒出市场体系的全貌，我们可从中识别出知识的主要源泉，营销人员也可把握知识管理的方式，以便成功地实施实地商务与电子商务的计划。

如图4—1所示，市场的核心系统是由组织和客户构成，他们是市场层面供应链的环节。营销者需要勾勒出体系内的知识流程，以了解构成核心系统的各要素所承担的任务。这是因为营销计划需包括促使知识交流最大化的方案，据此加强客户与供应商互动，加快交易速度。图4—2描述汽车消费市场的核心系统，它可进一步说明图4—1内的概念模型转换到真实情景时的过程。

66

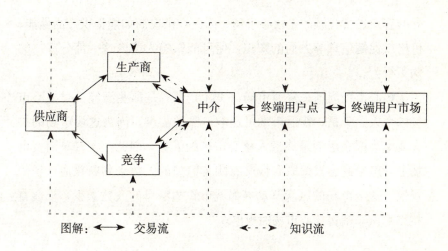

图解：   ←→   交易流   ←--→   知识流

图 4—1　核心系统

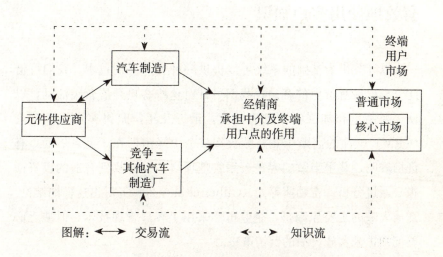

图解：   ←→   交易流   ←--→   知识流

图 4—2　汽车消费市场实地系统

终端用户市场

　　终端用户市场是核心系统的最终的消费点。如图 4—1 所示，它包括两类：普通市场与核心市场。那些不惜重金大量购买产品或服务的客户通常光顾的是核心市场。因此，供应商如能提供产品性能、价格或促销信息等方面的知识，便可能影响人群内这一部分客户的购买行为。

67   核心市场周围是普通市场，实际光顾者是那些已经去过核心市场的个人。于是，普通市场可影响产品的需求，因为这块市场的扩大或缩小都会影响最终进入核心市场的人数。因此，在汽车消费市场上，经销商会根据既有钱又有购车愿望的人数来判断普通市场的规模。这个市场的风吹草动（如城市希望购车的人数减少）都会直接影响汽车销售核心市场的规模。

有效地使用客户知识

    以计算机为基础的系统可以提供一种客户识别技术，我们可借此分辨出最有价值的客户。我们可针对这些客户开展营销活动，以便提高销量和加强客户的忠诚度。最近几年，兜售客户关系管理（CRM）软件的商贩生意持续火爆，个中缘由即在于此。然而，有证据表明，几乎半数的客户关系管理项目并没有收到合适的投资回报。通过分析，吉勒斯等人（Gillies et al.，2002）得出这样的结论：造成失败的主要原因是，企业虽然采用了客户管理技术，但缺乏必要的知识来实施灵活的营销策略。

    美信银行（MBNA）是美国信用卡的巨人，通过多年的摸索，
68 他们在客户知识运用上得心应手。1993年，该公司进军欧洲，他们缜密运作，借助所掌握的客户行为知识来严格挑选客户。他们对每一份开证申请都进行详尽的信用分析，结果遭到他们拒绝的申请人超过了半数。在他们的客户中，有大约65％拥有如世界野生动物基金会或曼联足球俱乐部的关系卡。在这部分客户看来，信用卡不只是方便个人使用，而且还是他们的组织关系的标志。一般来说，这

类客户有着很好的信用记录。

另一家直线公司（Direct Line）是一家总部设在英国的家庭和汽车保险公司。他们能细致地甄别不同客户群的行为规律并予以恰当的利用，努力剔除供应链上的掮客。这一举措不但可为公司节省可观的佣金，还可强化公司自行分析客户申请的能力。这家公司通过利用知识，拒绝了某些类型的业务，如年轻的驾驶员和外国的杂牌车。在客户成为保户后，公司照例要进行行为分析，以便根据整体理赔风险来调整保费费率。该公司借助客户关系管理系统掌握着1 800万名客户信息，这个数据库还随着公司每日60 000笔成交量即时更新。

吉勒斯等人指出，在把握客户关系方面，企业应该首先由买方为导向的经营转向客户为中心的经营，然后再转向以知识为基础的方式。他们用英国超市领头羊德斯高公司（Tesco）的案例材料来论证这一观点。20世纪80年代，德斯高公司在客户中的形象非常糟糕。为进入高端市场，德斯高公司推出一项重要的投资计划，兴建新的超市和关闭不盈利的商点。结果，店内的商品质量有了明显的提高，员工也经培训注重满足客户的要求。在这些变革措施到位后，这家企业在1995年推出会员卡制度，开始转向以计算机为基础的客户管理系统。德斯高公司借助会员卡掌握了其客户的基本情况，他们可根据采购物品、位置和生活风格来划分客户。根据获得的知识，德斯高公司精心安排促销活动，以提高销售量并建立更为牢固的客户关系。

中介

中介的一个基本作用是担任供应商与终端用户之间的连接点。在许多B2B的市场里，由于产品价值较高，客户数量相对有限，和/

或产品是根据需求的变化而定制的（如民用飞机），供应商一般直接与客户交易，不需要经过中介。这种情况与大多数消费市场形成鲜明对比，在后一种市场中，中介在知识管理和供应商之间/最终交易过程内发挥着至关重要的作用。

69　　　在图4—1中，中介具有两种特殊任务，即分销和提供终端用户点。对于某些消费品，这些任务是由不同的组织完成的（例如，服装批发商向高速路旁的时装店供货）。然而，从20世纪90年代初期开始，许多市场部门出现一种倾向——分销和最终客户点的作用通常由单一组织来承担。例如，在传统的汽车工业里，主要经销商承担着集中购买和销售汽车的任务，通过管理库存并将汽车分销给当地的销售商。

随着中介着手整合分销和终端客户销售点的作用，他们与供应商已习惯于采用更为整合的方式向最终客户提供知识。因此，供应商并非唯一的知识提供者。相反，通过诸如促销之类的活动，中介和供应商将形成联盟，共同资助知识提供的过程。于是，在汽车工业中，当推出新型汽车时，制造商会同主要经销商开展促销活动，尽可能地把知识提供给更多的潜在客户。

保持体系责任

丽贝卡·马塞厄斯（Rebecca Matthias）发现，供孕妇在工作时穿戴的服装少之又少。因此，她着手自行创业，时值20世纪80年代初期。到了1993年，"母亲工装"（Mothers Work）的销售量已占据美国孕妇服装市场的半壁江山。这一成就部分可归功于该公司对其核心体现的知识管理责任有着整体的了解，他们通过运用垂直整合思想，确保在孕妇服装市场体系内卓有成效地开展经营活动（Siekman，2000）。

运作的核心是将企业设计师全部安排在同一大楼内的同一楼层上。大楼担任起仓库运作的协调中心，它将公司与其下属的726个零售点有机地联系起来。每家店铺都装有销售点收银机（POS），机器直接连到公司的总部。这就意味着，任何售出的商品便会自动记录下来，并在24小时之内得到补充。该公司竭尽全力把握系统内的运作情况，这种努力体现了公司需要了解客户的需求。这些客户是一些具有强烈的时装意识的孕妇，她们没有耐心等到商品的上架。她们希望货一到店，自己便能拥有那些很快会被一抢而空的服装中的一件。该公司的观点是，在其所在的服装市场份额内，因聘用中介和终端用户销售点所造成的时间差本身就意味着不能向目标客户提供有效的服务。

该公司经营着四种不同类型的零售点，这一事实使得该公司的运作更加复杂："贤妻良母"（Motherhood Maternity）系列走的是中年人销售线；"初为人母"（Mimi Maternity）系列的服务群体是年轻人；"荚中豆"（Pea in the Pod）是高级时装连锁店；最后，为解决库存问题，工厂的销售点开设了一系列的打折店，核心系统内的知识收集点就是销售终端的零售点。个体客户的行为信息被收集起来，生成日销售进度报告。夜幕降临，各销售点结束一天的经营活动，届时，中心仓库开始库存的更新过程。计算机向提货站签发内部订单，通知员工从何库区提取何种商品。需更新的商品便被放入数以千计的商品筐内，商品筐会根据编号发往相应的商店。第二天清晨，计算机会核对装入筐内的商品数量，商品发送确认单随之生成。

计算机数据需要定期检查，每周一次。通过检查，人们可识别特定商品走向的所有变化。这一知识随后会以电子邮件的方式分发给各店经理，既可指导他们商品的调拨，又可让滞销商品退回中心仓库重新分销。

新环境、新知识

　　卡特彼勒公司（Caterpillar）是世界上最大的重型掘土设备制造商。为他们的产品进行核心体系管理相对简单，因为大多数客户起码提前一年就知道他们需要新设备来完成新的建设合同。不幸的是，当他们决定进军针对小型建筑市场的小型机械设备时，这些丰富的知识几乎毫无用武之地。突然，该公司发现自己正在闯进一个新市场，他们需要有能力以有竞争力的价格向一批新客户供应大量的标准化的精巧型产品，而这些新客户在决策方面犹豫不定，往往要拖到最后一刻。另外，卡特彼勒公司还决定通过开设一系列建筑设备租赁点来向市场提供精巧型产品，这使问题进一步复杂化（Siekman，2000）。

　　卡特彼勒公司最初的想法是通过企业现有的配件分送中心（PDCs）来分销精巧型产品。在做最后决策前，卡特彼勒公司承认自己对新核心系统所知甚少，故求助于卡内基梅隆大学（Car-negie-Mellon University）来判断计算机模型可否展现最佳的解决方案。分析结果证实了运用配件分送中心的做法有欠妥当。卡特彼勒公司得到建议，将精巧型产品直接由工厂分送经销商的网点的做法更为可取。然而，运输系统的运作是以两条而非一条原则为基础。一条原则以成本最小化为准绳，另一条则以最快速度为圭臬。除非库存跌破特定的数量底线，公司应采用最低成本的运输路线。然而，库存一旦跌破特定的数量底线，决策的核心原则是以最快的方式做出分销的反应（如空运）并忽略成本的意义。

竞争

71　　营销人员需要承担一项重要的责任：识别竞争的性质，看到竞争可能代表的潜在威胁以及关注恰当的回应策略的进展。在竞争者有效管理方面，哈佛商学院教授迈克尔·波特（Michael Porter）名闻遐迩，其论著被广为引述，他的第一部主要著作（Porter，1985）即是以此关键问题为论题的，随后他又写了一系列的相关论著。他提出可将竞争性威胁划分为五个主要类型，即：

1. 来自其他生产企业的威胁。他们已进入市场，正想方设法地利用所掌握的知识来拓展其市场份额。

2. 来自客户的威胁。他们正在利用其购买力方面的知识来控制购买的条件与条款。

3. 来自供应商的威胁。他们通过掌握新型知识并顺流而下，控制关键资源，从而左右销售的条件与条款。

4. 来自新的竞争者的威胁。这些新的竞争者利用掌握的替代商品的知识来进入市场。

5. 来自新入行者的威胁。他们决定借助从其他市场获得的知识成为新市场的主要玩家。

在其对虚拟市场的竞争动力学分析中，克雷德尔（Kleindl，1999）指出企业可运用波特的敌对力量模型，努力判断电子商务系统的潜在的威胁。因此，从事电子商务竞争威胁评估的营销人员，应该审视下述每个不同竞争源的潜在影响：

1. 在市场体系内，处于同一层次的企业之间的竞争性敌对关系。例如：戴尔计算机公司与其他计算机生产商之间为争夺市场份额而开展的竞争，他们都开始在互联网上进行营销。

2. 源自群体的下游（downstream）系统的威胁，这些群体有着强大的购买力，足以改变供应商的营销行为。电子商务使消费者具有迅速获得价格信息的能力，报价的供货商不但人数众多，而且不仅限于国内，还来自海外。如果市场上存在着价格变化而这一事实又为消费者所熟知，那么，供应商就会预见到这些客户会施加压力迫使降价。例如，这种情况已发生在电子产品及光盘消费品市场。

72

3. 供应商企业展现的上游（upstream）系统的威胁，该企业把持着电子商务运作的关键产品或服务，它可利用其所处的强势地位，强迫下游客户接受苛刻的条件与条款。例如，英国在20世纪90年代后期就曾出现过这种情况，小型企业与软件公司签约建立其电子商务系统。在完成基本安装后，这些软件供应商在修理和更新网站前端（front-ends）环节上收取极高的费用。

4. 替代产品进入市场。电子商务为企业提供了进入新的海外市场的渠道，并且成本极其低廉。这一事实很可能意味着，价格而不是品牌在那些市场里起着重要的作用，因此特别是西方国家的公司会面临与来自海外的产品进行价格竞争，而海外产品通常是以发展中国家为基地的（例如家具和服装市场）。

5. 市场新人，他们在市场上取得了立足之地，这在以前对他们来说是不可企及的。例如，在电子商务出现以前，大公司进入利基市场进行销售是不划算的，因此这些市场通常由小型企业所把持。下述因素可以降低成本：（1）电子商务可提供各种各样的定制产品和服务；（2）根据客户的需要建立的网站可以满足特殊群体的需要。低成本的确意味着许多小型企业会在许多市场层面上遭遇大组织的竞争（如在供应定制的具有行业特色的软件系统方面）。

求知与行动

嘉信理财公司（Charles Schwab & Co, www. schwab. com）是一家美国公司，它总是在了解客户方面抢先一步，掌握他们的可能的活动，通过竞争获得并保持其在美国股票市场的领头羊的地位（Schwartz, 2000）。在20世纪90年代中期，该公司认识到互联网的重要性：开发互联网意味着商机，忽视则意味着威胁。该公司建立了拨号上网式的在线交易系统，取名为"嘉信电子理财"，系统提供优惠的交易条件。一开始，在线服务仅占公司总收入的一个微不足道的部分。到了 1998 年，该公司将其核心的股票业务上网，结果其交易费由 80 美元降至 29.95 美元。

股票市场最初的反应是以为嘉信理财公司运作失误，于是该公司的股票价格暴跌。然而，嘉信理财公司对客户可能的行动了如指掌，因为在数周内，公司就吸引了大量的新开账户，公司的收入得到大幅度的上升。

嘉信理财公司的行动会引起其他股票企业跟风效仿，对此该公司一清二楚。他们不断地添加新的网上服务项目，从而保持在竞争中的领军位置。咨询服务是大包大揽的经纪人所拥有的一个优势，在此方面嘉信理财公司处于下风。为对付这一难题，嘉信理财公司收购了美国信托公司（US Trust Corporation），这家公司可向在线客户提供个人化的投资服务。为进入当日交易（day-trading）市场，该公司随后买下赛博公司（CyBergCorp）。通过这次收购，企业掌握了相关知识，可以提供容错系统（fault-tolerant systems）服务，并能高速地连接世界的股权市场。

抢先利用知识

有些企业在应对竞争性威胁中败下阵来。通过分析这些企业的案例材料，人们发现进入新市场的企业很好地利用了已有的知识，但常遭到市场老牌企业的忽视（Geroski，1999）。在某些情况下，这些新入市者成为现有的供应链的一部分，拥有平等的机会获得有关客户行为的知识。星巴克公司（Starbucks）起初是咖啡的买家，主要业务为焙制咖啡。该公司认识到，美国的消费者需要高品质的咖啡。他们采用的策略是开设咖啡连锁店，这一举措严重地蚕食了大企业的传统业务，如麦斯威尔公司、佛吉斯公司（Folgers）和雀巢公司。

企业掌握充足的市场知识还不够，它还需要具备满足客户需要的能力。电话公司很早就认识到客户需要具有移动性较强的设备。移动电话技术提供一个价格有效的解决方案，手提电话以此为基础而出现。雷卡（Racal）和爱立信这两家公司都从事国防工业，因而掌握着移动技术。于是，他们有实力进入全世界许多国家的市场，向各国市场上的老牌电话公司发出了挑战。

新入市者通常享有一定优势，对客户未来的需要或市场内确定经营习惯的规则，没有先入之见或思维定势。在另一方面，已有的企业可能会束手束脚，一味地按现成的经营规则行事，无力运用知识来开发新的富有创意的解决方案。例如，IBM 公司主宰了大型计算机的市场，多年来错过了在微型计算机领域发展的机会。后一市场为中恒公司（DEC）和通用数据公司（Data General）所把持。后者也对个人计算机的市场熟视无睹，将机会留给了新入行者，如苹果公司、康默多公司（Commodore）和坦迪公司（Tandy）。

供应商

74　　20世纪70年代，石油输出国组织（OPEC）一方面限制供应商的产量，一方面要求提高原油的价格，他们的行为造成全球性经济萧条。这个事件促使营销者，也许是首次，审慎地估量稀缺资源对其未来在相应市场上的产品定位所产生的影响。例如，美国汽车制造厂商已感到有必要向消费者提供体积稍小的汽车，建筑企业考虑改进新住宅的绝缘措施以减少住户的能源消耗。

然而，近些年来，企业开始认识到供应商除了可限制输入资源（input resources），也可成为一个主要的信息源，借助这些信息可开发新的营销机会。例如，现代计算机数据处理技术的大部分新发展并非来自计算机制造商的实验室的成果。相反，知识源在于供应商的创造性行动（例如：英特尔公司通过不懈努力，研制出新型的计算机芯片，该产品甚至比其风靡全球的奔腾产品性能更强；微软公司开发的一系列视窗产品等）。

在过去的几年里，人们越来越认识到与主要供货商密切合作的重要性。于是，贴牌厂商纷纷改变其传统的谈判风格，采取与先前截然不同的立场，以购买力为筹码来削减输入价格。他们已转入另一种情形，希望与供应商建立知识交流的关系以获得互利的效果。这种管理方式上的变化通常被描述为"建立一条更牢固的供应商—客户链"。这一做法通常要求企业共同决定识别供应链上的主要知识区域的定位。一经识别，就要利用最强的专家队伍来各司其责，负责增值过程的不同阶段。增值过程覆盖了产品的生产至产品交给终端用户市场的整个过程（Storey，1994）。

尼尔（Knill，1998）论述了贴牌生产商和供应商之间的逆向整合，他得出这样的结论，即共享知识已经带来下述益处：

1. 削减了库存成本。

2. 改善了整个核心体系内的客户服务。

3. 提高了终端用户的满意度。

4. 降低了整个核心体系内的总成本。

然而，他注意到，如果没有可以收集、储存和共享知识的自动化系统，如此有效的知识交流几乎是不可能的。这是因为这些电子系统提高了信息的精确度，使得信息提交及时，并为核心体系内出现的价格异常现象做出迅速的反应。

比斯利（Beasley，1996）观察到供应商与贴牌厂商之间的知识交流极其有益于研发和推出新产品。他注意到"进入市场的时机"（time-to-market）是成功开发新产品的一个关键层面。通过创立供应商和贴牌厂商之间的知识联系，我们就有可能期望产品研发周期里出现"压缩时间"（time compression）。出现压缩时间的一个原因是知识交流可以降低产品设计的复杂性。关注如何利用知识降低复杂性还使人们有机会减少瑕疵，降低现有库存水平。在另一层面上，知识交流可降低复杂性，这将有益于提高产品的可生产性。

电子商务与核心变化

从收入角度看，与那些延续至实地交易的业务水平相比，在线商务相形见绌。尽管如此，知识分子和经理们都开始认识到，电子商务在许多产业部门中具有彻底改变知识管理责任的潜力。贾拉尔和卡皮克（Jallar and Capek, 2001）指出，开展电子商务活动意味着知识已成为影响企业增值活动的一个重要的组成部分。这一发现暗示着新的中介功能形式即将出现，这对将来组织采用的营销方式具有战略性的意义。

在线企业现在可以更好地组织和控制自己的物流，借此提高客户服务水平。联邦快递创立了庞大的数据库来追踪客户、包裹、汽车和飞机，并将此种知识整合成员工和客户均可利用的形式，该公司因此获得"先动者优势"。在线活动也为许多企业提供直接接触客户的机会，无需再通过中介。于是，企业可利用其网站来追踪客户的行为走向，并根据所得知识及时修改营销活动。以这种方式应对客户需要的变化可算得上是即时的，这也为建立牢固的定制化关系奠定了基础，因而增强了客户忠诚度并在最大限度上保持客户数量。

通过建立企业与终端客户之间的联系，企业有能力获得新的知识。由于这一特点，一些组织开始考虑将中介从其核心系统中剔除出去的时机是否成熟。这个步骤被称作"反中介"，对生产者和那些在昔日里曾扮演过供应商和终端用户之间的纽带的人来说意义重大。德普林斯和福特（DePrince and Ford, 1999）提出了两种反中介的形式。其一是他们称为"亚马逊分销"（amazonic distribution）的模

76

式，特点是终端用户可在线直接从销售商处购买，结果实地零售商被排除在交易环节外。另一种模式为"戴尔分销"（dellphic distribution）模式。在这种模式下，产品或服务的提供者竭尽全力引导客户从传统的购买方式转向直接向他们购买。航空公司的售票方式可作为一例，他们想方设法将旅客从航空代理处吸引过来。像嘉信理财这样的公司是最早吃螃蟹的人，他们说服消费者在线购买股票，他们也可作为这种方式的例子。

在网上市场中，生产者和终端客户之间的联系发生了变化。这种变化会在何种程度上影响现存的实地中介成为一个广受争议的问题。例如，科特（Cort，1999）指出，许多 B2B 的市场中仍然需要分销商，他们设在客户附近，可提供迅速的知识和为及时交货做出迅速反应。比方说，科特注意到在美国市场上，至少有 25 万家小企业正在扮演着这一角色，他们将知识传递给同一地区的众多的客户。与此相仿，贾拉尔和卡皮克注意到在供货商和中介之间存在名目繁多的功能作用，这些作用在电子商务的影响下可能发生变化，但仍将起到连接核心系统中这两方的作用。作用之一是聚合作用，中介可以将不同来源的产品集中在一起，为客户提供较为广泛的选择。作用之二是中介向当地提供了一个保护者的作用，终端用户可避免从不可靠的生产商那里进货。作用之三是保证在去中心化的市场内，知识可得到有效的传播。在有些场合，中介完成这一服务的成本可能低于远离终端市场的大贴牌厂商。作用之四是市场匹配作用。中介对当地的环境有着透彻的了解，因此他们通常更容易把握客户的特点，掌握他们在产品和服务方面的变化。

理解中介

博伊斯-凯斯凯德办公用品公司（Boise Cascade Office Products）很早就认识到电子数据交换系统对未来中介的作用所起的影

响（Aaragon，1997）。这家企业经营 1 200 余种办公设备，客户数超过 17 000 家。该公司通过建立电子数据交换系统开始了解这种技术的优势，通过该系统与主要供货商保持联络。于是，互联网在 B2B 市场上一出现，这家企业已有了明晰的感觉，除非调整未来的运作方式，否则这家公司将面临反中介的危险。

77　　这家企业认识到他们必须为现有服务增添价值，否则客户便会自行与供货商建立电子联系。该公司的解决方案是将互联网理解为购买交易过程的简化方法，只要有可能，设法降低客户的购买成本。该公司在 1997 年建立了自己的互联网网站，向客户提供在线订货的便利。客户可登录博伊斯-凯斯凯德办公用品公司的网站 www. bcop. com，提供用户名，输入密码即可。如果是老客户，可使用"简易订单"。开始时，网上购物的支付条件是信用卡，后来公司又引进了数字付款系统。

　　过去，客户服务代表通过电话接受订单耗时很长。采用网上订购方式的第一年，公司通过缩短订货时间而节省资金 100 万美元以上。在供应方面也有节余，电子商务压缩了纸媒管理体系的开支并改进了库存管理方式。这些节余加上在线服务所提供的先进的客服水平，让博伊斯-凯斯凯德公司信心十足，相信企业作为中间人也拥有一个灿烂的未来。

保持知识源源不断

　　大多数企业，尤其是在 B2B 市场上，经年累月地培养与渠道内的客户的关系，通过这些渠道，他们分销着自己的产品和服务。这些关系至关重要，只有相互信任、彼此了解，渠道内的成员才乐意在诸如销售预测、客户数据和物流之类的问题上共享知识。贾普和莫尔（Jap and Mohr，2002）指出，这类企业在考虑运用互联网与市场体系内的终端用户建立直接的联系时，必须持慎之又慎的态度，不可冲断这样的关系。

两位作者引用了赫尔曼-米勒公司（Herman Miller）的例子来证明他们的观点。赫尔曼-米勒公司是一家美国公司，主营办公用品，他们发现可以通过互联网接触小行业的客户。在实施这一策略前，他们通过沟通和教育活动说服实地分销商，运用互联网不会损坏现有的客户基础。这些分销商认识到在小行业内的经营和销售成本与他们的介入到客户交易的成本相比得不偿失。这种情况与康柏计算机公司形成鲜明的对比，康柏公司也实施了类似的措施，推出了 Prosignia 品牌计算机，通过互联网向小企业销售。实地经销商将此举视作康柏漠视现有的关系，开始退出与康柏的交易。

成功地开展在线业务的企业均表现出他们对知识交流的持之以恒的态度，与市场体系内原有的伙伴保持密切的关系。以惠普公司为例，他们通过网站接到订单后，将订单转给代理商。代理商完成订单，发送产品并收取佣金。埃斯蒂·劳德（Estée Lauder）持类似看法，他相信企业与渠道内的伙伴通力合作从战略上看对这家企业具有重要的意义。当有客户在线订购波比布朗（Bobbi Brown）牌的产品时，订单均会转给零售商妮梦-马科斯（Neiman Marcus）。

中介的回归（reintermediation）

在有些市场上，互联网的运用导致新知识提供者层出不穷。他们的作用是为核心体系提供新知识点，并由此加强整合已有的供应链。这个过程被称为"中介的回归"。一个非常成功的例子是美国市场上的"电话购车公司"（Auto-by-Tel），由彼得·艾利斯（Peter Ellis）于 1995 年创建。该公司利用互联网帮助美国人寻找他们所中意的汽车最佳的价格。这家公司与 2 700 家汽车经销商建立了联系，组成一个庞大的网络，它为潜在的客户介绍最近的汽车经销商，后者可满足客户的购买要求。客户提交订购特定型

78

号汽车的意向后，其要求会被转到某一服务器，服务器将会根据就近原则与所有符合条件的经销商联系。不超过 48 小时，一份产品建议书便会发送给客户。

公司现有员工近 200 人，到 1999 年已占据美国市场新车销售总量 1% 的份额。运作的核心部分是该公司的数据库，该库需要持续不断的更新。该公司免费向客户提供搜索服务。汽车经销商若想成为电话购车公司的特许经销商，需要支付一笔加盟费，以后逐月缴纳会费。

宏观环境知识

围绕每一核心体系的是宏观环境，包括衍生知识变量，他们一旦为营销者所掌握，便会被用于进一步优化核心系统内的运作。一个常见的问题是这类知识变量往往极难用于两个方面：（1）度量额外知识如何被用来对核心市场内的营销方式产生积极的影响；（2）精确地预测影响如何转变。这个问题很关键，因为勾勒体系的基本目的便是要理解位于宏观环境和核心系统的知识源如何被用于开发新机会或抵御威胁。

经济

所有市场体系均会受到经济状况的影响，因为他们决定客户的需求是增长、静止还是衰落。因此，营销者通过借鉴宏观经济预测模型生成的知识，可对某个行业内的潜在的收入流（revenue stream trends）的流向有更好的把握。例如，美国目前的经济不景气对全球的电子产品、通讯业和计算机行业造成了影响。一些企业早已从一些组织发布的数据里觉察到初露端倪的风险，如美国联邦储备银行、美国联邦贸易委员会，他们卓有成效地采取了恰当的措施调整了其未来的营销计划。

不幸的是，也有很多企业忽略了这类数据源，对其未来抱有盲目乐观的态度。20世纪90年代后期以来，许多环太平洋国家的企业表现出不少举措失当的地方。他们似乎忽略了一些经济征兆，如果做好预测，当实际事情发生时，危机会在全地区的金融机构内得到"化解"。结果，诸如韩国、日本之类国家的一些大财团在市场预测方面反应迟缓，没有采取紧缩政策。如果当时采取了这些措施，他们就可能避免后来发生的经营业务纷纷停办的恶果。

政治

大多数国家的经济政治均深受其国家政府所采取的政策的影响。通过对这些政策的理解，营销者可获得一些颇有价值的洞见，掌握政府的现行政策对核心市场可能造成的影响。例如，在线企业感兴趣的一个问题是各国政府的承诺，他们同意在电话接入费上采取行动（OECD，2000）。接入费主要由两个部分构成：固定费和使用费。在经济合作与发展组织的成员国里，各国收费的标准迥然有异，明显地受到本国政治家的态度的影响，他们在支持各自国家的电信业自由化方面，力度不一。比如捷克、匈牙利和波兰的费用极其昂贵，表明内含高额的市话税率。各国要做好准备，废除现行的电信垄断的局面。除此之外的另一个大问题是，各国政府准备在何种程度上授权公共部门投资来改善电信的基础设施。投资的方式多种多样，如安装宽带技术设施和以光纤技术为基础的高速传输线。有证据表明，公共部门在基础设施上的投资越高，该国的在线经济发展也就

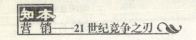

越迅速，两者间存在着密切的关联。

政府如何看待与在线交易相关的税收问题，这是电子商务企业所感兴趣的另一个问题。安永咨询公司的顾问估计，在美国以各州为单位计，1999年与互联网贸易相关的免税造成全美各州损失税收收入达到1.7亿美元。有些州开始在国会游说，要求对此问题采取行动。他们得到一些"红砖加灰泥"（对拥有土地、厂房等资产的传统企业的戏称。——译者注）零售商的支持。这些零售商感到，他们的竞争对手获许逃税使竞争有欠公允。

80　　　欧盟在增值税上也遇到类似的问题。很多客户通过电子方式从欧洲境外的供应商处购买产品。欧洲各国的海关正在着手探索对这些商品进行征税的方法。1998年渥太华部长级会议以来，经合组织一直在审查这类问题，希望能达成共识，在2005年前以立法的形式予以解决。然而，即使这类异常复杂的问题得到了解决，仍有问题尚待解决：由谁负责将征税缴纳给恰当的权威部门，供应商还是客户？如何解决这一棘手的问题现在还不得要领。但是，有一点是清楚的，政府的最终决定将会极大地影响在线企业的决策，他们会据此选择交易点的位置。

立法

法规是政府确立权威和制定指导原则的依据。指导原则可作为规范客户和企业行为的指导框架。电子营销者面临的一个问题是，在某国合法的经营活动到另一个国家后可能被视为非法。例如，英国的金融服务法（the Financial Services Act）严格限制股票等金融产品的广告中的促销内容。由此产生了一个直接的问题：这条规定如何适用于境外的广告商？从理论上讲他们可以采取与英国金融服务企业不同的策略。类似的问题还存在于保护消费者的法律上，世界各国实施的法律彼此之间存在着很大的差异。例如，在货物销售方面，欧盟针对消费者、健康、安全等竟制定 15 套以上的条例，从理论上看，电子商务出口商应该研究所有的这些规定。因此，在这些名目繁多的法律事务得以解决前，消费者和企业均有可能发现自己卷入了复杂的跨国合同纠纷之中。

欧洲法庭所做的新近判例对网上贸易商增强信心没有任何帮助（*Business Week*，2000）。巴伐利亚法庭宣判 Compuserve（现并入美国在线）为其网站上的第三方发布的种族偏见的材料负责。判决后，Compuserve 不得不关闭其在德国的经营业务。"地之角"公司（Lands End）是一家直销公司，他们为破损的衣物提供 100％的更换保证，但被视为违反了德国的消费法。

另一方面，我们必须看到，各国政府纷纷立法以保证人民可以无忧无虑地购买或消费，他们的确试图借此方式来保护消费者。然而，当这些消费者登录海外的网站选购产品时，上述目标就极难实现。比如，美国有不少人从墨西哥购买药品，而这些药品尚未通过美国食品及药品管理局的批准在美国使用。

81

有些网上的法律问题较容易地得到解决。举一个与法律在美国各州的适用性相关的例子：某客户通过设在某州的服务器向居住在另一州的客户提供产品，他便可在两个地点或其中任一地点提起申诉，这样就出现了问题（Beck，1998）。有这样的一个案例：一家加利福尼亚州的公司开展了全美订购业务。该公司在宾夕法尼亚州与七家互联网服务提供商（ISP）签订合同。一家宾夕法尼亚的公司认为，自己的注册商标遭到加利福尼亚州一家公司的侵犯，那家公司的某一措词侵犯了它的商标。宾夕法尼亚州法庭判定由于加利福尼亚州公司雇用了全州七家互联网服务提供商开展业务，这个规模意味着商标侵权的事实存在。这个案子与佛罗里达州的一个案例形成对比。一家佛罗里达州公司经营着一家销售小册子软件的网站。同样，一家亚利桑那州的公司指控这家公司商标侵权。法庭裁定佛罗里达州的网站具有被动、非

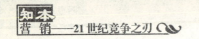
交易性的性质，这就是说没有发生侵权的事实。

技术

　　营销者无论在何种行业运作，通常会对核心系统内采用的技术一清二楚。然而，他们还有必要明白新技术引进所带来的知识寓意，技术可能会对核心系统的未来表现产生影响。这并非易事。因此，营销者一方面需监视技术，另一方面又不能被新知识所震慑。他们也许应关注追踪新的进展，这些进展会提供新方法来改进产品性能或降低加工成本。

　　技术变化最快的领域也许是电子商务的更新换代。艾尔索普（Alsop，1999）指出需要仔细监控技术的关键领域，如内容管理、争取客户和对客户的服务。在内容管理方面，已有许多新方法来支持语音和视频图像的高速传输。在争取客户方面，软件企业如媒体矩阵（Media Matrix）提供了新的工具，可以对在线内容的有效性做出评估。在客服方面，新系统已将不同的通讯媒介（如电子邮件、传真、电话和网页）有效地整合在一起，成本低廉。

　　网上购买领域出现了风格各异的软件系统，提高了网上搜索供应商的效率（McCright，2001）。思流公司（Thinkstream）推出了名为 www.Tadaa.com 的网站。该网站作为信息门户和购物社区，可帮客户找到精确的产品信息。这套系统搜索功能胜过 URL，并能提供产品性能方面的详尽知识，还可做报价、价格和供货状态比较。Tadaa 使用的搜索引擎可实时从网站、服务器、数据库、台式计算机及影像资源内搜索数据。

　　人们对网上安全的问题越来越关注，这也是一个新技术兴旺的领域（Chen，2000）。像医药总汇（Drug Emporium）这样的公司已着手考虑在开处方药时，通过指纹扫描的方法验证用户的身份。生物识别技术可以数字的方式为身体特征如声音、眼睛和面庞编码。众多的软件开发公司争先恐后地研究这一技术。质子世界技术公司（Proton World Technology）新近展现了一种智能卡，它能通过指纹识别或虹膜辨别来验证其主人。嘉信理财，这家网上股票交易公司正在运用语音识别系统授权用户进行电话转账业务。一部分数据管理和服务中心采用了掌上读码器来验证个人的身份，他们通过验证后才能进入操作中心。

不仅在线客户对安全问题感到忧心忡忡，知识产品的提供者也为此惴惴不安，他们越来越发愁如何才能保持对其数据的所有权和控制（Fortune，1999）。从理论上看，知识所有权受知识产权法的保护。不幸的是，随着知识的数字化，实施知识产权也变得越来越困难。例如，110 家企业共同做出努力成立了音乐著作权保护协会（The Secure Digital Music Initiative），由它来确定在线音乐文件的数据保护标准。他们全力支持科研活动，寻找阻止或限制进入在线数据源的方式。他们关注的重点是在软件系统里加入控制设置，这些设置可阻止非法复制材料的企图。软件业的其他部门也在使用类似的方法来挫败盗用他们的系统的个人。这类系统大部分要求用户在首次安装时验证身份。有些专家感到，对软件和硬件一并控制是保护知识的更为有效的方式。在软件上加上可由机器阅读的"标签"，硬件便会质询标签来判定用户的指令（如复制或打印）是否符合购买时的条件与条款。

文化

营销者首先要获得知识才能更好地把握市场机会。从一开始，下述现象就很明显：国家内存在着不同的社会群体；而国与国之间又存在着不同的民众，他们的购买行为千姿百态迥然不同。造成这

种情况出现的一个主要的变量是个体的文化背景，因为文化背景决
定着他们的需求、价值观、态度和信念。然而，这些行为特征在经
过一段时间后便会发生变化。因此，营销者需要坚持不懈地追求知
识，掌握文化可能影响客户行为的途径。我们可用一个最近的例子
来说明。互联网传播什么样的材料可以被接受？在这个问题上，阿
拉伯世界持有各种各样的态度。网上牧羊人公司（Net Shepherd）
是一家网络过滤公司，他们发现这是一个潜在的市场文化机会，于
是与网上出版商阿拉伯在线建立了伙伴关系。两家组织通力合作，
调整网站的内容，使其为阿拉伯世界的客户所接受（*PC Week*，
1997）。

在知识型营销的世界里，最重要的文化问题或许是客户会在何
种程度上允许供应商得到有关他们的知识，以及他们是否会把这种
数据收集的方式视作对其隐私的侵犯。这个问题现已成为一个关键
的问题，因为供应商借助新技术，可轻而易举地获得并储存有关客
户行为的数据。我们可以举新近发生的两件事作为例子：英特尔公
司和地城公司（GeoCities）引起的客户的逆向反应（Kelly and
Rowland，2000）。英特尔公司的情况是，该公司的奔腾 III 芯片具
有一项功能，可以电子芯片识别使用者的信息。在这项技术臭名远
扬之后，英特尔公司同意关闭用户识别系统这一功能。地城公司的
情况则是，该企业最终在美国联邦贸易委员会强迫下，改变了其收
集和散布客户信息的方式，特别是涉及 13 岁以下的儿童方面。

电子商务广开门路，采用多种方法来获得客户信息。方法之一
是要求客户自曝信息如用户的姓名、信用卡号、住址和电话号码。
另外，在线企业还可提取其他种类的信息，比如用户正在使用的浏
览器、操作系统和所在国。另一种方法是利用 cookie 将网站的访客
的信息储存在硬盘上。他们还可以访问新闻栏和聊天室来收集电子
邮件地址和用户代码，尽管这种方法有欠光明磊落。有些目录营销
商还直接出售电子邮件地址和客户喜好的信息。

83

美国政府对保护消费者隐私的态度倾向于电子产业采取自律措施。但也的确出现过一种情况，那就是由于人们担心儿童的权利遭到侵害，这种担心促使美国立法，要求网站获得父母的可验证的许可后才能收集13岁以下儿童的个人信息。有些美国公司已对自律的要求做出反应（Vaas，2000）。旅游在线网站（www. expedia. com）已刊发他们的政策，他们不愿与别人共享或出售客户数据，发誓只与采用相似政策的第三方开展业务。另一家企业Supergo已着手引进信息过滤软件，可根据客户要求做出回应，他们可不使用客户视作隐私的数据。这种软件可以实时对客户的行为做匿名分析，试图识别所有在线访客的共同性。另一方面，亚马逊公司则认为使用客户数据是一种良好的商业惯例。因此，这家企业通过操作客户数据，让商业伙伴以电子邮件的方式将促销信息发给客户。

84

从全球范围看，自律的做法能够持续多久仍是一个问题。1995年，欧洲议会通过了实施保护隐私的指导原则，即"欧洲数据保护规程"。根据原则的要求，各成员国须在国内立法以保护个人信息。欧盟的保护规程禁止公司与其他公司共享数据，除非事先获得客户的准许。人们越来越关注消费者保护的问题，最近这种担心已促使欧盟威胁要阻止从其成员国流向美国的数据流。

第五章

内　力

章节提要

　　有理论主张，企业应以资源为本。该理论的支持者们认为内部能力（或竞争力）是优化企业市场表现的基础。各种各样的力量可通过一种内力模型予以审视：战略性领导、战略规划、金融计划、创新、生产率、员工的表现、质量与信息系统。关键问题似乎在于领导能力，即业界领袖能否高瞻远瞩并使其远见卓识得到组织内部的普遍认同。知识管理也是一种能力，它的重要性正逐步得到认识。提高知识管理水平的前提是将信息管理置于能力优先开发的地位。这些系统必须得到定期审查，以便对各种要素进行评估，如知识产生、储存和传播的方式。审查内容还应包括组织对可利用的知识所做的回应。

引言

85　　　许多研究者考察了某些企业的成功经验。他们得到这样的一个结论：很多成功的企业在管理组织内部运作方面具有非凡的能力。

汤姆·彼得斯（Tom Peters，1992）在其著作里反复宣扬这个观念，他列举了数家企业的做法来说明他们早就认识到协调内部活动、力求高级客户满意的重要性。哈马尔和普拉哈拉德（Hamal and Pra-halad，1993）也概括了企业内部管理的重要性，他们认为通过培养卓越的核心竞争力来加强内部管理的效果优于同类型企业之间的竞争。

戈达德（Goddard，1997）指出，成功的企业拥有下述核心能力：

1. 将经验性知识和隐性知识交融在一起，竞争者无法复制。
2. 界定公司可以优于或不同于其他公司的地方。 *86*
3. 掌握组织内的运作方式（modus operandi）。
4. 只关注价值链内的两三个主要活动。
5. 公司能够向客户提供独特价值的资本来源。
6. 灵活善变，处理业务游刃有余。
7. 有能力界定市场机会，拥有独特的条件来捕捉机会。

沃尔玛的故事

戈达德（Goddard，1997）以美国沃尔玛公司（www.wal-mart.com）为例，说明了新知识的获得和利用是通向市场成功之路。沃尔玛在知识运用上得心应手，它充分利用信息技术的成果，设计出更为有效的零售运作体系。1980 年，沃尔玛还是一家利基市场零售商，活动范围仅限于美国南部几个州。然而，仅仅过了十年，沃尔玛一跃成为全世界规模最大、盈利最多的零售商。戈达德指出，他们的成功得益于一个基本的能力：他们利用知识更新了库存管理中的"接驳式转运"技术。这种"及时制"体系可使价值链内的库存一直处于运动状态。货物一运至他们的仓库，或者被立刻分送出去，或者经重新包装后转送到各家商店。因此，沃尔玛可通过自己的仓储系统调配 85％ 的商品，这样他们就可以从供

应商处整车购货，结果他们的库存搬运成本维持在3%的水平，从而支持了该公司所执行的四季低价销售的策略。

这个系统耗时数载才得以形成。该系统不断通过投资吸收储存和周转方面最新的技术。例如，该公司开发了一个由卫星支持的电子数据交换系统，通过一颗专用通信卫星将每天销售点的数据传递给4 000家供应商。这家企业还同宝洁公司合作，开发了名为"消费者有效回应"的系统，这套以计算机为基础的整合系统可作为企业的整个供应链的运作基准。最后，为确保员工可获得关键的知识，他们为各级门店经理提供了有关客户购买习惯的详细资料，并附有录像链接，店与店之间可以分享彼此成功的经验。

决策竞争力

企业通过掌握高级技术知识及组织内部规范，可以提高其竞争优势。他们掌握的程度会影响其在市场上能否成功。从这个观点可推出一个结论，即企业注重资源的程度将左右企业获得市场成功的可能性，知识管理为此提供了一个重要的例证（Hitt and Ireland，1985；Mahoney and Pandian，1992）。

多年来，人们就明白内部功能性能力会影响市场的表现。考虑到这种情况，人们似乎不应试图创造全新的以资源为基础的范式以纳入知识管理作为加强组织作用的过程。相反，人们应该设法改进现存的组织作用能力模型。

查斯顿和迈杰斯（Chaston and Mangles，1997）开发出一种潜能运用模型。他们的模型之所以引人注目是因为他们在开发过程中非常仔细地审阅了有关源类型功能的大量文献，如表5—1所示。他们接着做了广泛的量化验证，范围覆盖多种市场份额，包括制造业、高新技术商品的生产及服务（Chaston，1999b）。从表 5—1 的数据看，有可能开发出以资源为基础的模型，图 5—1 模型包括的能力有：战略能力、金融能力和运作能力，它们可对实现成功经营电子商务的目标产生关键的影响。

战略竞争力

商场上，竞争者在各个领域展开角逐。他们像秃鹫一样，虎视眈眈，等待着捕捉他人犯下的错误。在这样的世界里，平庸是一种危险的特征。在这种环境里，组织如果要长期生存下去，必须拥有识别新知识的能力，以判断市场的新动向及如何运用组织内部能力来抓住新的机会。

有时，把握机会的责任就落在具有创业能力的个人身上。例如在庞大的维珍（Virgin）帝国里有着广泛影响的理查德·布兰森（Richard Branson），美体小铺（Body Shop）的创始人安妮塔·洛蒂克（Anita Roddick）。在另一些情况里，虽然也有人身先士卒且常常独享功劳，但这些人全力打造一支强有力的高级管理队伍，当他们从公司生活中抽身而退时，公司仍能良好地运行（如通用公司的首席执行官，约翰·韦尔奇及曾任英国航空公司董事长的金爵士）。

汤姆·坎农（Tom Cannon，1996）提出组织的战略能力可以通过测试的方式予以评估。下述五个标准可用来测试组织的竞争能力：知名度、可持续性、妥当性、可用性和可查度。组织只有建立有效的知识管理体系，严密监视外部环境并保证内力得到妥当的发展，否则，该组织在这些标准上的得分很可能为负值。

88　**表 5—1**　　　　　　　　　**表明市场成功企业特征的源证据**

1. 永道咨询公司（Coopers&Lybrand，1994）对英国"高速成长"企业的研究
   - 认为他们的市场具有高度的竞争性。
   - 在决策上机动灵活。
   - 为利基市场提供高品质的产品以独领风骚。
   - 提供一流的售前与售后服务。
   - 采用技术含量高的方案以占领显著的位置。
   - 强调新品/更新产品的推出速度与频率，寻求外部知识源为活动助一臂之力。
   - 强调应用技术技能的重要性，如强化跨功能部门的团队及流程再造以使生产率最优化。
   - 认识到为员工继续发展投资的必要性。
   - 依赖内部利润为未来的投资项目融资。

2. 克兰菲尔德（Cranfield）泛欧公司研究项目（Burns，1994）
   - 寻求利基市场，追求优质服务，以便从竞争者中脱颖而出。
   - 在竞争程度低于平均水平的市场上开展业务。
   - 采用战略目标明确的经营计划指导未来的活动。
   - 依赖内部产生的资金为未来的投资项目融资

3. 德国和英国食品加工企业的比较研究（Brickau，1994）
   - 德国企业注重获取外部因素的详尽信息，这些因素可能影响企业的运作。
   - 德国企业能够明确列明自身的竞争优势。
   - 德国企业通过优势定位开发利基市场。
   - 德国企业利用策略和计划指导未来的经营活动。
   - 德国企业双管齐下，既通过革新提高产品质量，又采用新的加工技术来提高生产率。
   - 利用内部产生的资金为投资项目融资。

4. 对新西兰出口企业的研究（Lindsay，1990）
   - 强调研发工作以不断革新且保持拥有独特的技术。
   - 在专门利基市场上，追求的目标是"世界级"的优越。
   - 广泛收集信息，制定出井然有序的计划用于指导未来的活动。
   - 展现卓越的企业管理风格并鼓励以员工为中心的决策。
   - 强烈的敬业精神、追求卓越的品质及非凡的生产率，并以此为获取竞争优势的途径。

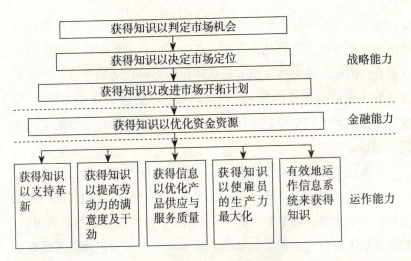

图 5—1　支持企业成长的获知模型

在电子商务市场方面，戈仕（Ghosh，1998）指出，企业希望通 *89*
过掌握知识来争取机会，他们的选择为其拥有真正的竞争力奠定了
基础，策略性机会大致可分为下述四类：

1. 与客户（或与企业有重要关系的他人）建立直接的联系以便
于完成交易或交换贸易信息，例如，Staples（www.staples.com）
办公设备超级连锁店在网上向大公司客户售货。

2. 利用技术超越价值链内的其他人（例如：像亚马逊书店一类
的在线零售商）。

3. 开发并提供新产品和服务（例如：美国的嘉信理财研发的股
票在线交易系统）。

4. 通过制定新的业务规则成为特定产业电子商务渠道的主要玩
家（例如：戴尔计算机公司在向大企业直销计算机方面占据主导的
地位）。

运筹帷幄，掌控未来的商业活动，这一概念已被接受数年有余。
尽管如此，将知识作为策略发展的一个核心内容仍是一种相对新颖
的管理哲学。于是，策略一词的定义经修正后含有知识的内容。说 *90*
服管理人员辨识这一内容可能是非常棘手的过程（The McKinsey

Quarterly，1998）。这是由多种因素所促成的：首先，知识难以用产出的标准予以价值评估；其次，有很大比例的知识是以隐性的形式存在，因此，需要将知识编码后转化为某种合适的形式，人们通常会发现这一过程颇为棘手；再次，知识一般会被视作无形资产，这也就意味着人们聚集起来探讨策略时，他们很难对已有的知识做同一阐释。

尽管在此方面面临重重困难，一些企业依然设法将知识纳入未来策略之中，辟出专章予以说明。麦当劳公司便是一例。他们为提高客户服务质量，制定了一揽子规章制度，巨细无遗。他们认识到，知识是员工履行自身职责的基础，员工唯有凭借知识才能掌握繁杂的条例。为贯彻执行知识型的策略，在公司的安排下各个网点可相互比较，共同促进，尝试不同的服务理念。

其他企业不断捕捉竞争对手所忽视的机会，及时改进经营策略。安然公司（Enron）过去一直在从事天然气的管道输送业务。该公司的管理层发现他们掌握着产品供求及流向方面的宝贵知识。为了充分利用这部分知识，他们创办了安然资本与贸易资源公司，开展一系列创新风险的管理服务。

人们普遍认为，知识是最大的增值源。有些企业已做出抉择，从商品型的经营活动中抽身而出，专心从事知识型业务。例如，孟山都（Monsanto）已经决定解散企业庞大的化工集团公司，专注于开发新生物科学的业务上。

财力资源竞争力

人们有理由认为，自会计行业诞生之日起，会计师们就是在从事知识的管理工作。然而，不幸的是，组织上下往往并没有充分利用这类知识。产生这种现象的原因是：（1）财会人员缺乏与其他管理职能部门沟通的能力；（2）企业财会部门的非主管经理通常缺乏财会基本知识。例如，凡是旨在提高税收的提议均会使营销者怦然心动。然而，对于促销策略如何影响企业的盈利和/或资金流的状况，能就此做出阐释的人则寥寥无几。过一段时间，一旦出现新的项目，潜力更大但需要进一步的投资，他们便不会运用已有的知识对资金做统筹安排。这可能导致企业无法从股东和/或财经群体借到钱。这就意味着无法筹措到必要的款项，以实施新的营销计划。

91

未雨绸缪，把握机会

　　新项目的融资能力可以纺织业的两家企业为例，见表5—2。本案例为实例，但隐去了公司的真实名称。它们均从事生产活动，拥有自行销售渠道（Chaston ，1999b）。10 年前，两家公司开始实施市场开拓计划：A 公司采用兼并竞争对手的方式；B 公司则采用内部调控的手段。

表 5—2　　　　　　财经状况比较（单位：百万英镑）

	A公司		B公司	
	10 年前	2001 年	10 年前	2001 年
损益表				
销售	100	200	100	150
毛利	57	80	57	90
其他开支	44	76	44	67.5
纯利	13	8	13	22.5
销售利润率（%）	13.0	4.0	13.0	15.0
负债表				
流动资产	50	120	50	75
流动负债	20	90	20	30
净流动资产	30	30	30	45
固定资产	30	60	30	45
长期借款	20	45	30	45
动用资金	30	45	30	45

通过产业研究，人们掌握了相当丰富的知识，如尽管时装高端市场总体销售已趋于饱和，人们依然可以预测体育/休闲服装市场会有较大的增长。另外，在后一行业里还存在着一次收购机会，有可能收购一家垂直整合的业绩不菲的公司。收购活动可能需耗资2 500万英镑。

A公司的营销人员很快便发现，通过举债和/或增加发行股权筹措资金的途径是行不通的，因为企业的业绩新近表现不佳，金融界已将该企业列入信誉风险高的企业名单内。B公司的情况则截然相反，他们双管齐下，既发行股票又签发长期债券，如愿以偿地募集到所需的资金。结果，只有B公司有能力实施收购计划，这次机会使得该公司在以后的10年内将其业务量翻了一番。

92　　企业缺乏明晰的资金导向，这是营销者的一个通病。下述的一些情况可能是问题产生的原因。许多人原先在国内的大公司或跨国公司就职。这类组织一般拥有充足的现金储备和/或拥有良好的借贷记录，它们可凭此从银行或股票市场等外部渠道筹款。另外，收支报表及资金流管理专属于财会部门，这一成见存在于上述组织内部。结果，营销者缺乏经验，在制定和执行营销计划时，无法最有效地利用公司自有资金、财产账目和/或外部的融资优势地位。

任何新的市场策略均需要资金的支持。组织应该广开财源，保证投资项目所需的资金。显而易见，这是组织所能掌握的一个制胜法宝。就电子商务而言，有些人不懂得在线贸易，他们在网上大致摸索一番市场动态后，可能就认为创建网址的成本极其低廉，需做的工作似乎仅仅是注册一个域名，然后再用如微软之类的供应商所提供的现成的软件来建构组织的网页。

利用互联网将静态的宣传册照搬到网络空间上，如果经营者的意图仅限于此，上述对已有的知识的阐释便是准确无误的。不幸的是，网址常常被用来吸引访客并促进销售。如果设立网址的目的在此，那么就需要更大规模的投资。投资将被用于：（1）创立硬件/软件系统以便在线对潜在的客户提出的各式各样的需求做出及时的回应；（2）培养必要的能力，保证网址的内容基本上每天可得到更新，从而维持客户的兴趣；（3）确保企业内部信息管理系统连贯统一，保证客户全程都能得到完美无缺的服务，从最初的询问一直到产品交货的最后阶段（Seybold and Marshak，1998）。

企业的投资不是一劳永逸的。即使企业不惜钱财，投资组建了卓有成效的互联网的运作体系，他们仍需面对一个问题：如何在一个相当长的时期内，吸引新老客户不断光顾网址。仅仅保证网址出现在雅虎或 Alta Vista 之类搜索引擎搜索结果的前列，这还远远不够。因为对于大多数营销方案而言，提高客户意识的有效方法在于不断加大对传统的促销手段（如广告、公共关系和促销活动）的投资力度，这也是提高网站访问量的唯一方式（Chaston，1999a）。

革新

所有的组织必须在保证知识源源不断的前提下，才能兴旺发达。新的知识可用于产品更新，改进加工技术。有些企业对交易或关系持保守态度，他们很有可能对知识持有偏见，不相信知识可以改变采购、生产和物流这些基本运作方式。

革新的途径

联合造纸厂（UPM）是芬兰最成功的一家林业产品公司，他们堪称是开展革新活动的一个典范。20 世纪 80 年代后期，全球范围内出现了纸张需求萎缩的现象，但就是在这种情况下，联合造纸厂依然投资购进了新的纸张加工设备。此举为企业带来了源源不断的利润。更为可喜的是，该企业借助新知识获准进入了一个利

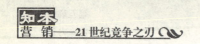

润颇丰的市场——生产报刊用纸和新闻纸之类的高附加值的产品。

与此相仿，在移动电话市场上，尽管生产加工能力至关重要，但要想长期生存下去，企业必须依赖知识，不断开发出新的产品。北欧巨擘爱立信公司之所以能在全球市场上称雄，他们的经验就是充分发挥其在数字通信和数字信号加工领域的专长，迅速推出新产品；产品在重量、体积和使用寿命等方面的性能不断得到改进。

充分利用已有知识

在某些情况下，旧知识新用途亦可达到革新的目的。巴克曼实验室（Buckman Laboratories）是一家市值 3 亿美元的跨国化工公司。该公司采用上述方法从事新产品的开发，他们的经营值得我们借鉴（Zack，1999）。该公司采取的新策略的核心是不能仅仅停留在产品的销售层面上，还需要解决化工产品的加工问题。该企业重新定位所依傍的知识早已为营销人员所熟知。为获得这类知识，他们专门建立了一套在线知识管理系统，与客户、产品和技术相关的信息基本上都可被系统录入，人们可从世界任何地方随时提取这些数据。为扩大和强化系统，现场的销售人员还可利用一种名为"技术论坛"的平台与他人交流知识应用方面的经验。知识传播部门全程监控"技术论坛"的进展情况，以便做好讨论的引导工作并将讨论结果分门别类。

机会的最大化

技术知识与市场份额知识一并使用为机会最大化提供了可能。每逢此时，实施革新方案的效果也就更为显著（Murphy and Lanfranconi，2001）。图像流公司（PixStream）是运用这种方法的一个典范。该公司擅长于通信设备的软硬件的开发，其设备可收

94

集多种信息源的图像和声音信号，如卫星直播、当地的电视频道或影像服务器。他们的系统可实时进行影像加工及信号输出，只需略做调整便可用于任何制式的网络。该公司识别出下列多用途的机会：

1. 互动型宽带影像服务，可支持电视会议、远程教学和远程会诊。

2. 专项影像服务，如店内电视广告、实况转播地点、后期制作地点和组织者直接的监控和联网。

3. 电视节目的内容传输，电视信号可借助各种网络传播出去。

4. 电话公司希望与有线电视公司开展竞争，他们允许电讯企业利用现成的电话线提供普通电话、互联网高速接入和预约影像服务。

知识源

思科系统公司（Cisco Systems）是世界上交换器和路由器供应商的龙头老大，他们的产品支承着互联网的基础设施。驾驭知识，让知识为实施创造性解决方案助上一臂之力，客户也可从中获益，这是该公司商业范例的核心内容（Lawson and Sampson, 2001）。他们对知识做了明确的区分，支持新品开发的新知识不同于已在该公司运作中使用的主流知识。

在获得新知识方面，该公司虽然保留着一小部分的研发业务，但主要采用多头并举的策略，方法包括小公司收购和组建战略性伙伴关系。该公司认识到，制造能力并非是一种核心能力。自20世纪90年代以来，该公司一直坚信，在改进生产活动方面，供应商是最重要的知识源。该公司售出的每一件产品，大约有75%是通过外包的形式完成的，该公司借此让供应商放心，确保他们通过创建的共享的内联网及外联网进行知识交流。

劳动力

在大多数市场上，企业对客户需求的性质的认识如出一辙，他们所采用的生产技术也相差无几。因此，保持长期的竞争优势是一项极其艰巨的任务。所以，在某些情况下，不惜重金全力打造一支干劲十足、结构合理的劳动力队伍，是扭转不断萎缩的市场份额的唯一有效的方法。有鉴于此，营销者在筹划未来的营销策略时，无论如何也不能忽视组织内的人力资源管理（HRM），其中的道理显而易见。

95

然而，近年来，人力资源管理领域似乎吸引了不少的大师驻足。遗憾的是，他们宣称（有时甚至带有宗教般的狂热），他们的方案是唯一行之有效的方法。这些"新信仰"的例子不胜枚举，如目标管理（MBO）、员工激励和创造有机组织等概念。

毋庸置疑，有些雇主营造出合适的工作环境，且知识从中得以有效分配，他们当然有理由期待自己的员工有上乘的表现。然而，员工的积极性和对职位的满意度常常会受社会—人群、经济和文化等因素相互作用的影响。这一点很重要。营销者应该明白有时需要忽视管理顾问联谊会所提出的建议，即他们所称的"只有我的方法才对"。营销者应当深入调查为什么一部分员工能够在组织内恪尽职守兢兢业业，并在此基础上探讨如何调动积极因素，促使企业在竞争中保持市场上的领先地位。

长期保持竞争优势是一件非常棘手的事，电子商务为此提供了例证。在满足客户的需求方面，以下两个变量的作用非同凡响：(1) 提供服务的速度和精确度；(2) 在线系统的可靠性（Seybold and Marshak，1998）。这些变量的重要性意味着，电子营销商必须保证组织内部的人力资源管理工作的重心放在知识利用上面，需要不断投资更新员工的技能。此举必不可少，因为全体员工必须保质保量地完成本职工作，这样才能在竞争中立于不败之地。

人力资源管理应设法促使员工最大限度地发挥其劳动力，其所依赖的原则大同小异，适用于任一组织。目前，对于拓展知识管理范围的企业而言，他们在人力资源管理方面所面临的一些最大的问题可能是技术人员的招募、任用和技能的利用等，因为他们需要这些技术人员负责复杂的电子商务系统的开发与运作。即使是在加利福尼亚州的硅谷，网络产业也萎靡不振，产生了大量的冗余人员。当他们试图通过知识管理而获得竞争优势时，他们所面临的最大的掣肘依旧是难以找到合格的技术人才。这些人才不但要通晓网络系统的发展态势，还能驾驭数据库管理、通讯与编程。

如何有效地实施人力资源管理政策和条例，软件开发业已对此产生了较大的兴趣，他们打算在此问题上助一臂之力（McCune，1997）。只有掌握员工的翔实信息并对信息进行妥当的储存、提取和利用，才能设计出人力资源管理的优化方案。很显然，知识管理哲学有益于此项工作的开展。例如，奥斯汀-海恩公司（Austin-Hayne）开发出一种软件系统，可帮助评估员工的表现及员工的评价活动。这套软件可全程指导管理人员开展员工的评估工作。对软件略加调整便可用于执行对不同员工的评价工作，如销售代表、员工及客服代表。

构建合作式的伙伴关系并将某些工作委托他人来完成，采用此种策略会模糊传统产业的界限，既分不清企业工作的结束点，也弄不明外部环境的起始点。这类"关系性"组织形式必须有效地运作，才能保证知识的捕捉与利用不会受到制约（The McKinsey Quarterly，1998）。另外，企业愈发依赖于一些独立的个人，他们虽非企业的员工，但在客户服务和成交方面发挥着重要的作用。人力资源管理的职能隐含着一种意义，即需要建立知识分配体系以确保职位的满意度与激励的效果具有普遍意义，员工不会因加入新组

96

织形式的企业而待遇不同。

生产率

生产率的常规性计算方法是按每个员工增值活动的水平和/或小时单位工作来衡量的。企业可加强员工的增值活动或小时单位的投入，以提高生产率。企业通过此举，可以指望其盈利有所提高。效果的呈现方式多种多样：首先，如果生产率上去了，公司即能更有效地挖掘潜力，生产更多的产品或提供更多的服务；其次，如果生产率得以提高的原因是员工得到更好的设备或者机器替代了人工，单位产出成本可能下降；再次，如果质量的提高反映了生产率的改善，企业就有可能在市场上提高产品的价格；最后，企业可致力于探讨如何提高供应企业的生产率，其结果可表现为输入商品的成本降低（Hornell，1992）。

20 世纪 80 年代，西方世界的部分市场份额被环太平洋地区的企业攫取。这些企业认识到生产率所占据的重要地位，他们把生产率当作战略武器来促进产品的销售。通过研究日本产业，人们发现，利用新知识、铸造新观念的举措在日本制造业的发展过程里功不可没。日本制造业通过实施瘦身生产、共时工程和及时制等概念能够为其客户提供物美价廉的产品。

看到这种情况，所有的营销者都应该明白，设法保证知识管理系统在其组织内服务到位，该系统便会持续不断地为提高生产率作出贡献。有一种方法是建立分级计划，密切注意竞争对手的生产率方面的情况。采用这个方法获得的数据随时用于评估新知识在加强员工的生产率方面所发挥的作用。新知识运用途径多种多样，如修改加工程序、加强员工培训及为新技术投资。企业如不采取这类行动，营销者就会发现，自己所选定的战略位置已被竞争对手所蚕食。

97

出现这样的后果是不值得大惊小怪的，因为他们的对手在优化组织的生产率方面技高一筹，手段更为有效。

在电子商务运作方面，生产率方程里的最重要的两大项是客户界面生产率和物流生产率（Chaston，2000a）。就前者而言，通过投资最先进的计算机技术可保证客户界面生产率的最大化。究其原因，借助知识管理自动化系统，客服的每一环节从产品询盘到下订单均可自动完成，无需供应企业的员工进行干预。然而，另有一点，一旦需要人工支持，该工作一定要交给受过专门培训的员工担任，这样才能维持界面的生产率。这些员工可进入最新的数据库系统，掌握在线客服的支持工具。

从目前情况看，电子商务服务业的几大收益都是通过引进自动化系统而获得的（DePrince and Ford，1999）。一个显著的例证是金融在线服务，如网上保险、网上银行和网上股票交易等。同一方法也为航空业所广泛使用，越来越多的旅客涌上网络查询旅行信息和订购机票。

质量

20 世纪 70 年代后期，西方企业开始意识到，环太平洋国家的竞争对手正在凭借"高质量"在全球市场上抢滩登陆。具有讽刺意味的是，教会这些被誉为"老虎"的国家以质量取胜的人却是美国的专家，如迪明（Deeming）和克罗斯比（Crosbry）。这些人将自己的国家弃之不顾，向这些国家传授如何以质量为武器来有效地提高客户的满意度。到了 20 世纪 80 年代，IBM、施乐公司（Xerox）、福特公司、劳斯莱斯公司（Rolls Royce）之类的企业纷纷将质量摆在战略性的高度，这也许不足为奇。

舍恩伯格（Schonberger，1990）已撰文指出，有效的质量管理如同人在旅途，需要经过几个阶段：更正、预防、基于成本的质量管理（cost-based quality）以及最终对客户服务的保证。基于更正基础上的质量管理所依据的理念在今天看来已属陈旧，即耐心守候，待发现差错后采取纠错措施。组织青睐预防性的质量管理，他们充分利用新旧知识源，力使出错的概率降至最低。正是这类毫厘之差导致谬之千里。

舍费勒等人（Schoeffler et al.，1974）做了大量的研究工作。结果表明，公司的产品一旦被视作高质量的产品，那么该公司便会享有较大的盈利空间及市场份额。这一发现擢升了质量的重要性：质量由一个运作过程管理层面上的与成本最小化相关的问题跃升到董事会一级的议题，在筹划公司未来的发展策略时，质量管理成为一项不可或缺的内容。质量管理应该贯穿于整个策略，这一思想已得到普遍的认可。组织仍须转换观念，真正理解质量是维续客户长期忠诚度的基础的奥秘。仅在一个短暂的时间里，西方国家涌现出大量的实例，说明高质量的经营活动是企业获得市场成功的基石，如美国纺织业的美利肯公司（Milliken）和国际汽车租赁市场上的安飞士公司（Avis）。

大型跨国公司在改进服务质量方面不惜余力。由此产生的一个后果是，客户对供应商的期待值大幅飙升，并热衷于追逐新的供应商。从质量管理角度看，电子商务可被纳入服务业。对于服务业的企业来说，客户的忠诚度在很大程度上取决于供应商的活动能否符合客户的预期。如帕拉素拉曼等人（Parasuraman et al.，1985）所揭示的那样，可靠性、可见度、回应速度、信心度以及情感，这些变量是影响客户判断自己的预期是否得到满足的关键因素。在很多服务的开展过程中，客户被迫接受供应商的某种程度上的工作不力，继续使用该服务源，因为该供应商是最为方便的服务源。然而，电子营销人员必须认识到，"因图方便而保持忠诚"的情况难以套用到网上购物的客户身上。比如，如果不满意对某一网站的访问，这位潜在的客户只需顺手点击相关的链接，霎那间便可进入一个新的网址，那里可提供优质服务（Shapiro and Varian，1999）。

实地公司运用知识，全方位地开展提高质量活动。他们在此方面所遇到的问题同样也适用于在线运作，即执行订单、客户质疑、发货出错、退货和质量保证制度。在线经营面临一个独特的问题，营销人员因为对网上客户缺乏了解，难免会捅出大娄子。结果他们不得不四方求助，才能解决问题，其代价远远高于起初遇到问题时（Bartholomew，2000）。例如，安永公司（Ernst & Young）曾做过测算，大约 2/3 的人放弃了他们在线挑选的商品，虽然他们已将它们置入购物车，因为他们在最后一刻对自己的决定产生了怀疑。服务问题产生的另一原因是，一些在线企业没有将其网上服务与线下执行订单的工作有效地结合起来。

向外寻求知识源 99

　　为解决这些问题，许多服务公司决定利用经验丰富的其他组织所积累的知识，并求助外力，提供一对一的客服代表在线服务。纽约市的 LivePerson 公司（www.liveperson.com）曾一度专门开展这样的业务，拥有一支客户支持人员队伍。该公司向其客户提供以文本形式的答复服务。450 名客户选用了这家公司的服务，每个客户需交纳初始费 1 000 美元，每使用一位操作手需付月费 250 美元。每位操作手可同时处理 4 人的在线交谈。这种服务项目也运用在 B2B 的市场上。例如，Equipp.com 是一家位于圣地亚哥的企业，专营金属切割设备和成型机械。该企业与 eAssist.com 公司签订合同，由后者为其提供在线客户支持服务。

　　其他企业积累了丰富的知识，足以自行运作客户支持系统。例如，加利福尼亚州的联合公路货运公司（Consolidated Freight-ways）利用新频道公司（New Channel）开发的技术，将 www.cf.com 的访客与该公司的服务代表联系在一起。该系统的运作围绕着对话框进行，该公司员工可通过对话框与客户进行一对一的交谈，向他们提供帮助、信息和销售方面的支持。

信息系统

甄别客户需求，不遗余力地做好客户服务，在这种哲学思想的指导下，大多数营销商深刻地认识到开发新的信息系统刻不容缓，此系统可提供市场环境的知识。结果，在众多的标准文本里，人们普遍看好图 5—2 所示的营销信息系统（MIS）模型。如图 5—2 所示，该模型拥有四个关键子系统：内部数据系统、市场智能系统、市场调查系统和客户数据系统。

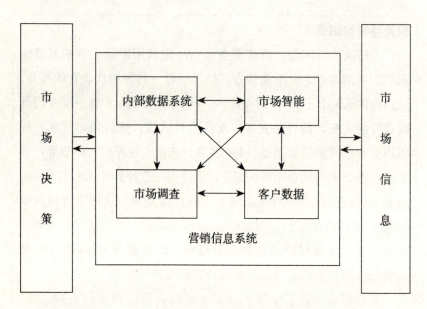

图 5—2　营销信息系统模型一例

为了给营销研究系统添加内容，营销者可广泛收集公开发行的材料、面板数据（panel data，如 Nielsen 储存面板）并采用多种研究技术（用途与态度研究、核心群体、客户满意度调查）来追踪并回应瞬息万变的客户行为。由于营销预算不足，研究工作只能时断时续（例如，许多大企业只能每年一次或每年两次开展用途与态度研究），这是研究工作的一个通病。另一个不足是，企业的部分或全部的关键数据源与企业所需的其他信息互不相连，这进一步地削弱了营销信息系统的有效性。例如，财会部门的成本核算系统标准与生产经营部门的计算机不兼容，因此，在安排生产计划时无法参考财会部门的数据以优化成本。

显而易见，低成本高效率的计算机的出现提供了一个新的机制，人们可借此开发出高度整合的营销信息系统。另外，使用计算机在线输入订单的做法如今已是大势所趋，这为创建数据库提供了契机。人们可根据数据库以天甚至小时为单位监视客户的行为。美国航空公司开发出 SABRE 订票系统后，市场上的表现颇为出色。人们只需看一看这家公司的情况就会明白，计算机技术除了可帮助人们获得新的知识源外，还可为组织带来显著的战略优势。不幸的是，甚至到了今天，在许多大型企业里，信息管理还是被视作计算机服务中心的一个领地。数据管理人员通常热衷于确保计算机和获准使用的软件系统运作正常，而不是提供有效的知识管理支持系统，使组织内的管理人员互通有无。因此，营销者有必要对组织内的数据管理能力做仔细的评估。此举是必要的，其目的在于确保数据管理可有效地提供管理活动所需的知识，如提供客户通道，帮助公司迅速查清影响市场信誉问题的症结。

仅仅保证营销部门使用已有信息，这并不能保证知识已在组织内得到合理的利用。为此，组织必须采取一切可能的手段获得知识，并将知识在组织内广泛传播，更为重要的是加以妥善利用（Jaworski et al.，2000）。为确保企业有能力实现这些目标，企业可采用表 5—3 所示的评估工具予以审计。

　表 5—3　　　　　　　　　　知识利用审计表

知识产生

1. 在本公司里，我们至少每年与客户见面一次，了解他们将来最需要什么样的产品或服务。

　　　　　　　　1 2 3 4 5 6 7
　　　　　　我强烈反对　　我强烈赞同

2. 在本组织内，我们开展大量的入室市场调查，以获得额外的知识。

　　　　　　　　1 2 3 4 5 6 7
　　　　　　我强烈反对　　我强烈赞同

3. 我们获取知识的活动帮助公司迅速洞察客户在产品喜好方面的变化。

　　　　　　　　1 2 3 4 5 6 7
　　　　　　我强烈反对　　我强烈赞同

4. 为了了解我们的产品和服务质量，我们开展终端用户的调查工作，每年至少一次。

　　　　　　　　1 2 3 4 5 6 7
　　　　　　我强烈反对　　我强烈赞同

5. 收集到的知识表明我们能敏捷地洞察本行业的一些基本变化（如竞争、技术、制度）。

　　　　　　　　1 2 3 4 5 6 7
　　　　　　我强烈反对　　我强烈赞同

6. 我们定期查询相关知识，了解我们业务环境（比如制度）的变化可能对客户产生的影响。

　　　　　　　　1 2 3 4 5 6 7
　　　　　　我强烈反对　　我强烈赞同

信息传播

7. 我们召开部门联席会议就市场走势和发展交换知识，至少每季度一次。

　　　　　　　　1 2 3 4 5 6 7
　　　　　　我强烈反对　　我强烈赞同

8. 我们公司的营销人员经常与其他职能部门交换客户未来需要的知识。

　　　　　　　　1 2 3 4 5 6 7
　　　　　　我强烈反对　　我强烈赞同

9. 每逢市场或重要客户身上发生重大事件，消息很快便在公司传播开来。

　　　　　　　　1 2 3 4 5 6 7
　　　　　　我强烈反对　　我强烈赞同

10. 定期通报客户满意度方面的知识，传达到此业务单位的各个层次。

　　　　　　　　1 2 3 4 5 6 7
　　　　　　我强烈反对　　我强烈赞同

11. 一部门发现有关竞争对手的重要事项，该发现能迅速引起其他部门的注意。

　　　　　　1　 2　 3　 4　 5　 6　 7
　　　　　　我强烈反对　　我强烈赞同

续前表

知识回应

12. 一旦竞争对手的价格发生变化，我们在很短的时间内就能做出反应。
1 2 3 4 5 6 7
我强烈反对　　我强烈赞同

13. 我们从不忽视客户对产品或服务需求上的变化。
1 2 3 4 5 6 7
我强烈反对　　我强烈赞同

14. 我们定期总结我们在产品开发上所做的努力，以保证产品开发符合客户的需要。
1 2 3 4 5 6 7
我强烈反对　　我强烈赞同

15. 数个部门定期聚会，共同策划回应业务环境所发生的变化。
1 2 3 4 5 6 7
我强烈反对　　我强烈赞同

16. 一旦主要竞争对手针对我们的客户开展强大的营销攻势，我们可迅速采取应对措施。
1 2 3 4 5 6 7
我强烈反对　　我强烈赞同

17. 本公司内的部门活动相互协调。
1 2 3 4 5 6 7
我强烈反对　　我强烈赞同

18. 在本公司里，客户的投诉永远不会泥牛入海，得不到答复。
1 2 3 4 5 6 7
我强烈反对　　我强烈赞同

19. 如果我们决定开展新的庞大的营销计划，我们就可以立即予以实施。
1 2 3 4 5 6 7
我强烈反对　　我强烈赞同

20. 当我们发现客户希望我们调整某项服务时，相关部门便会步调一致地设法满足。
1 2 3 4 5 6 7
我强烈反对　　我强烈赞同

21. 总体上看，我们公司的导向是，利用一切可用的知识，全力满足市场的需求。
1 2 3 4 5 6 7
我强烈反对　　我强烈赞同

不少企业认同电子商务提供了一个新的渠道，企业借此渠道可吸引新的客户又可保持老客户的忠诚度。对于这些企业而言，零乱的知识系统是不可以接受的。只有在全部的数据流都经过整合并得到妥善的使用时，企业才能占领竞争的前沿阵地，才能取得成功。

103

因此，必须不断投资，才能实现更新和强化公司的信息系统的目标。如果企业试图依托整合的信息系统，实施品牌战略，这类投资更是必不可少的，因为传播信息的系统必须优于竞争对手所采用的电子传播手段（Young et al.，1997）。

马歇尔实业公司（Marshall Industries）案例

马歇尔实业公司是美国第四大电子元件和生产物料供应商。该公司通过位于北美和欧洲的 38 家分公司，通过在住友电气工业株式会社的股权，经销着百余家供应商生产的 125 000 余种产品。半导体产品占据了该公司销售额的 75％以上。多年来，电子元件销售领域一直竞争激烈，众多的企业各显神通，在诸如产品货源、价格、技术专长和市场覆盖面等领域展开激烈的角逐，试图赢得客户的青睐。20 世纪 90 年代呈现出一个新的趋势，即大客户纷纷采取措施促使业务全球化，他们也要求其供货商具备全球采购的能力。分销业务需要对此趋势做出响应。与此同时，人们也希望分销企业能够承担更大的责任，为大客户打理好库存的工作，因为后一类组织已逐步开始转向优化其"及时供应"生产哲学。

马歇尔实业公司考察了蕴藏在这些趋势里的意义，他们认识到公司已成为功能失调的组织，其内部管理依赖的是陈旧的观念和僵化的知识定势。另外，公司的分支机构仅仅遵循公司的总体战略框架，各自为政的趋势也在加剧。这使公司的处境进一步恶化。他们从管理角度得出这样的结论，该公司一直过度地关注产品销售量的最大化，从而妨碍了另一个更为关键的目标的实现，即考虑客户的真正的需要。他们于是提出一个口号，"灵活、卓越、及时"，该口号反映了他们的新观念。这个观念是建立在了解客户真实情况的基础上，只要让客户们选择，他们什么都要：最低成本的产品和服务、最高质量的产品、最可能地适合客户的特殊要求及最快的交货时间。为了实施新观念，该公司认识到：（1）必须纳入新的知识才能挑战各种行业及内部经营的陈规陋习；（2）有必要采用一套全新的哲学思想，将内部的知识管理的方方面面与客户使用的系统整合起来。

该公司所进行的调整有一部分是依据了传统智慧（例如，精简机构以提高做出反应的速度；用员工的奖金与公司整体表现挂钩的办法取代个人表现为基础的奖励机制）。然而，该公司同时也考察了如何通过信息技术的创造性利用加强知识管理，以便在电子商务领域里获得市场领头羊的位置。为了实现这一目标，公司决定不向全新系统做大规模的投资。相反，他们选择了挖掘自有劳动力中的创业技能，探求改善知识获取、储存和利用的新途径，并将新知识与现有的信息技术联系，采用低成本商业上可行的产品如群体软件平台和客户服务器。例如，在 1992 年，马歇尔实业公司推出了 QOBRA（质量订单预定与再售运用）系统。该系统是基于 IBM-DB2 平台、互联网/电子数据交换前端及 Sun-Unix 仓库交易管理系统的。

下一阶段的工作是设法让组织内的所有知识有机地联系起来，这样组织便可充分利用内部的知识管理能力，并以此为途径将高质量的服务提供给自己的客户。现场的所有销售人员都配备有笔记本电脑，他们可实时检查商品的库存、规格、数据单及订单的执行情况。销售人员借助该系统，可与其他员工开展交流，这些员工各怀绝技，相互交流有助于做好客户的宣传工作。内联网的核心是 Compass，其作用如同一套营销百科全书，收录了 2 500 余种文件，涵盖马歇尔实业公司代理的产品和供应商的情况。

1994 年，马歇尔实业公司开始实施下一阶段的战略，准备一鸣惊人，成为卓越的知识提供商。他们创建了自己的在线浏览器，该系统可向客户提供 24 小时不间断的订单自动服务。他们对主要客户还附之以电子数据交换自动补充渠道。他们继续使用传真及电话订单录入系统。第二年，他们推出了一座以对象－关系为主要内容的数据库，可向客户提供马歇尔公司所经营的产品的动态图片。支撑整个系统的是一个数据库，它收录了 20 余万种文件、10 余万种数据单以及一个库存实时记录系统。客户访问网站便可订购产品并索要样品。为帮助客户跟踪其订购货物的行程，马歇尔实业公司还计划将其系统与联合包裹运输公司联网，后者是其物流合作伙伴。

这套系统还可提供一系列辅助知识服务项目。Real Audio 可以播报电子行业的新闻。访客可全天 24 小时与马歇尔实业公司的工程师在线交谈，得到他们在产品选择、故障诊断及产品设计方面的帮助。系统的网上研讨会（NetSeminar）为客户和供应商提供了一个商讨问题的平台，他们可借此共同为新产品的设计出谋划策。该系统还提供产品售后技术培训。该公司在 El Monte 设有广播站，用图像和声音的方式实时播出产品信息。观众和听众均可通过环球聊天系统（GlobalChat System）向节目主持人发问。网上研讨会备受欢迎，它的成功促使他们专门成立了一家独立的咨询业务网，取名为"教育新闻与娱乐网"。客户可利用这一系统在互联网上举办实时研讨会，服务于多重目的，如公关宣传、销售培训和售后服务。因此，我们在分析上述实例后，可得出这样的结论：信息整合系统必须优于竞争对手的系统，这是有效地实施电子商品品牌战略的一个前提条件（Young et al.，1997）。

不同的客户需求

近些年来，在考虑客户需求时，很多研究人员开始质疑战略营销的经典理论，他们的依据是经典理论过度地强调单笔交易管理的重要性。人们曾经调查过服务行业如金融和零售业，结果表明在某些情况下，客户的购买行为并没有呈现强烈的交易导向。由于这种情况的存在，供应企业便利用一切机会与客户建立长期的联系，此举旨在能与买家形成亲密的伙伴关系。

20世纪70年代到80年代，不少公司采取了大规模的扩张行动，提供的服务迥然有异，涉及多种行业，如金融、方便食品和管理咨询业。受雇于这些组织的营销人员身陷困境，经典理念一筹莫展，无以应对，如用4P原则影响客户需求等。实践人员与理论研究者对此得出的结论是，由于这类商品特征显著如商品无形、生产与消费界线难分及消费者需求呈异质性，故有效的服务营销急需改进销售范式。

与产业市场上的营销者相仿，许多服务营销理论家已在关注这一事实，即强调单笔交易企业已经着手建立与客户的长期的合作关系。赖克费尔德和萨瑟（Reichfeld and Sasser，1990）为推广这种替代性的哲学助了一臂之力，他们证明了以交易为中心势必会导致人们不惜钱财追求新的客户，而实际情况是，真正的营销收益则源自旨在保留老客户所开展的活动（或者用他们的术语来说是为确保客户"零流失"）。

产业企业和服务企业均开展了市场运作的研究，结果产生了一个新的思想学派，他们不断地探讨企业将内部资源与创立并维持客户忠诚度协调起来的途径。总体上看，这是一种新的导向，现以"关系型营销"而闻名遐迩。该思想既有美国的贡献（Berry，1982），又有北欧思想的渊源（Gummesson，1987）。支持革新营销方式的人认为，现在的市场竞争日趋激烈变化无常，组织工作的重心必须从交易管理转移到与客户建立长期的合作关系上，以使企业能在市场上生存下来（Webster，1992）。

看好关系型营销的人专门对过程类型做一比较，借以支持他们的观点，如表5—4所示。

表5—4   营销思想对比表

交易型营销	关系型营销
以单笔购买为导向。	以重复购买为导向。
局限于客户—供应商的直接联系。	客户—供应商频繁密切的联系。
关注产品效益。	关注带给客户的价值。
强调近期表现。	强调长期表现。
有限度的客户服务。	高级客户服务。
以客户满意为目标。	以让客户高兴为目标。
质量限于生产责任。	质量是整个组织的责任。

一部分"新营销方式"的追随者指出，建立在4P原则基础上的营销方式强调了资源的重要作用。这种传统的观念在20世纪50年代至60年代的北美品牌消费品市场上，或许找到了用武之地，但与今天的世界风马牛不相及。例如，戈罗尼奥斯（Gronroos，1994）认为："作为一般理论的4P原则的有用性，从实用的目的考虑，至少可以说是相当成问题的。"面对那些寻求标准化的大众产品的客户，企业可采用多元化的哲学，既可着手与主要客户建立长期的牢固的关系，也可沿用传统的4P方法，这也许是一种折中的观点。安迪生和纳如斯（Anderson and Narus，1991）提出了一种类似的平衡观点，他们建议企业在选择最适合市场状况的策略时，应当反复权衡，既要考虑旨在建立更密切的关系的客户导向，又要思考维持密切合作关系的成本/效益的内涵。

杰克逊（Jackson，1985）持有一个相似的观点，即洞察市场状况是运用关系型营销策略导向的前提。在她看来，有些客户的时空有限，并且更换供应商又是一种低成本的活动，在这种情况下，交易型营销方式仍不失为恰当的方式。于是，客户在寻购一种标准规格的芯片时，在很多厂家的产品都能满足他的需要的情况下，哪一家供应商提出的条件在他下订单时认为最为合适，这是影响他决策的主要因素。与此相比，客户拥有较长的时空，且更换供应商的成本高昂，那么，客户在做决策前会谨慎地寻找一位合适的供应商，该供应商乐意花费时间和金钱以便同客户建立长期牢固的合作关系。汽车制造商的情况可能是后一情况的典型事例。在计划购买"艺术品般"的自动化汽车组装线时，汽车制造商会仔细研究项目标书上的规格和合作承诺，自动化机械的供应商在竞标中会提供这些材料。 *107*

　　如果我们接受杰克逊的观点，交易型营销与关系型营销之争便转化成作何选择的问题。因此，在几乎每一种产业和/或服务行业内，既有以价格为主导的客户，他们很善于回应交易型营销思想，也有别的买家，我们可以同他们建立长期牢固的关系。在这些情况下，营销者的目标是为其组织选择一种哲学思想，这种思想既符合企业的内在能力又适合他们为产品在市场上所做的定位。

第六章

知本定位

章节提要

　　迈克尔·波特认为，价格与绩效、核心市场份额与大众市场份额之间的变量都能被用于企业择优选择市场定位。大型企业通常采用的定位是便于他们用标准产品进入所有的市场，而小型企业则倾向于占领利基市场。随着在线贸易的出现，企业获取越来越多的市场知识。大公司在获取此类知识后，往往会觊觎利基市场。因此，这必将引起大、小公司的市场边界模糊化。建议先对企业的市场知识进行一次全面的核查，以判定该公司是否正在使用知识来优化其市场定位。需核查的问题多种多样，涉及客户知识、产品知识、技术知识、关系知识以及战略知识等等。大多数企业都想获取深层的市场知识，因此，加盟商务网络不失为一种明智之举。

引言

　　市场管理者长期以来都接受这样一种观念：市场的成功要求企

业识别出自身的竞争优势，而这些竞争优势能够促使企业在同一市场内做出与其他公司不同的定位。通过将利基市场对大众市场的概念和为客户提供产品建议的特性进行融合，迈克尔·波特（Michael Porter，1985）发展了一种理论，该理论认为，有四种类型的竞争优势选项可运用于企业组织，即：

1. 成本领先策略。

2. 差异化策略。

3. 集中成本领先策略。

4. 集中差异化策略。

成本领先策略以开发企业内部流程的某些方面为基础，而这些流程能以较竞争对手更为低廉的成本来运作。这种成本优势来源于多个方面，包括低进价成本、低厂内生产成本和/或因接近重点市场而带来的低交货成本。集中成本领先策略的道理与之相似，所不同的是，企业决定占领的是某些特定的利基市场。波特认为，集中市场的成本领先策略和全面市场的成本领先战略代表了一种"低级优势"，因为某一公司的优势在最后或者被成本的升高所湮没，或者由于被竞争对手识别了那种进入较低价位商品或服务的市场的运作机制而消失，这也是时常出现的案例。

差异化策略是另一选择，其基础是靠业绩取胜。波特认定，这是一种"高级优势"，原因如下：（1）生产者通常对于产品输出拥有定价的权利；（2）竞争对手的威胁减弱，因为他们理应能供应出更高绩效的特色产品，才能在竞争中胜出。集中差异化策略也是以出众的业绩为平台，在典型意义上，它是小型企业的自留地。唯独不同的就在于这种类型的企业擅长满足某一特殊市场的需要。

高、低优势理论认识的另一侧面，则在于维持某一精选市场定位所要求的知识水平。从典型意义上来说，低级优势，如低价原材料（例如，中东油田与阿拉斯加斜坡地的油田相比）或廉价劳动力（捷克共和国的汽车制造厂与德国的汽车制造厂相比）之类，并不要求企业具有出众的知识开拓能力。这同高级优势通常所要求的获取专业唯一知识形成强烈对照。假如某公司想为市场提供出色的产品服务的话，情况更是如此。高级优势的另一方面在于，在追寻与竞争对手不同的产品与服务的过程中，存在很多可被开掘的不同形态的知识。例如，加文（Garvin, 1987）曾指出，与高品质相比，有七个不同的知识向度可以被考虑，即：供应所要求的不同特色的知识，更为实际的业绩，同客户特定的质量期待具有更大的一致性，更耐久，更可靠，出众的式样及先进的设计。除了同产品物理性能相关的知识向度之外，这些企业努力提高知识管理的能力，积累采购以及产品使用等方面的知识，加强服务，从而有条不紊地做好订购、配送、安装、客户培训、保养、维修以及售后产品升级的工作。

尽管波特的竞争优势选项模式是一个非常有用的观念性工具，但它也有一个危险，即假如使用者迷信理论的话，他们很可能会误认为四个备选的定位都是相互排斥的。可资利用的案例材料将表明，过去很多西方国家都想当然地认为，企业的努力目标要么是成为低价成本的领导者，要么是成为高端异样产品生产者。因此，在20世纪80年代，德国实施社会宪章导致劳动力成本上升。作为回应，德国企业关注高回报率和产品密集型的市场部门。与此同时，西班牙却因低廉的劳动力纷纷兴建工厂，以服务于低端市场和价格敏感的部门。

市场覆盖率		业绩		
		单一利润		复合利润
	大众市场	成本领先策略	差异化策略	价值和业绩差异化策略
	大客户市场	客户化成本领先策略	客户化的差异化策略	客户化的价值和差异化策略
	利基市场	利基成本领先策略	利基差异化策略	利基价值和差异化策略
		低	中	高

知识管理能力（＝波特的四个起始战略选项）

图6—1 扩张战略选项矩阵

这种情形同环太平洋国家的企业形成对照。那些国家的企业以儒家的思维方式行为处事，这常常催生周全的方案。在占据竞争优势的情况下，企业在开发灵活的制造技术与加工流程的过程中不断地获取知识，而改进后的技术和加工流程帮助企业开发质高价廉的产品。企业在诸如摄像机、小轿车以及电视等领域取得了骄人的业绩，其成功当然应归因于他们早在 20 世纪 80 年代就取得的全球市场的大部分份额。因此，这似乎合理地表明，通过关注产品开发和知识管理能力提高所带来的机遇，市场管理者就能显著地增加那些适用于他们的竞争优势的选项数目，而知识管理能力的提高旨在开发新产品，为企业提供如下策略：（1）差异化策略和成本领先策略的综合策略；（2）产品定制化策略。正如表 6—1 所示，这种行为使竞争优势的选项数目由 4 个增加到 12 个。

全球性定位的维持　　　　　　　　　　　　　　　　　　　　*111*

本田汽车公司被定位为大众汽车市场中的车辆供应商。巩固此种定位的策略就是一种"小就是精"的经营战略，它反映了小公司的灵活高效目标的维持，同时又作为全球市场中的大公司在运作（Sonoda，2002）。为了实现这个目标，该公司采取的关键措施是确保全球各地的员工能够利用企业大型智库。

该公司位于日本的总部是制造技术的知识源泉。该公司的北美、南美、欧洲、日本和亚洲的五大区的经理，对于当地变化着的客户需求以及当时的经济状况，均有着充分的自主权。

在全球性的扩张中，本田汽车公司所需要的能力就是在不止一个市场部门中均使用其主要制造基地正使用的汽车制造模式，从而能实质性地生产任何一种产品。为了实现这个目标，该公司集中精力确保那些在当地获取的知识能迅速地与全球其他汽车厂实现共享。汽车制造中的生产灵活程度从根本上依赖于焊接机器人的广泛使用。由于机器人的工作程序是可更改的，一旦某一分厂找出增强机器人操作性能的方法，那么，这种知识便会与其他厂家所共享。

为了在最大限度上实现知识共享，该公司为所有主要的组装线设计了一个全球性的标准布局。通过这种方式，生产同一型号产品的所有生产厂家，在加工位置、用时以及工作流程等方面都是相同的。此种方法大大地缩短了推出全球性新产品所要花费的时间。例如，在本田Civic车型的案例中，该型号仅在9个月之内便被推广到12个生产基地。标准化的布局意味着它与在某地学习一样重要，能迅速地将知识推广到公司的其他生产基地。

本田汽车公司运作理念中的一个很重要的方面在于其员工，无论是设计产品、制造产品或是销售产品，都必须用他们自己的能力去思考问题、解决问题。这种理念通过该公司在员工中鼓励"挑战精神"而获得成功。结果，该公司的员工分析日常工作，探讨强化和改进，由此带来了许多观念的变化。

从市场中学习

宜家公司（IKEA）的创始人英格瓦德·坎普拉德（Ingvard Kamprad），一门心思想跨出瑞典的国界，让新颖价廉的产品进入欧洲的千家万户（von Krogh and Cusumano，2001）。其市场扩张的首要战略就在于寻求复制所有市场的标准流程。该公司在城市郊区购置土地，建造简单的功能化的双层厂房，上层为展示厅，下层为仓库。宜家公司还推行标准化文件、理念、人员选拔和培训。员工通过学习操作手册和参加培训课程习得普通的知识。

然而，在宜家公司进入美国市场后，它很快便发现基于欧洲市场运作而形成的知识不能即刻转为在北美的成功销售的理念。他们发现客户的趣味和雇员的背景大为不同。客户有着不同的需求，同时，专为欧洲市场设计的产品并不适合美国市场。此种情

形导致了宜家公司在北美的业务开展缓慢，直到它获取了应如何
采取行动调整设计理念以迎合美国人的趣味的新知识之时，才有
所改观。

知识的重新部署

大同金属株式会社（Daido Metals）是日本汽车业生产发动机
轴承的三大供应商之一。该公司的市场定位是在价格和质量两个
方面均胜出竞争对手（Nobeoka et al.，2002）。为了维持这个战
略，该公司千方百计地与客户沟通，并将所得知识及时用于调整
其他的客户项。

客户通常是在大同金属株式会社供应的部件组装进一个产品
系统或车辆成品后，才进行性能测试。该公司随后会得到有关部
件技术性能方面的反馈信息，也会得到有关终端市场表现方面的
数据，如客户的满意度和缺陷报告。该公司会不失时机地将这些
新知识在企业内部广为传播，借以降低成本或改进质量。

另一个利用知识重新部署的日本制造商是基恩士公司（Key-
ence），一个汽车自动装置传感器的供应商。该公司以定制化产
品的最低价格供应商为定位。为每一个客户开发完全的定制化
产品是一项相当昂贵的动议。为了克服这一成本的障碍，该公
司同多种客户一起工作，分析每一个客户的需求，继而开发出
一系列的传感器以解决客户的问题。更为重要的是，为某一客
户开发产品而获取的知识，被重新部署到其他传感器开发项目
中去。通过这种方式，能够向客户提供定制化的解决方案。由
于借助于拓展现有知识，从而导致了开发成本的降低，客户解
决方案因此能够以接近客户正常期望所偿付的某一标准化解决
方案的价格而被配送。

大公司对小公司的定位选项

理查德·泰德罗（Richard Tedlow，1990）总结出成功地建立大市场品牌战略的基本指导方针。这些指导方针清楚地展现了那些知识管理能力和/或财经资源有限的公司，在大多数情况下，都明智地回避与大公司正面冲突的原因。首先，大公司能竞争过小公司，原因在于前者拥有知识和资金优势，能开拓出大宗产品的规模经济，通过出售大量廉价产品而获取很高的绝对利润。其次，大公司能利用已经产生出来的大块利润投资于更高层级的促销行为，从而形成一种塑造市场需求的良性机制。第三，拥有知识的大公司能创建一个垂直系统，并在其中充分利用原材料，管理生产操作，向终端客户分发产品。最后，以量大价优的战略实现对市场的成功占有的首批企业，如雀巢和统一食品这样的企业，能够建立起规模经济的壁垒以从实质上避开来自任何其他竞争对手的威胁。

在互联网发展的早期，率先进入该市场的是那些提供专门产品的小公司。这种趋势致使一些产业观察家们开始预测，网络空间中的贸易最终将形成一种价格便宜的市场知识传送系统，它能威胁到大公司的长期生存，相比之下，那些大公司仅使用传统的大众营销信息渠道（如电视广告）来实现对市场的占领。可是，近年来许多主要的品牌企业都在有效地进入互联网行业，以进一步巩固其市场地位，这种情况现在变得更为明显。当人们分析这种情形时，作为一种销售渠道的电子商务，显然在很多产业部门正趋向于迎合品牌引领企业的趣味。其中一个首要原因是，当消费者开始使用互联网时，他们常常很关注与这种新的交易方式相关联的潜在危险。为了回避风险，这种类型的消费者倾向于选用他们熟知的企业所生产的产品或者他们曾使用过的品牌产品。

　　大多数主要的品牌企业利用其资金优势向客户提供品种多样的不同产品。因此，在进入网络空间时，这些品牌企业既能利用客户在实地市场上养成的购物习惯，又能拓展客户选择产品的范围。在这种情况下，出现的问题是那些规模小且无知名度的公司能否在网络世界中生存下去。分析趋向表明，在可预见的将来，网络空间中建立起来的时间长有特色的网站，将同那些有着宽广的产品线诉求以及类目化的专家网站相互依存。出现这种现象的原因在于他们服务于不同客户的多种需要。例如，在美国医药产品的案例中，某些对新知识需求有限的客户，试图了解他们想知道的东西时，很可能访问大公司所提供的网络服务业务，如 www. kmart. com；而有些客户可能对关于最佳适用的治疗方案方面的信息有额外的要求。对于后一种情况而言，他们将很可能访问一些规模较小的但知识丰富的专业网站，如 www. planetrx. com。同样，在计算机服务器的 B2B 销售市场中，在购买服务器方面有着先前广泛体验的客户，更乐意从价值型的产品供应商如康柏公司那里借助于网络宽带实现在线购 *114* 买。然而，假如客户由于打算在市场中选购一个适用于专业部门的专业服务器的系统，他们则会感觉到需要额外的知识，此时，他们更可能选择在该市场领域中有专业服务器技术的服务器供应商进行购买。原因在于他们相信专业服务器供应商将为他们提供最新的知识，帮助他们做出最优化的购买选择。

　　克里斯滕森和泰德罗（Christensen and Tedlow，2000）曾提出，在对在线企业将以何种深度或广度的知识适用于客户这一问题的争议中，人们应该认识到，某些可能的结果，或许与那些与我们所见到的发生于 20 世纪六七十年代全国性零售商和独立小商店之争的情况颇为相似。通过充分发挥在运作与所得方面的规模经济的优势，外加快速周转模式的使用，前者能以低出 20％的价格供应商品。小零售商的生存应对策略是转向高档消费市场，开发出全面深入市场部门的知识，为高端客户提供产品和服务方面的专门技术。因此，假如某一小型电子商务的零售商在网络空间的销售中正面临着此种类型的竞争对手的话，那么，走向高档消费市场将是明智之举。那些将要占领的市场部门应该成为一个高端知识的来源地，它能在多种产品选择中为客户提供见识更为广博、信息资源更为全面深入的选购方案。

甚至在电子商务时代到来前，很多企业就开始密切关注他们的市场定位将如何影响到他们为客户供应有效的知识（Evans and Wurster，1999）。从本质上讲，这种情况常常是广度对深度的问题。大公司倾向于选择广度，因为这样能使接受其产品信息且能影响选购决定的客户在数量上实现最大化。大市场的生产商趋向于花大量的资金在电视这样的促销渠道上。主要的零售商则尽力使其遍及全国的市场数目最大化以夯实他们的运作基础。

这种情形同那些专业化的公司形成鲜明对照，那些专业化的公司倾向于同数量更少的客户进行联系，但同时又向潜在的客户分发更为广泛的大量信息。专业成衣的生产厂家能为我们提供一个深度取代广度的例子，他们运用直接的商品类目型的营销战略推广该市场部门或特殊的时尚商品。在零售部门中，专营性的零售商倾向于充实那种能为潜在客户提供一对一专业化引导服务的销售队伍。

电子商务时代的到来，为那些就广度信息适用于客户还是深度信息适用于客户而争议不休的企业们增添了新的机会。这是由于网站潜在地提供了如下能力：（1）联系任何个人的能力，只要这个人同互联网相连接，有一部个人电脑、一部电视机或 WAP 电话；（2）通过多重网页的使用给相连的个体提供高质量的信息。因此，在小型企业中，如一个独立经营的私有旅馆，在过去被限制于类似游客饭桌上小册子中的插页或者有限数量的报纸等信息发布方式，然而现在就能上网同来自全世界的潜在游客建立联系。同样，在大型企业中，如音乐制作企业能用内容丰富的网站，包括演员自传、聊天室、可下载的样本视频以及音乐剪辑，来完善其大市场定位计划。

在电子商务中，有一个非常有趣的趋势出现在一些新的在线知识供应网站之中，那些新的在线知识供应网站愿意帮助客户接近更为宽广的，甚至更为重要的，且从总体而言毫无偏见的信息。例如美国的消费者就可以不再依靠适用于当地销售商展示厅里的信息。他们现在能上网访问微软公司的车点网站（CarPoint），获取为任何主要车辆制造商所提供的有关产品说明书和价格方面的比较数据。网络产品和服务的供应商所面临的困境在于，该如何应对客户可以无限制地接近可供选择的知识资源这一机制。一些企业已经决定，唯一的解决方案就是通过提供有关竞争对手的信息以扩大其知识供应活动。一些在线旅行社向客户提供接近搜索引擎的服务，使它们的客户能获取可供利用的航空公司及其报价等方面的信息。为回应这种情况，一些主要航空公司的网站也开始为乘客提供特殊航线的相同广度和深度的信息。在计算机行业中，戴尔计算机公司扩张了网上产品配置服务，其目的在于将其他计算机制造商的外围设备也囊括进来。

萨伯（Sabre）的故事

客户对供应商所要求的扩大信息供应量的压力在当今世界正日益增大，而大多数企业对如何应对这种压力至今仍不明确。然而，我们可以从一个早期开发电子技术的案例中获得教训，这个案例就是美国航空公司使用的萨伯计算机航线与座位预订系统。起初，该系统是作为公司内部产品而被开发的，后来，开发者迅速地意识到，该系统能通过输入竞争对手的数据而使其功能更为强大。在巩固了该系统的那些功能后，萨伯便作为为其他航空产业提供技术的一个独立公司而派生出来。现在，这个新兴的公司，在股票市场的价格是其创立者美国航空公司股市价格的两倍之多，从本质上而言，萨伯就是一个被创立为电子平台知识管理系统供

应商的范例。同样，价格在线网站（www.priceline.com），一个
提供很大折扣旅行预定的互联网拍卖网站，在 1999 年 4 月的股票
市场中，其市值被估价为 100 亿美元。当时，这个估价超过联合
航空、西北航空以及大陆航空三家公司市值的总估价。

战略边界的模糊化

116　　　多年以前，许多大公司的销售商就意识到，在一些大市场中，
客户开始展现出对产品多样化的需求。在分析这种情形时，泰德罗
（Tedlow，1990）断定，很多主导大市场的公司，其长期的生存迫使
他们从销售量利润的战略向基于细化市场运作理念的转变成为必要，
向更为高端的老客户提供多种多样产品成为必要。这种迈向市场细
化的转变导致了许多较小公司与作为老对手的大公司在战略定位上
开始出现模糊。

　　　许多大型的跨国公司都已承认，市场的分割较之于单纯地对市
场中所有地区提供单一的标准化的产品而言，更为有利。例如，
可口可乐公司和百事可乐公司就为有减肥意识的客户投放了低热
量的产品。其中关键驱动力之一就在于，这些大公司有能力通过
高端计算机分析工具的使用，获得可识别客户群体中有关特别需
求的详细信息。一旦这些信息被获取，它就能被服务于有效的产
品定位，吸引特定目标市场的受众，选择最佳的媒体传播手段以
分发促销信息。

　　　大公司与小公司之间战略边界的进一步模糊，将出现在前者对
于所获知识的使用偏向于制造知识的有效支出，并在越来越小的客
户细分市场中满足专门产品的需求。这种计划说明书所提供的最终
可能性就在于，在某些市场部门中，企业能考虑实施一对一的或大

定制化的营销理念。

在 20 世纪 90 年代以前，大公司都希望进入一对一的或定制化的营销领域，而主要的障碍在于，在把握客户需求细微变化方面，他们所拥有的知识非常有限。电子时代的到来，为把握单个消费者的购买方式提供了可能，它使得企业能够获取有关单个消费者购买的数据，从而使上述的障碍得以解除。大公司接近深层知识的途径有：充分利用那些用信用卡购物的消费者所产生的数据，充分利用那些加入其忠诚计划的消费者的信息，关键在于使用那个能记录下消费者个人购买行为的"智能卡"。当使用计算机统计分析工具进行研究时，这种数据装置为识别出更为细小和清晰的客户群提供了可能。贝克（Baker and Baker, 1998）曾提出，这种新的方法为大公司同较小的专业公司展开更为有效的竞争提供了可能，因为现在前者使用其已有的知识能更为亲近地接触客户，这些知识使其能：

- 基于客户的购买行为将客户分成特征明显的不同消费群。
- 建立起以诸如年龄、收入和家庭住址等购买行为为影响因子的可变量模型。
- 将那些已限定的特殊客户类型的群体数据串联起来。
- 使用这些信息去调整产品以及在促销信息或价格方面的市场混乱，以满足个别客户的特殊需要。

无论是在 B2B 市场还是在消费者产品市场，电子购物平台日趋广泛的使用，已大大地提高了大企业利用数据的能力，从而使其获得了对客户购买行为更深入的洞察力。其背后的原因在于，只要客户开始在网上冲浪，企业就应该向潜在的客户提供详尽的信息。只要某人想注册成为某网站的会员，他就会被问及电子邮件地址以及信用卡方面的数据，这样，他就能同他曾经访问过的网页数据信息

117

联系起来（*Business Week*，1999b）。亚马逊公司的创始人杰夫里·贝祖斯（Jeffrey Bezos）在对这样的新世界进行评述的时候提出，现在的电子零售商能以小镇里的专营性店主般的特殊方式进行运作，因为大公司有着使所有客户进入其网上商店的全面而深入的知识。在这些知识的武装下，大零售商能与小商店展开竞争，因为他们有能力使服务个性化，以满足每个客户的特别需要，而这些客户遍布于那些已消失了地理界限的所有地方。

甚至在电子商务来临之前，为获取对单个客户更深程度的了解，企业已被迫开发新技术。在评述这种趋向的价值时，波特和米勒（Porter and Miller，1985）预测道，未来市场的赢家将是那些超前于竞争对手而认识到管理知识价值，同时将这些管理知识视为商务活动核心资产的企业。当企业开始开发那些与电子商务交易程序密切相关的庞大的数据环境时，一种被称为客户关系管理（CRM）的新概念开始出现在营销著作中。它涉及有关客户数据的使用，而此种数据的使用能确保企业提供某种最优化的产品建议以及客户特价。此外，企业能修订服务质量的所有方面，从初步咨询到售后服务的每一个接触点都被客户理解为一种无障碍的完美服务（Vowler，1999）。在过去，仅有一些小企业认为自己充分地接近了客户，在客户关系管理方面是有效的。当大公司开始采用客户关系电子管理技术时，上述情景迅速地发生了变化。客户关系电子管理技术搅乱了大小企业间的战略边界，造成了对小公司的主要威胁。当小企业同那些他们视为"无特色"的、不具人格化的跨国公司进行比较时，他们仍旧认为自己还能提供一定水平的出色的定制化服务，这是一种自我迷惑的原因所致。

戈莱泽（Glazer，1999：61）在分析与电子商务界信息量丰富的运作相关联的战略含义时指出，当前的赢家是那些"智能公司"。他将这些公司定义为已经意识到信息技术巨大威力的公司，而且认为这种威力将在他们的市场部门内改造商务实践，同时，他们还是那些比"木讷的"竞争对手更快地进入计算机和电信技术领域而成为"先行者"的公司。他认为,"智能公司",无论其规模的大小,其重要的事实就在于能够提供如下优势:

- 借助于来自单一供应商的可用知识,满足客户所要求的一站式购物的需求,从而节省客户在搜索大范围商品时所耗费的时间。
- 将产品类型和不同选择方案方面的一系列知识提供给客户。
- 率先预见到市场需求的变化,较早地开发出更为有效的知识分发系统以更充分更迅速地满足客户需要。

在实施大定制化战略时,一个至关重要的变量是当客户有需求的时候企业有着生产定制化产品的能力(*The Economist*,2000c)。此种战略目标已经被戴尔计算机公司之类的大公司所实现,它能允许客户在网络上自行设计个人化的电脑,然后再被制造出来。许多小型的高科技制造公司仅能投以羡慕的目光,眼睁睁地看着这种方法。追求这种层次的网上优势,通常要求对该企业内部每一个运作系统以及知识管理流程,从获利一直到服务支持的售后提供等做切实彻底的重新设计。

知识审计

由于企业期望通过一对一的营销更加接近客户,因此,优先考虑做出某种营销定位战略将是至关重要的,而企业所拥有的管理知识能力则要求企业去执行这种营销战略。所以,帮助企业实施一项知识审计将是非常有益的。这种审计需要分析企业行为的如下方面

(Pepper et al., 1999)：

（一）客户知识管理方面

1. 对公司不同客户群体的识别能力。

2. 借助于对每个客户群体商务价值的分析对客户进行分类的能力。

3. 所有的客户数据应存储在方便使用的电子平台之中。

4. 在 B2B 市场内，凡是公司销售产品的地方都能方便使用人物不同性格方面的数据，而这种性格是每一客户组织内购买决定过程的重要组成部分。

5. 对与每个客户所代表的收益情况相关的客户进行座次排列的能力。

6. 使用数据库对每个市场部门中的不同客户群进行分类的能力。

7. 同每个客户进行有效个性化互动的能力。

8. 收集客户互动数据的能力以及将这些数据以方便使用的形式存储起来的能力。

9. 开拓不同传播手段的能力，如个人的、非个人的、传真、电话以及网址。

10. 提供满足特殊客户需要的定制化产品及服务的能力。

11. 提供从总体上满足客户多种需要的个性化产品和服务的能力。

12. 提供满足客户多种需要的个性化售前服务和售后服务的能力。

（二）加工管理方面

1. 存在已结构化了的适宜的质量服务体系。

2. 质量是执行公司营销战略的形式化的重要方面。

3. 质量管理以不同客户群的特殊需求为导向。

4. 充分理解管理内部加工与满足客户需求之间的关系。

5. 对如何评估商务加工对单个客户期望所产生的影响应有充分的理解。

(三) 技术管理方面

1. 瞄准满足客户需求的目标而选择技术发展的方向。

2. 评估技术的有效性应将客户也纳入进来。

3. 利用新技术资源不断增强同客户间互动管理的有效性。

4. 专注于新技术资源的利用，而不是着力于改进员工与客户间互动的方式。

(四) 知识管理方面

1. 在如何获取和分析客户需求信息方面，公司应有一个清晰的战略规划。

2. 公司能有效地分析已获取的客户知识。

3. 所有的员工都应该被鼓励去抓住每一个机会以获取关于客户方面的知识。

4. 公司能够分析发生在客户与公司间的互动联系。

5. 公司能获取和整合所有来自公司运作方面的知识。

(五) 市场关系方面

120

1. 公司应选择那些能实施知识管理能力的市场合作伙伴。

2. 公司应根据潜在合作伙伴对使用知识满足客户需求这一认识的重要性程度，来选择与潜在合作伙伴的市场合作关系。

3. 公司应不断地评估其合作伙伴在知识管理战略方面的实效性。

4. 公司对市场伙伴与客户间的关系应有详细的了解。

(六) 客户关系方面

1. 公司能通过辨析不同客户群的需求来建立客户关系。

2. 不断地获取由不同客户群多样需求而产生出来的新知识。

3. 从售前到售后产品使用的整个过程去分析客户体验，以得出客户需求方面的详尽信息。

4. 分析客户与公司互动的所有方面，以得出客户需求方面的信息。

（七）战略方面

1. 客户群体的意见和观点常常影响公司战略的制定和实施。

2. 次战略的展开应该与不同客户群体需求的变化相适应。

3. 从客户处获取的知识决定着新产品和服务的发展战略。

4. 产品与服务发展战略应利用知识去满足客户个性化需求的供应。

5. 客户的需求理应为客户化营销项目的开发提供基础。

6. 有关竞争对手行为的知识持续地影响着企业未来营销战略的发展和演变。

7. 运用所有的知识资源去实现既定目标，理应被视为所有客户群体"卓越的典范"。

利基市场营销

通常认为，利基市场的营销者很少担心与来自大公司的竞争对手发生正面冲突。上述设想是基于这种看法，即大公司在制造产品以及其他附加值产品的加工等方面缺乏专门的技巧和灵活的机制，因而难以同较小的更为专门化的供应商进行竞争。然而，近年来，瘦身制造的出现，已经导致了某些大公司的市场部门能够从标准产品的长期生产运作转变到产品多样化的有限运作，且不会招致任何成本上的损失。这种情况已经在电子部件产业中出现例证。如思科

121

这样的全球性公司，凭借专营特殊行业的电力开关和路由器成功地进入了利基市场，而过去这些产品都是由小制造企业卖给那些远离大生产厂家的"路边"客户。

希望实行战略提升的利基玩家，他们所面临的困境之一就是销售收入常常不足以抵消他们对客户进行多种渠道知识供应的投资，而这种战略提升又不断地要求扩充企业新客户基数的规模。电子商务的出现显然改变了这种情况，由于通过设立网站，利基企业现在能为全球的客户供应商品或服务。于是，上述利基玩家便可以通过树立网站意识而避开促销的大笔开支，因为潜在的客户常常准备花费数个小时使用互联网搜索引擎去寻找他们所需要的知识，以解决他们的专门性问题或满足他们某一特别的需要。

B2B 的利基市场

当电子商务被传为佳话时，大众媒体常常倾向于以客户产品市场运行的企业为特写。然而，在现实中，电子商务的机会营销量较之于 B2B 市场中的销售量要高出很多（Stackpole，1999）。造成这种情况的原因在于，很多 B2B 市场包含着高度碎片化的客户群与生产商，由于时间和/或地域上的局限，他们不约而同地遭遇到相似的问题。

一家英国的小企业，焊技公司（Weldcraft），为之提供了一个例证。该企业专门解决复合焊接问题，而这些问题往往是用于焊接的材料的变化或者焊接得以存在的相反的物理环境的变化所致。起初，该企业创建了一个普通的咨询网站，旨在为解决复杂的焊接问题提供技术信息的支持。该网站形成了大量的有关特殊焊接问题的询问，它们来自世界各地许多企业，其中的一些问题最终还导致了走向英国以外地区承担焊接工作的新合同的获得。这种结果继而导致了该企业多样化战略的出台，甚至开启了一个国际化的网络空间和陆地空间焊接咨询商务的出现。

另一个在线多样化的例子是美国的 SeaFax（指希捷自动传真发送系统。——译者注）（Stewart，1998）。尼尔·沃克曼（Neal Workman）在缅因州开设了一家债务清理中介公司，之后他开创了希捷自动传真发送系统的事业。他的主要客户群由小规模的渔民组成，这些渔民面临的问题是如果海产品在相应的时间内卖不出去的话将会变质，那么他们将陷入收回产品而没有回报的困境。有一天，沃克曼突然意识到，该业务中价值无法衡量的部分就在于该业务缺乏信贷前景方面的知识。于是，他决定创立一个基于信息知识的业务销售信贷方面的价值信息。他的第一步就是创建提供预订服务的 SeaFax 系统，同时，只要预订者传真一项"快速报告"提供最新的信息，其中包括产品客户哪些是拖延付款者或者哪些生意可能正走向困境等方面的信息。第二步就是服务拓展，计划开发一个信贷评估的商业机构，它能给那些希望投资潜在客户的老板，在他们所购产品实际运输之前的 48 小时内就提供反馈信息。

起初，该公司利用计算机管理内部的数据库，从而加强了迅速更新和处理最新信息的能力。在搭建了这样一个有效的内部系统平台后，该公司进军电子商务的第一步就是发行年度光盘，提供有关海产品、肉、禽等特殊市场部门的信息资料。在此之后的 1998 年，为进一步提高客户服务水平，该公司还建立了一个网站，允诺预订者点击鼠标就可以获取即时的信息。

网络型市场定位

麦尔斯和斯诺（Miles and Snow，1986）提出，整个 20 世纪 90 年代的特征将会是大企业的反整合，因为这些大企业开始与其他独立企业一起建立起某种新型契约关系的"动态的网络"。在麦尔斯和斯诺所言的网络核心中的范式主要是充当"经纪人"角色的组织，在企业间协作交换知识充当组织协调。在变幻莫测的产业世界中，尽管人们对商务网络的巨大潜能有着普遍共识，但贾瑞罗（Jarillo，1993）认为，在削减运行成本方面，企业有着无可抵挡的巨大压力，它已成为制约企业新实体创造的首要因素。随后，皮奥里和萨贝尔（Piore and Sabel，1984）发展了他们的网络附加值伙伴关系理论（VAPs），其中，独立企业间在知识交换方面相互合作，共同支持交易成本的有效管理，这种交易成本又随同完全的价值附加链而进入到商品和服务的流通领域。在研究北意大利地区的服装网络时，比格埃罗（Biggiero，1999）为上述方法提供了诸多例证。

20世纪80年代，丹麦政府与丹麦技术学院（Danish Techno-logical Institute）共同合作，通过商务网络的创建鼓励中小型企业（SME）的发展。在这些产业部门和/或地理区域内，没有大型企业扮演中心获利者的角色，只需要一个独立网络经纪人去管理那种为小型企业通过网络获取知识，识别潜在发展机会的操作流程，从当地商务社区中发展网络的潜在成员，以及在创建全新的、可行的贸易实体的业务过程中，发挥指导者/服务者的作用。

研究结果表明，利用商务网络推进中小企业发展的经济发展创意，在营销实施的过程中，能促进企业共享知识和资源以实现更大的市场份额，这也是小型企业进入同其他企业合作的领域最为普遍的原因之一。下面是具体解释网络企业运作的一些实例：

●十个丹麦的园艺公司，对于在高尔夫项目建设中可供利用的许多机会很感兴趣，他们在各自的行为中认识到，没有一个公司单独具备充足的知识管理能力去管理诸如美国等海外市场中的主要合同项目。

●一些丹麦的组织，包括渔民、加工公司和一家医院，他们集思广益，共享着源自不同领域的专业知识，开发出使用海产品为基本原料的新保健产品。

●11个生产不同产品的纺织企业，组建了一个被命名为"CD-line"的网络组织。他们合伙开发自己的知识，组建一个进军原联邦德国市场的联盟，为大企业的员工，如银行和汽车制造业的员工，提供所有型号的工作服，而这在传统市场的营销中却是由他们各自独立地操作。

●4家丹麦的家具制造企业，共享知识，为荷兰市场设计出一些新款的家具，同时，他们共同分享在荷兰境内各自设立的出口贸易办公室的所有资源。

●3家挪威家具制造企业，搭建起一个共享知识的网络组织，并以此为基础，成功竞标利勒哈默冬奥会的所有家具设备。

●4家挪威厨具生产企业，搭建了一个知识网络，为北海地区的石油钻井平台提供全方位系统的解决方案。

●4家挪威渔场设备制造企业，在知识交换方面相互合作，致使他们开发出支撑他们扩展新的海外市场的渔场管理系统。

在这样那样的例子的基础上，显然有两个维度与小企业销售网络的形成和运作密切相关。一个维度是共享知识和资源，以便更为有效地管理销售流程，而这些流程能直接导向：（1）当前客户销售额的提高；（2）接近已有市场中更大规模的客户；（3）进入一个完全崭新的市场。另一个维度是共享知识，以修订产品供应类目，或是通过合并已有产品以提供一个强化了的产品类目建议，或是开发出一个全新范围的产品。

124　　通过合并这两个维度，正如图6—2所示，一个企业能产生出如下九个不同的知识合作途径，从这些途径，企业能相应地选择出加强自身销售流程的最佳解决方案（Chaston，1999b）：

产品 \ 市场	现有市场		新市场
	现有客户	新客户	新客户
现有产品	1 共享市场管理信息和资源以扩大现有客户数量	2 共享信息和资源以实现接近新客户的规模效应	3 共享市场管理信息与资源以施行新的市场进入战略
为加强产品在市场中的地位而合并产品生产线	4 通过共享信息提供增强型的产品建议而提高对现有客户的销售量	5 通过共享信息提供增强型产品建议而接近新客户	6 通过共享信息提供增强型产品建议而接近新市场
新产品	7 通过共享信息开发新产品而增加对现有客户的新的销售额	8 通过共享信息开发新产品而获取新客户	9 通过共享信息开发新产品而获取新市场

图 6—2　信息型网络商务可选战略

1. 知识的集中会提高企业对现有客户现存产品的销售（例如，一组小型的家具制造企业，创立一支专门的销售队伍，在市场中代销其所有产品）。

2. 知识的集中会促使企业为现存产品而接近新客户（例如，一组奶酪生产企业过去是通过当地的零售商分销他们的产品，然而，现在他们借助于单一的资源就能供应各种各样的奶酪产品，因而能打进全国超市的各连锁店）。

3. 知识的集中能提高现存产品的销售量，允许企业进入新的销售市场（例如，一组休闲工艺品的制造企业集中促销资源去开发新的出口市场）。

4. 知识的集中促使企业对当前客户提供更优化的产品（例如，一群会计师利用他们各自的专业特长，为他们的客户提供彻底的财务管理服务公文包）。

5. 知识的储备会导致增强化产品建议的出台，有助于接近新的客户群体（例如，一群专业管理的培训者设计出一个"完全的培训方案"，那意味着他们现在被视为大型跨国集团潜在可行培训项目的提供者）。

6. 提升现存产品的知识储备，将促使企业进入新的销售市场（例如，一群计算机软件专业设计员整合他们的技术资源而进军系统供应市场，而在以前，他们通常都是作为系统供应企业的转包商）。

7. 知识的储备能促使企业向现有客户销售他们的创新产品（例如，一些旅店设计出它们各自的假日套餐）。

8. 知识的储备能开发出新产品以供应现有市场内的新客户（例如，一些鲜果汁加工企业开发出保鲜期更长的产品，这意味着他们现在能对全国的零售连锁店销售他们的产品，而过去他们只能通过小规模的零售商分销产品）。

9. 知识的储备导致新产品的开发，从而创造出新的业务市场（例如，在一组土木工程企业中，他们中的每一个都擅长建筑技术的某一特殊方面，为此，他们创立了一个完整的项目设计和管理系统，这一行为加快了他们打入海外市场的步伐，为旅游基础设施项目提供全套管理能力支持）。

125

网络并非是一个新现象

学术著作中有一个趋向，将网络视为一种相对崭新的企业形式，它借助于会员间的知识交流而提升企业的业务能力。然而，在现实中，企业间相互合作的价值观念已经风行多年。维尔和弗莱明（Ville and Fleming，2000）通过分析澳大利亚和新西兰的商务网络，展示了上述事实。

19 世纪后期新西兰的农业部门见证了田园网络的出现。这些网络的核心之处在于，它们作为专业中介人充当田园代理，将从事产品补给和金融服务的供应者同广大农民联系起来。这些网络的出现，其原因在于农民要求享有多种服务，如产品托运、资金筹措、所有权的出售以及销售牲口等。在那时，很多新西兰农民

对这种产业感到很新鲜。结果，田园代理商便成了有关农业技术、市场趋势、新产品开发以及财务管理等方面知识的重要来源。而这些网络借助于冷冻企业的进入而得到进一步的加强。田园代理商在他们同大型冷冻企业的合作中，追求保护小型农场主的利益。通过代理商向农民提供贷款，确保冷冻企业在合理的时间周期内支付农民，这才使得这些网络的运作得以成功。

当田园代理网络的有效性开始下降的时候，为了保持知识交流和与网络参与相关的销售利润，农民们开始组建合作委员会。其中，最早的合作委员会组织，出现在乳品加工业当中，导致了乳品加工厂的大规模建设，因为需要对特定的地域加工乳制品。

合作委员会以及田园代理商，它们都倾向于在既定地域的基础上进行运作，这意味着生产商需要有充足的知识，去有效地运作全球日益扩大的农产品市场。20 世纪 20 年代，为克服知识方面的不足，政府介入该生产部门，创建多个市场管理委员会。这些管理委员会通过缩小运输成本，管理海外的营销行为，获取销售产品的最高价，从而确保了新西兰的生产商在海外的销售中获得最大可能的利润回报。

126

第七章

构筑知识计划

章节提要

分析已有知识并在此基础上筹划未来的营销活动，阿尔弗雷德·斯隆（Alfred Sloan）率先将此观念引入通用汽车公司。知识可用于解答如下三个关键问题：我们现置身何处？我们将走向何方？我们将怎样抵达那里？看好资源的人士则强调评估同市场机遇相关的内部知识的重要性。通过搭建一个知识管理资源计划矩阵便可实施这类活动。企业不可能擅长一切。因此，一个企业集中精力开掘同优化企业核心竞争力相关的知识领域，将是一种值得推荐的做法。本节提供了一个间接的案例来说明知识管理营销计划的过程。

引言

127　　在 20 世纪大部分时间里，美国一直是一个主要的贸易国。在过去的 100 年里，美国已经成为新的管理理论的主要来源国，这个事实并不难理解。美国成功地进入世界市场，其依据的原则便是设法提高大众产品的规模效益，供应物美价廉的标准化产品如汽车、冰箱以及电视等。

阿尔弗雷德·斯隆曾于 20 世纪 20 年代经济大萧条时期成功挽救了通用汽车，他认为，成功管理的秘密就是基于这种理念，即运用合理的计划去实现利润最大化的唯一目标。为了支撑上述理论的模型化，斯隆连同学术界的同仁，如钱德勒（Chandler）和安索夫（Ansoff），充分发挥了被经济学家亚当·斯密（《国富论》的作者）所构建起来的商务概念规则以及古希腊、古罗马帝国的军国主义原则。作为优化企业业绩途径的商务计划模型，其原则被描述为一条通往成功的经典方法，相应地，它已成为了全世界许多商学院所构建起来的教纲的基石（Whittington，1993）。

20 世纪后期，相比于新兴经济国家（或地区），如有"亚洲老虎"之称的日本和中国台湾，美国的市场份额有所减少，这种情况导致了人们对西方国家商学院中一直使用的管理原则进行全面的重新审视。一些研究者集中精力追求理解环太平洋国家在管理实践方面的特性，这种理解是在评估上述国家如何利用它们经典管理哲学这一背景下进行的。他们的结论是，在太平洋沿岸国家的企业中，成功常常归因于其经典方法，他们用它策划出某种"职业道德"的承诺。

另一些西方的研究者，像明兹伯格（Mintzberg）则采纳了这样一种观点，即当集中精力开发经理人如何利用知识形成和执行商务计划这一新的理论范式的时候，强调观察实际管理实践是非常必要的。这类思考导致出现了一些不同的管理学派。例如，明兹伯格（1989）曾对经典管理理论的基本前提提出质疑，他认为，战略的形成是一个被控制的、有意识的知识接受过程，这个过程是由某个被称为理性的、经济学思想家的个体行为来实施。他和其他人，像西尔特和马奇（Cyert and March，1963），都认为理性的经济学思想家是一种神话般的虚构人物，在教科书外很难找到。在他们看来，经

128

理人通常不愿意无休无止地追求新知识，而更可能是一些富有主见的人，他们凭借自己的好恶做出自己的判断。这些学者也认为，作为某一企业成员的经理们，借助于愿意接受某种妥协以换取对某一观点的接受，从而得以生存。以加工管理方法而为人所熟知的这一学派的理论家，他们贬低了理性分析的重要性，代之以将管理视为通过遴选那些常规事务而创造出来的战略，而这些常规事务在企业内又能被识别为有助于成功的事件。

《进化论者》杂志假定了另一个视点，即对充当理性计划制定人的高级经理们的能力提出了质疑。这一学派的观点曾被波士顿咨询集团的创始人布鲁斯·亨德森（Bruce Henderson）广为宣传。该观点认为，企业的命运被商业竞争的法则所决定。因此，在现实世界中，无论经理人采用哪一种计划，最终的胜利者将是那些面对主流的市场条件最适合生存的企业。进化论者对于战略计划的观点，促成了经理人接受市场控制的命运，以及强调选择那些与已识别出的企业能力相匹配的产业部门。

129　　在切入管理的方式上，与流程论者和进化论者大不相同的系统论学派，他们赞成那种将信念放置在某一结构化计划流程的企业观念之上，企业能通过这种计划流程形成与企业运作外部环境相兼容的战略。尽管这种哲学观念显然部分地与古典主义的世界观相兼容，但系统论者以为，企业实际的行为在很大程度上被特殊的社会语境所决定。这预示着，决策者也深受包围着他们的社会网络的影响。因此，在考察如何开发出某一有效计划哲学理念可选方法的过程中，系统论者需要寻求理解企业出现的社会根源。

在程度方面，可选的经营哲学理念是基于更为定形化的行为，这种情况是同流程论计划学派或进化论计划学派相比较而言的，这种方法采用了更少常规化、更少定形化的计划制定的哲学理念。这同古典主义和系统论计划学派高度结构化、细致系统化的知识获取行为形成鲜明对照，管理哲学理念适用于知识管理领域，倘若对其不予理会的话，则整个局面便会扑朔迷离，令人无可适从。然而，众所周知，隐性知识恰恰需要借助系统化的流程为转化为显性知识，假如企业想设计出那些能支持知识在整个企业内有效运用的系统的话。那么，通过取道经典理论的思路，知识管理计划将得到最好的执行，这种情景在最近的时期内将会出现。假如某人接受这种视点的话，那么，他利用如表7—1所示的某一连续计划的典型模式，似乎是合理的。

企业学习的目标是把现有实践同新知识结合起来，从而服务企业提升业绩，并以此作为解决业务问题新方法的基础。在制订计划的过程中，卡斯托吉偶尼（Castogiovanni，1996）强调了学习的重要性。他认为，在营销计划制定的过程中，最为重要的目标不是形成某一正式文件，相反，经理人应将计划看作是企业学习的一个机会，并将这个机会视为评估近期活动、决定企业未来发展方向的基石。

当回顾知识管理营销战略的发展，尤其是评估可选市场管理计划书的时候，确保现存知识源和新知识源的开发将是必要的。这种结论展示出，在运用如图7—1所示的某一典型的计划模式的过程中，企业应追寻了解如下问题：（1）企业当前所面临的知识问题；（2）企业希望走向与未来知识开拓相关的发展方向；（3）最恰当的行为选择，它与如何实现未来知识管理目标紧密相关。

在学习流程中应该包括三个群体：企业股份的持有人（如客户、供应商以及金融社区）、管理层以及员工。学习中最有生产性的形式在于三个群体间的互动，因为这种形式使新的知识源最大限度地暴露在所有人的面前。在与了解企业现在所处位置的关联中，正如图7—1所示，有两个领域的信息需要被回顾，即识别出市场环境下潜在变化的信号以及近来企业内部的活动。

行为活动的开展将围绕未来目标的选定而进行，它将倾向于被管理的价值和态度所主导，这种情况是可以理解的。然而，这些人能够通过持股人的观点而获取有关未来的更为宽广的理解，例如，

130

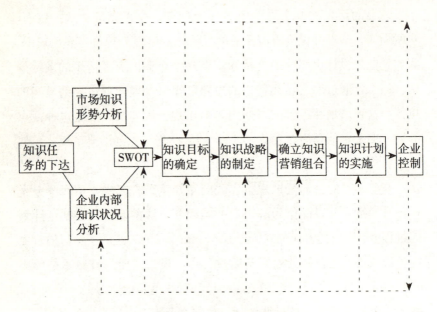

图7—1 知识计划的流程

(SWOT 是指优点、弱势、机遇和危险。——译者注)

借助于企业的客户而提供有关盈利方面的数据，且这种数据能在未来的企业扩张为企业提供知识便利。另一个资源来自于企业员工对什么行为是必需的这种情况的理解，它能促使企业接近知识，改善所给定的任务。

所有三个持股群体的观点资源也应参与到决策过程中，什么行为将投放到未来知识管理营销业绩中去，这一目标必须同企业的实际情况相适合。创建一个总括一致的行为模板，可能是很有用的。这种模板不应该是以某一巨型文件的方式出现，这种巨型文件常常是那些管理咨询公司和企业董事会所喜好的。所举荐的模板应是一个非常简单的建议方案的报告，它很可能不超过几页文件的长度。有关这一模板的至关重要的事情就是所有员工都应该充分理解它的内容，他们能使用这些知识资源去履行他们未来的工作职责。这一模板的另一个好处就在于它提供了一个控制系统，这一控制系统能

131

使企业快速地评估针对某一特别目标的当前计划，尤其是当这个新的知识管理计划正在实施之时。

资源型的知识观

哈马尔和普拉哈拉德认为，"未来的竞争是创立并主导机会的竞争……能开掘出有竞争力的新空间。"他们进一步指出，"一个企业必须忘却他的过去……必须认识到仅仅在现存市场中找到企业最优化的定位是不够的……必须具有对于未来市场定位的远见卓识。"(Hamal and Prahalad，1994：23)

在指导如何实现这一目标时，哈马尔和普拉哈拉德牢牢地依靠开发新的现有知识的理念，以理解未来市场可能具有的特征，确保企业获取适合于实现未来成功的竞争力。一个成功企业的定义在于它能准确地设想未来，获取那些能超前于竞争对手且支撑核心竞争力发展的知识，从而成为业内的主导者。

显然，这是一个抽象的哲学观念，实际上只有很少的企业能立志走向成功。然而，以企业的知识管理能力为基础，去限定知识如何能为企业提供某种潜在竞争优势的资源，对于这种知识管理能力的开发，在知识管理营销计划形成的过程中，似乎成为一个相当合适的起点。

戴（Day，1994）提出了一个很有说服力的论点，即基于能力而制订计划的方法对于决定竞争优势的资源而言，很可能比迈克尔·波特所列表的竞争力模式更具生产力。在界定能力概念时，戴认为，它们是技能和所积累知识的复杂体，当它们被整合到企业的组织化过程时能为优化使用这些资源而提供可能。

使用特殊能力可以为营销计划的形成提供基础。亨特和摩根（Hunt and Morgan，1995，1996）在其竞争资源优势理论中提出与此类似的看法。他们坚持认为,企业的内部资源决定市场定位以及财务业绩。在他们的模式列表中,亨特和摩根特别界定了一些引人注目的变量,他们感觉到,这能解决与新古典主义经济理论应用相关的很多问题,而这种新古典主义的经济理论常常解释营销流程的管理问题。首先,他们提出,客户的喜好很少是相似的,因为客户在产品特征的选择上常常表现出差异。其次,由于很多客户对产品缺乏完全的知识,这将导致购买行为的多样化。第三,企业在追寻实现高级别的财务业绩的过程中,不是追求最大化的利润,而是用同一市场中其他企业的基准来决定对财务表现优势的确切界定。第四,企业拥有多样性的专家、知识、能力以及资源,它们致使企业在同一市场部门之内采取不同的方法,以获得通向竞争优势的不同路径。第五,正是企业所利用的知识、资源和能力的特殊性导致了企业能够占领不同的市场位置。

亨特和摩根提议,他们的模式能通过使用以下两个维度而被用于限定可选的竞争定位:(1)资源相对成本纬度,指企业运营成本高于或低于竞争对手的程度;(2)生产资源的相对价值纬度,指企业的财务业绩优于或劣于竞争对手的程度。尽管这是一个非常有效的模式,但是一种潜在的危险在于,使用这一概念作为决策模式的市场者可能会被导向对财务业绩的过分强调。因此,假如某人认为营销的目的就在于向客户投放产品或服务,而那些产品和服务在客户看来提供了可能已达到最高层级水平的知识含量,那么,"基于知识而评估客户"的做法,在相对于"生产资源的相对价值"这一概念而言的计划模式中,具有优先地位,因而对于这一做法的提议似乎也是合理的。用"内在知识管理能力"的多样的可选性,去取代"生产资源的相对价值",似乎同样合乎逻辑。

这两种被限定的知识的变量,为建造知识管理资源矩阵提供了起步的基础。第一步是界定哪些因素在何种程度上影响客户评估产品或服务系列方面的认识。那些影响知识相对重要性识别的诸多因素，将会通过产业部门和被企业组织所使用的营销风格的性质这两个方面而表现出差异。在现实情况下，被考虑进去的合理标准要素可能还会有以下方面的例子：

- 同那些投放到客户中的产品或服务相联系的现实知识的水平。
- 包含在产品或服务之内的知识内容所产生的利润的幅度。
- 在满足客户服务质量期待的过程中的知识内容所发挥的作用。
- 价格成本。
- 知识运用于客户的有效性。
- 竞争对手的相对知识供应能力。

同认识到知识价值一样，那些相对于竞争对手而言的营销知识管理能力的要素，也将因产业部门以及企业营销风格的导向而有所不同。实际情势下被运用的标准要素包括：

133

- 知识供应的成本。
- 知识获取和储备的成本。
- 知识对员工生产效率的影响。
- 知识分发的内部和外部成本。
- 被要求于支撑知识管理系统的复合资产成本。

确定关键要素后，下一个环节便是按级差来评估这些要素。最简单的办法或许是设计一个分值由 0 到 10 的评分体系。在此体系中，每一分值分别表示：（1）以知识为标准评估客户所处的位置；（2）内部知识管理能力的强度。实施评分之后，我们就能按分析中的不同要素对总分值进行相应的测算，从而找出平均分值。这些平均总分能为评估知识的地位以及知识管理能力计算出一个总成绩来。通过进入图7—2中所示的知识资源管理计划类型矩阵，那些数据可以得到解释。

正如图7—2中所示，矩阵中的结果性位置将引导组织采用以下一般战略：

顾客知识价值的高低

		低	中	高
内部知识管理能力	低	1 立即终止操作	2 分阶段撤出业务	3 投巨资升级知识管理能力
	中	4 分阶段撤出业务	5 保持当前知识管理水平	6 为升级知识管理能力而投资
	高	7 削减用于知识管理的资源	8 知识管理的多样化	9 为保持领先优势而投资

图7—2　知识资源管理计划矩阵

134　　　1是指客户在知识方面的评价较差同时知识管理能力糟糕的企业，这种情况表明企业成功的几率很小。因此，那些还设想能在其他部门操作得更为成功的企业，应该立即从这一市场部门撤出。

2是指客户在知识方面的评价一般同时知识管理能力糟糕的企业，它暗示着未来的市场前景是暗淡的，但回撤应该是分阶段进行，因为这将促使企业降低冗余资产而减少主要财务风险。

3是指客户在知识方面的评价很高的企业，它意味着企业面临必须加以开拓的机会，如果可行的话。因此，企业战略旨在制定一个能导致知识管理能力重大升级的主要内部流程的修订计划。然而，假如这一计划不能产生出所要求的更高层级的知识管理能力的话，那么，撤离这一市场部门的战略将成为下一步的行动。

4 同 2 一样，是指客户在知识方面的评价较差同时其知识管理能力一般的企业，它预示着未来的市场前景是暗淡的。同样，回撤应该是分阶段进行，因为这将促使企业降低冗余资产而减少主要财务风险。

5 是指客户在知识方面的评价以及内部知识管理能力方面都同市场中其他企业相当的企业。因为大多数这种类型的企业都是在某一核心业务内获取主要利润，因此现有流程应该被运用于保持当前市场业绩。例如，假如竞争对手开始对客户提供更高层级的知识的话，那么，应该采取行动去匹配这些增量。同样，假如竞争对手在内部知识管理能力上有所获得的话，那么，应该采取行动确保维持能力的平衡。

6 是指知识管理能力很一般但在客户的知识评价方面很高的企业。企业应该首创知识管理能力促进计划，同时实现比竞争对手更强大的内部操作能力的最终目标。

7 是指知识管理能力很高但客户在知识方面评价被认为是一般之下的企业。企业在内部知识管理领域方面的优势，应该被视为能否削减内部运作成本的基础，并且不会影响有关企业已经实施了的知识评价方面的客户理解（例如，从供应知识的电话操作转向借助于网站提供知识的操作）。

8 是指能使用较之于普通知识管理技能更高的，且以之为迈向新市场部门基础的企业。努力为客户提供合适层级知识是一个可行的选项。

9 对于企业而言是一种较为吸引人的情况，因为企业既在客户对知识的评价方面获取了较高的认同，又具有较高的知识管理能力。这或许意味着企业已经成功地实现了市场的领先地位，因而，为了保持这种优势同时排斥其他竞争对手的威胁，它要求继续的投资。

135

卢克斯汽车修理与工程服务有限
公司的知识管理评估

这是一个间接的案例，内容与一家英国的家族企业有关。该家族历经三代人的努力，建立起一家以修理业为主的企业，业务包括汽车销售、汽车服务和修理、燃油销售、杂物销售、四轮驱动车的专营销售和服务代理，外加某些特种车辆恢复部件的分发等业务。该企业瞄准实施远离于大汽车工业的多样化战略，最近又兼并了一家专营海洋休闲艇引擎维修和服务的企业。

在英国，销售燃油的独立汽车修理厂过去常常被迫同那些为大型燃油企业所拥有的汽车修理厂展开竞争。当时，超市连锁店深入到燃油零售领域，并展开了价格方面的竞争。现在，这些连锁店在英国的燃油销售业务中已经占有了具有绝对优势的市场份额，同时，卢克斯公司同其他独立企业一样，在实现甚至是非常微薄的利润的情况下都面临了很大的困难。随着客户燃油销售量的下跌，杂货销售额也相应地减少。

卢克斯公司没有获得新车型的主要代理商资格。这种情形意味着从事汽车销售的那一代将只能紧紧依靠为潜在客户提供高质量的服务而艰难度日。近两年，欧盟的立法通过主要的汽车制造商在全欧洲推行统一的汽车销售价格，这一做法意味着主要的汽车销售代理商在价格方面的竞争已变得非常激烈。对卢克斯公司盈利能力构成的又一重压力是竞争对手的增加，这些竞争对手是因英国汽车市场中在线销售业务的到来而出现的。相对而言，那些尚未被外部势力所影响的唯一的领域只在于卢克斯公司专营的四轮驱动车业务，因为在这个领域，产品管理团队的专业化使该企业能够建立起某一非常成功的利基市场。

通常来说，英国的消费者并未得到主要汽车修理厂在售后和修理方面的服务。很多消费者认为这些汽车修理厂不诚实、要价过高、实行不必要的维修以及对解决投诉毫无兴趣。卢克斯公司真正为消费者们提供高质量维修和服务的承诺，为企业赢得了良好的声誉。

汽车修复业务往往是由家族购进和修复经典车型的爱好发展而来。在过去的数年里，这个家族既能在当地稀缺的汽车配件份额中占据专门技术的优势，又能在那些配件总体无法获得的地方，通过使用他们的工程技术加工复制配件而保持领先。五年前，该家族子女中的一个，成功地说服了他们的家族，认为这些专门技术的优势能提供一个崭新的商业机会，使他们信服地投资创立了汽车修复配件的业务。这些制造稀缺部件的资源优势，不仅验证了商业上的可行性，其专业技术的运作不久还使他们的后辈们开始涉入为私人收藏家以及汽车博物馆提供修复的咨询服务。两年前，该企业还设立了一个集产品及服务手册、业务通讯以及网络聊天室为一体的企业网站。

该家族的另一偏好在于船舶修理，在过去的几年里，他们已经拥有和维修过当地船坞中几乎所有型号的船只。三年前，由于船坞主人的退休而决定把与航海工程相关的所有业务出售，从而为卢克斯家族提供了第一份上述业务的优先购买权。他们的一个儿子现在正经营着这家船坞，同时，为了回避与该地区数量日增的码头企业之间的直接竞争，这家公司已经减少了船坞中河上泊位设施以及岸上船只停放设施方面的供应量。与此同时，该公司尽力在海洋休闲艇引擎的维修和服务方面树立自己的声誉，从而竭力扩大工程方面的业务量。该家族曾设想，他们在机械方面广泛的专门技术，将能为他们在海洋船只引擎的维修方面提供足够的资源。然而，在引擎修复的诸多业务合同中，该家族企业面临维修成本大量增加的不利情况，从而论证了仅靠专业技术来生存和发展的设想是行不通的，这种情况需要他们在理解如何成功运作船业企业方面提高认识。

136

卢克斯公司运作的很多方面都面临持续的困境，在这种情况下，公司董事会认为，重新评估企业未来的发展方向将是非常必要的。他们对于机会的认识就在于：基于价格成本的情势是非常危险的，业务的重点应该在于（1）以伴随有知识供应的产品与服务满足客户的需求；（2）企业能有效地保障知识供应活动的顺利开展。

面对这一视角，可以使用知识资源管理计划矩阵的方法评估当前的各项操作。这种分析的结果如图7—3所示。

基于知识评估顾客位置

		低	中	高
内部知识管理能力	低	1 没有	2 新/旧汽车销售	3 海洋休闲艇引擎
	中	4 燃油销售和门市商店销售	5 汽车服务	6 没有
	高	7 没有	8 特种汽车销售	9 特种汽车零部件维修及咨询服务

图7—3　运用于卢克斯汽车与工程服务有限公司案例的计划矩阵

从图7—3中我们可以看出，新/旧汽车销售、燃油销售以及门市商店销售是被建议分阶段撤出业务的三个领域。海洋休闲艇引擎的业务是客户所看重的供应商可提供知识的那一部分，但也是卢克斯公司当前缺乏专门技术的部分。因此，被暗示的决定规则就在于，企业需要在升级内部知识管理能力方面做一次数额巨大的投资。

汽车服务对于企业而言是一棵非常重要的"摇钱树"（cash cow）。计划矩阵中这一部分的业务所占据的位置则表明，该运作应该被保留，但是，假如随后的客户需要或竞争对手的行为发生变化，那么，变更知识供应或知识管理能力也将是必要的。四轮

137

驱动业务的结果表明特种汽车的销售部分能够取得成功。企业的决定应该是考察其他专门的利基市场（如跑车），以使企业业务变得多样化。

　　卢克斯公司运作中增长最快、利润最丰厚的领域在于汽车修复配件的业务。图 7—3 矩阵中所示的情况表明，为追求确保企业维持业务水平的进一步投资是一项可取的行为。该企业当前倾向于集中英国市场。而其他国家的海外客户合约所带来的利润表明，竭力执行对世界其他国家主要业务的某一扩张，对企业而言可能又是一个重要的新机会。

遴选核心知识竞争力

　　利用如图 7—2 所示的矩阵分析工具对企业能力进行市场匹配，那么企业所面临的下一项任务就是选择出具有推动力的核心知识竞争力，基于这种推动力企业能塑造出未来市场的成功。解释这一方法且常常被引用为例证的企业就是日本的计算机巨头 NEC 公司（Kobayashi，1986）。起初，该企业是一个电信设备的供应商，后来它意识到通信和计算机两个行业都被集结到一条道路上来，因为它们相互依存共同服务于满足那些期望电子化管理信息的客户的需要。这一被识别出的机会就在于，它自觉地成为能同时处理声音、数据以及影像传输系统的一个全球供应商。取得成功后，该企业已认识到知识管理优势的要求在于如下三个领域，即利用计算机网络分发所处理的数据，开发出从简单整合流程到极端大规模整合流程的电子元件，实现从机械开关向数码开关的转换。该企业通过发展内部知识，评估遍布于技术和营销层面的新知识源，使其能够开发出核心知识竞争力，这些核心知识竞争力支撑了企业利润的增长，使之由 1980 年的 38 亿美元上升到 20 世纪 90 年代的 300 多亿美元。

138

有助于遴选核心知识竞争力的一个非常有用的工具就是运用波特的价值链概念的变体。这一已修改过的模式，正如图 7—4 所示，它表明超额利润的机会来自于对知识的开发，这种对知识的开发遍布于如下过程：（1）原料的物流管理、加工操作、成品的物流管理、营销和客户服务等五个核心过程；（2）管理能力、人力资源管理、技术的开发和获得等四个支撑过程。

贾瑞罗（Jarillo，1993）曾断定，对某一企业在某一市场供应链中所发挥的作用进行精确的分析是决定企业未来战略的至关重要的一步。在这一过程中，一个基本的目标就是确保该系统内企业额外利润行为的最优化。他进一步指出，需要用于开拓市场的那些知识，其确切的性质或许会随时变化。他用来解释这一观点的一个例子就是计算机行业。在这一行业中，过去的硬件生产商能共享到所产生出来的额外利润的一大部分。但近年来随着与组合"包"（"boxes"）相关技术方面的知识的广泛使用，更多的利润开始对那些已"锁定关键技术"（例如，英特尔关于微型芯片生产的知识，微软关于操作系统以及应用软件方面的知识）的商家倾斜。

贾瑞罗还指出，当前在信息技术方面领先的企业将是那些快速而有效地实现信息交换的企业，很多企业应该认真审视他们更多的外围行为，审视这些外围行为是如何被那些在内部知识方面较高层级的其他企业所利用。因此，在贸易市场中运作的企业可以评估他们的价值链，以决定诸如利用原材料这样的行为是否可以授权给某一具有更大知识能力的外部供应商。在与市场导向的关系中，企业应该考察横向知识是如何与处于同一层级市场的其他企业交换合作的，纵向知识又是如何同供应商交换合作的，当这一审视同其他企业联系起来考虑时，它能被用于识别特殊额外利润的行为是如何让竞争优势实现最优化的。

电子商务时代的到来已搭建了一个技术化的框架，这个框架为期望降低操作成本的各企业真正评估信息技术是如何有效用于管理

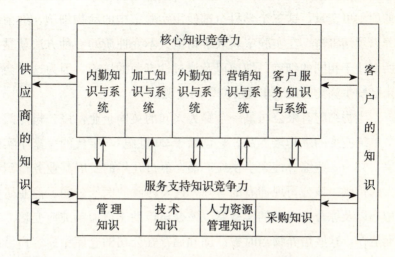

图7—4 支撑额外利润产生的知识链模型

价值链的外购部分提供了可能。另一方面，那些基于知识的信息技术系统还可以发布既定客户在价值提高方面的信息。无论哪一条路线被采纳，这种行为都能释放出企业的管理资源，使企业可以集中更多的注意力去优化知识管理核心竞争力，而这种核心竞争力同企业最大化额外利润的行为密切相关。这一理念导致了一个管理范式的出现，即当企业被实施外购行为的其他卫星企业所包围的时候，该企业将成为一个具有核心知识竞争力能生产出内在超额利润的中心。这一替代性的范式有时被称作"虚拟企业"。这就暗示着，当企业进入电子商务领域时，更多的企业为了在供应商—客户这一价值链中实现他们竞争优势的最大化，必将迅速地将他们自己转变成一个虚拟的知识管理体。

生物细胞有限公司案例（Bio-Cell Ltd）

在临床医学、生物研究以及生物技术领域中，人们竭力去理解 *140*

企业内部发生的复杂的反应，其中的一种方法是尽可能地保持大量的即刻可变量。这三个学科全都使用实验室中的动物细胞、细菌培养以及病毒链。在实验室获取事物恒久不变性质的一种方法就是常所专注于相同的细胞、细菌以及滤过性毒菌的培养，因为这样会带来已知生物史上的"单纯应变"的出现。

生物细胞有限公司是一个鲜为人知的英国企业，该公司专门供应单纯应变的生物培养品。它创始于 20 世纪 50 年代的一家小实验室，只为一些综合性大学供应产品，经过几年的发展其业务得到很大的扩张。该公司现拥有的客户，遍及西欧的医药公司、商业研究中心以及综合性大学的实验室。该公司借助于增加单纯应变培养物而运作，这些培养物当时被冰冻和储存在公司的仓库中。客户借助于英国当地的销售人员以及中心销售点的网络而获得服务。出货是由公司的流通部门利用不同类别的包裹特快和航空货运业务来进行具体的安排。业务的创始人尽管领导该公司很长时间直至退休，但为企业留下的一份被普遍接受的遗产是公司在主要的市场的定位，这应归因于企业组织内广阔的知识储备，这些知识是其客户在各自的实验室内运用实验技术并取得设计成功所不可缺少的。

不幸的是在近几年，由于销售量的迅速提高，管理层发现有效地控制业务逐渐变得困难起来。在公司内部，越来越多的时间被花费在鉴别存货问题、出货差错以及配送失误等事情上。此外，销售人员常常充当各自区域实验室的技术顾问而发挥作用，而他们也发现自己正在花大量的时间处理那些"火药味很浓"的出货问题以及安抚那些恼怒的客户。

生物细胞有限公司的管理层还意识到，美国的制药企业已经借助于电子商务的开拓而获得更多机会，这些机会使他们从根本上调整了自己的结构和操作以达到以下意图：（1）为进一步发展同新药物生产相关联的技术而允许各制造商集中开发内部知识；（2）为提高对客户的服务水平而充分利用其他企业的优势行为。因此，一个小项目的团队被派往美国参观考察，并以之作为举荐生物细胞有限公司应如何被重构的认识基础。

该项目团队对美国的访问，确认了外购非核心业务行为的逻辑及可行性。该公司还认识到有一家公司也生产和储存疫苗，对客户分发疫苗，且其操作方式同生物细胞有限公司的方式颇为相近。对于国际流通运作的全过程而言，合约是最好的控制方式，这一点是明显的，而这种国际运作在流通和后勤领域具有超强的知识管理能力。改进同客户间的知识交换能通过开办网站而取得成功，这种网站常常提供信息、登录预订便利以及全自动技术知识搜寻系统的数据库。由于公司多年来一直使用 Lotus Notes 产品作为内部产品组件，从而积累了各部门内部的专门技术，因此，后面的系统发展起来较为容易。美国的疫苗生产企业已建立起一个全自动的、基于计算机技术的时间进度表和产品目录知识管理系统。因此，通过将提供预订布局信息和生物细胞生产与冰冻的生物细胞有限公司的网站，同美国疫苗生产企业的自动系统联系起来，生物细胞有限公司将能通过在手头可供利用的存货与销售方式间寻求平衡而确认订单的布局，还能自由地决定生产时间的安排以保证手头存货的充足供应。通过在联邦快递、生物细胞有限公司以及疫苗生产企业所供应的国际流通服务与客户间建立电子联系，所有的参与者都能立即获取有关货物流通情况的现时信息。

所幸的是，无论生物细胞有限公司还是疫苗生产企业，都已经建立起内部整合的数据库和局域网来处理部门间的互动事务。联邦快递在信息技术业中的广泛实践也意味着，将出货管理系统整合进生物细胞有限公司和疫苗生产企业的操作中，也是一个简单的过程。唯一主要的投资就在于创建一个细胞技术网站。通过购买一个在制药行业网站制作一方面有丰富经验的美国互联网发展公司的服务，并以英国某一互联网服务供应商网站的系统为基础，在不到 9 个月的时间内完成一个网站的开发和使用是完全可能的。进入全新操作仅 6 个月之后，存货控制以及客户服务质量的各个方面，均会得到大大的改进。甚至更为重要的是，销售人员和生物细胞的技术人员，都能重新发挥他们首要的特长，即利用知识为全欧洲的客户提供高档的产品和咨询服务。

制定知识管理营销计划

商务计划的格式和内容取决于企业规模的大小（例如，很小的企业只制定很短的计划，而对于产品种类齐全的多国名牌企业，其计划就可能有一本小书那么厚），取决于企业组织对于年度计划执行程序中所要求的格式程度的态度以及可接受的部门惯例（例如，典型的是生产消费品的企业较之于生产工业品的企业，在计划的制订上就要详细得多）。

表 7—1 　　　　　　　知识管理营销计划中的事务范围

1. 形势分析
2. 优势/劣势/机会/威胁（SWOT）分析
3. 重点事务概要
4. 未来目标
5. 成功目标战略
6. 流通战略的营销组合
7. 行动计划
8. 财政预算
9. 控制系统
10. 应急方案

知识管理营销，尤其是在展望电子商务运用的时候，通常是在运用现有的营销管理原则的基础上定义新技术的开发的（Bradbury, 1999）。除此之外，在很多企业中，知识管理项目通常涉及依赖于传统的离线活动，这些离线活动被视为下述活动的基础：提供新的信

息资源、实现客户与商家互动和/或随意购买行为进行交易的渠道。依这种情况来看，知识管理营销计划同已使用于传统营销计划流程的计划在结构上是相同的，这种提法似乎是合乎逻辑的。因此，知识管理营销计划所涉及的领域便如表7—1所概述的内容。

在形势分析中应该包括企业面临的战略形势。这种形势分析将以下述内容为基础：市场规模、市场增长趋势、客户知识和产品盈利要求、满足客户需求的营销组合的使用、关键竞争对手的知识管理行为、构成市场系统核心和宏观环境的要素变量对于形势变化的潜在影响。上述分析还应包括这一方面，即企业是仅仅满足终端客户市场的需要，还是同时又追求对知识管理系统和系统内重点供应商之间的整合。

对企业的内部知识管理能力进行分析，应该是在代表他们实力或是弱点的语境下进行，而这些实力或弱点均可能影响企业未来的业绩。关键事务之一在于原有员工是否有适宜的知识管理操作技能，是否需要招募新员工，或者外购该项目的很多方面以使数据管理供应商成为行家里手。

评估市场环境与知识管理趋势是代表机会还是与威胁密切相关。当竞争对手率先突击的时候，企业需要郑重考虑是先发制人还是后起回应。其他的事务还有：（1）新技术管理实践在何种程度上可被用于改善现存市场；（2）知识管理是否能被用于支撑对于新市场的开拓。对市场内外的综合分析将有助于实施对SWOT的界定。为了为未来开发出一个有效的知识管理营销计划，当SWOT的分析与形势分析结合起来的时候，将会为界定哪些是需要重点处理的事务提供决策基础。

知识营销目标限定在何种程度上可能有很大的差异。一些企业仅仅将他们的目标限制在提高促销信息供应的有效性之上。另一些企业可能详细说明他们在销售方面或目标市场份额方面预期取得的提高。还有一些企业组织可能通过打破现有市场而进入特殊的目标

143

市场，并以之为基础，为每一种产品和/或市场制定出详细的销售额、支出额以及盈利额计划，从而充实企业的账户，增加企业的利润。

知识管理营销战略，通过某种特殊的方式对企业进行定位，从而确立既定营销目标的成功走向。营销组合部分将包括如何利用业务组合内部的每一个要素（产品、价格、促销和配送）去支撑某一特别的营销战略。同产品相关的是，知识供应能在何种程度上增加产品利润，对这一问题的认识也将是非常必要的。这种行为包括提升服务质量、改善产品利用以及拓宽生产线。关于价格问题，知识供应的规模将如何影响未来价格也是应予以考虑的问题。促销组合的分析和知识如何有效地被传播与这些行为在何种程度上将提高客户对企业销售品的意识是紧密相连的。流通问题需要在如下语境下进行考察，企业如何能增强客户对订货－出货循环内产品地位和身份的理解。

行为计划部分将提供对所有行为的详细描述，采取这些行为的目的是利用知识营销计划对哪些特殊的个人和/或部门在什么具体时间对执行计划应该负有哪些责任做出详细的界定。财务预算将提供一份有关收入细目分类、原料成本、总支出和最终利润等方面的详细清单。很多企业在财务预算方面还包括资金流的预测、资产负债表、预期资产/债务情况等方面的内容。最终，在解决了知识管理事务后，知识管理计划应该详细说明控制系统是如何发展，如何去支撑市场计划内被正视的实际知识分发与知识供应水平间的评估的。

应急方案的存在，在于它主要是应付那些计划中难以预测的而又较少发生的事情。假如某个企业先于贸易年开始之前就已经考虑了可供选择的应急方案，那么假如当前事实不同于计划的话，企业的管理层应立即采取行动以克服所面临的障碍。实现这一目标通常的做法是，在计划运行的整个过程中，市场参与者须考察可选结果的各种潜在影响（例如，实际销售收入比预计的要高出25％和低出

144

25％的时候，它的影响是什么）。于是，从这种分析可以得出结论，市场参与者应拥有备选计划以充当总计划的一个部分，而高级管理层也正追求这一共识。

德雷克轮胎公司知识管理营销计划选萃

形势分析

据估计，世界轮胎市场的销售额，每年都会有 680 亿～700 亿英镑的增幅。一个成熟的工业将展示出地区年增长率约 3％的前景。两个最大的市场是北美和欧洲，它们加起来约占全球市场需求量的 60％。在这两个市场中，大约 30％的轮胎销售量来自新兴的汽车制造商。销售差额在于替换那些用于现存汽车的轮胎用量。位列前三位的轮胎生产厂商是普利司通公司（Bridgestone）、固特异公司（Goodyear）和米其林公司（Michelin）。

多年来，翻新轮胎是购买新轮胎外的另一种选择，即用旧胎翻新。最初引进这种翻新技术时，翻新轮胎质量很糟糕，使用寿命很短，当然，其价格较之于新轮胎而言低很多。然而，近年来，随着轮胎制造技术的提高，翻新轮胎在质量和耐磨性上逐渐向新轮胎发起了挑战。尽管有着这种趋势，但是，大多数翻新轮胎的客户对于价格仍然保持着相当的敏感度。

德雷克轮胎公司是一家英国企业，该公司专门为 B2B 市场和公众部门市场的卡车提供翻新轮胎的服务。这个案例尚不太为人所知。这家公司设法通过开发新知识去创造和维持质量和价格的优先地位，其做法是：

1. 实施研发项目以开发出比其他主产厂的轮胎质量更高、寿命更长的产品来。

2. 为远程车队的运作企业提供技术支持服务，它涉及分析返回

145 轮胎的包装，为客户提供如何改善车队运作的建议（例如，轮胎压力、较正悬架和车辆制动系统的故障）以延长轮胎使用的寿命。

3. 开发出客户化的设计方案来，以适合特种车辆的专门用途（例如，适用于酿酒厂卡车的轮胎、适用于国内/国际配送服务的篷车车队的轮胎以及荒漠拖拉车队的非路用轮胎）。

该公司在英国南部设有一家加工厂。德雷克利用它们自己的卡车车队，直接将产品配送到那些在自己仓库中维修自己汽车的客户手中，同样也为那些采用翻新轮胎的卡车客户提供全国性的轮胎分销服务。该公司重要的促销活动是充分利用其遍及全国的销售团队笼络主要的客户和轮胎销售商。销售团队和/或客户通过电话、传真或邮件将订单发往德雷克轮胎公司总部。

在最近的几年，该公司的销售额实现了平均年增长率10%的业绩。然而，他们在市场中取得的成功逐渐引起了大公司的注意。那些大公司不能像德雷克轮胎公司那样为客户提供技术先进的产品或技术支持的服务，只能以超低的价格接近德雷克轮胎公司的客户。因此，德雷克轮胎公司被迫在卡车标准翻新轮胎的销售中以减价的方式来应对大公司的超低价行为，结果，德雷克轮胎公司的纯利润逐渐地被侵蚀。

需要应对的另一个因素在于，德雷克轮胎公司的一些远程车队的客户转向了泛欧洲化的操作，简化进货渠道，期望在所有国家中从一个进货源购进它们所需的翻新轮胎。最新情报表明，德雷克轮胎公司已被迫撤出了欧洲大陆的市场，因为他们认为建立海外的销售力量和欧洲产品的分发系统的成本很高。

重点知识管理事务

1. 在知识管理中进一步投资，借助改善客户服务水平或减少运营成本的方式来回击价格竞争，这是否能为企业提供一条良好的出路？

2. 知识管理平台是否会有助于重新踏上欧洲大陆市场?

知识管理目标

1. 利用企业内外的知识管理去维持企业当前的纯利润额。

2. 利用知识管理去提升欧洲大陆运作成本的有效性，为获取三年内销售额年增长不低于 200 万英镑（相当于当前英国销售额的 10％）的目标而贡献力量。

知识管理战略

146

在保持为客户提供质量更好价格更优翻新轮胎的总体战略的同时，开发知识管理以利于：（1）进一步加深同客户服务之间的联系；（2）优化内部运作成本；（3）支撑企业拓进欧洲大陆市场，但不依赖于利用价格来实现计划的销售目标。

知识管理营销组合

英国产品

提议创立一个企业网站，通常为客户提供如下信息：产品规格信息、含有轮胎使用方面的技术优化信息、价格信息、登录订购系统方面的信息以及能让客户追踪在运发货系统方面的信息。由于对德雷克轮胎公司产品和服务的采购量和服务品种的不同，不同的客户将接受不同的价格，但是，标准价格的清单将随着不对外公开的局域网而为特殊客户提供特殊报价服务。全国的轮胎分销商则倾向于授权他们的个体销售点预订各自必需的翻新轮胎，同时，大多数分销商不会提供送货上门层级的互联网接入服务。因此，德雷克轮胎公司将不得不通过利用现有的线外产品预订服务系统继续为后面的客户群提供服务。

泛欧洲产品

在欧洲大陆，大多数远程车队运营商或者有自己的区域内的维修点，或者授权各地区的一家主要的全国性的轮胎分销商为它们提供轮胎维修服务。起初，德雷克轮胎公司打算同在英国的运作一样，为那些有着自己本地维修点的远程车队运营商提供在线订购轮胎的网站便利服务。这意味着轮胎分销将是相对简单的事情，该公司必须扩充销售力量，包括销售小分队，以全面覆盖整个欧洲的轮胎维修。这样也意味着需要运用一个专门的多语种的销售网，方能让遍布全欧洲的轮胎维修运营商，同德雷克轮胎公司的技术人员就解决所遇到的技术问题而展开对话。在后续的几年里，德雷克轮胎公司考察了如何处理在满足远程车队运营商服务需要的过程中所遇到的营销和物流问题，而这些运营商利用全国的轮胎分销商来保养其遍及欧洲大陆的远程卡车。

147 技术产品服务

德雷克轮胎公司的网站集中了该公司多年的专业经验，为客户提供翻新轮胎的选择和优化使用方面的一般指导。那时，当德雷克轮胎公司的轮胎使用和检验的服务人员给客户发送一份有关轮胎包装的书面报告并将有问题的轮胎返还到德雷克生产厂时，客户就能从这些团队中得到信息反馈。返修的轮胎将会在德雷克生产厂待上三个月，以防客户期望突然降临德雷克厂家，同德雷克的检验员一道去查看轮胎包装和检验技术报告。为了提高这种服务的有效性，该公司希望研究用检验员包装的视频录像来找出轮胎缺陷的做法是否可行。这些可视化的材料以及检验报告能通过客户局域网被在线运用。那么，客户就能在自己舒适的办公室内下载这些材料，能使用电子邮件向德雷克轮胎公司的检验员提出问题。公司希望这种程序提高轮胎操作问题解决的知识含量，而这些知识含量既能与客户共享，又能免去客户访问德雷克生产厂以查看轮胎破损的必要。一旦一个合理化的视频图书馆形成规模，那么，德雷克轮胎公司将会添加上那些适合编辑且易于保护客户隐私的材料，以充实产品信息知识的网页。

定价

尽管迈向电子商务均期望减少运营成本，但是，德雷克轮胎公司仍然试图保持相同的定价政策，无论是对于在线客户还是对于非在线客户。

促销

德雷克轮胎公司将继续使用如下传统的促销手段，其中包括：参加贸易博览会，发布贸易广告，举行新闻发布会，发行公司通讯手册以及招募促销人员。该公司希望网站便利的到来会使其销售人员花更多的时间去完成知识管理的任务，例如，他们可以更好地充当翻新轮胎产品选择的咨询顾问。而在当前，该公司的销售人员在"最关键"的问题上所花的时间却很少，而更多的时间是被纠缠在错误的订单、有问题的发货清单以及产品发货延误等具体事务之中。

分销

德雷克轮胎公司将继续使用自己的分销卡车为英国的客户服务。进入欧洲市场后，该公司仍然使用远程车队供应商为全欧洲提供轮胎分销服务。对一个车队运营商的选择将依赖于正准备共享运营知识的供应商，这一行为将自动地同德雷克在线预订计划/产品发货系统进行直接链接。

148

知识管理基础设施

2003 年，德雷克轮胎公司完成了一项对信息技术运作的主要升级，旨在创立一项综合的企业资源计划（ERP）系统，该系统在销售、制造、生产安排、质量控制、采购、运输和会计等数据库之间已实现了实时的数据交换。这将会简化该公司对于在线知识管理基础设施的建设，因为新系统要求的主要因素在网络的前台—终端都已经被建设好了，它能展示产品信息、允许在线订购、支持重点客户通过自己的局域网下载特别的数据以及为客户提供在运轮胎发货情况的核对。如果换成在非在线预订系统，这些工作需要被整合进在线运营，方法如下：为办公室销售人员配备终端和局域网，通过上述设备录入以电话、传真或邮件获取的订单。假如在基于信息技术系统的设计中给予德雷克轮胎公司以一定的专门技术，那么，在美国轮胎生产业中具有广泛经验的一些美国软件公司将能够实现前面的目标。实际的系统将会被安装在不在本公司的另一家主要的 ISP 服务器供应商那里，而这家公司位于德雷克轮胎公司总部的同一个小镇上。初步的费用表明，开发和使用新系统需要花费 25 万英镑，未来的年运营成本预计达 7.5 万英镑。

财务预算

尽管期望新系统能阻止德雷克轮胎公司在英国运营纯利润的进一步下滑，但是，这些因素并未纳入该公司成本分析的财务核算。因此，财务预算要彻底地以产生纯利润的收入为基础，而这一纯利润的产生源于倡导欧洲新的运营方式（见下表）。

单位：千英镑

年	第1年	第2年	第3年
欧洲收入	0	500	1 000	2 000
欧洲利润*	0	50	100	200
项目投资	250	0	0	0
年度成本	0	75	75	75
纯利润	(250)	(25)	25	125
年利润	(250)	(275)	(250)	(125)

*电子商务运营成本扣除前的利润。

上述预算表明，收支平衡将在项目的第四年才会出现。这种情 *149*
况并非不正常，因为大多数企业都发现，基于计算机知识管理系统
方面的投资并不是立即能得到回报。同其他的企业所面临的情形一
样，德雷克轮胎公司也将这些财物开支项目视为可接受的，因为长
期持续的业务增长仅仅在如下情况下才可能发生，即公司通过与客
户建立牢固的业务关系而成功避免同竞争对手进行价格战，而这些
客户很看重同使用知识更为有效地满足客户需要的那些供应商建立
业务联系。

第八章

产品知识与创新

章节提要

> 企业必须承认产品的生命周期有限。因此，要生存就必须依靠创新。此外，企业还应经常评估自身的产品结构。一种手段是充分利用产品的系列开发模式，促使新产品开发的失败几率降到最低点。对于企业而言，时间周期也是一个非常重要的问题，它要求企业不断地开发新知识，缩短产品的开发周期。企业文化同样能导致新知识被拒斥。解决此种问题的方案就是企业走向外部寻求新的知识源。开发团队成员如若不能充分地共享知识，将会抑制企业的综合创新。充分利用其他企业的新知识源也是产品开发的另一条途径。

引言

150　　　查斯顿（Chaston，1999b）认为，产品战略有四大重点领域，即产品业绩优秀（product performance excellence）、价格业绩优秀（price performance excellence）、交易优秀（transactional excellence）

以及公共关系优秀（relationship excellence），而大多数企业却只能选择其中的一种。假如企业的创新会遇到很多实际的高风险，那么对于一家企业而言，保持现有的战略重点将可能是更为保险的做法，尤其是当该企业正考虑开发新知识、改善现有产品或服务以及开发新产品或工艺流程的时候。

然而，在企业将新知识整合进新的产品或工艺流程以及项目规范最终定案之前，企业应该重申一下维持当前战略定位的商业可靠性问题。这种行为是一种风险评估练习，设定它的目的就在于确认企业所选择的未来战略是适宜的，沿着这一路径将开发出新的知识，并以之为一种机制，通过这一机制来增加企业生产线的价值。

在实施生产线风险评估的实践中，企业有两种产品维度值得考 *151* 虑，即产品利润（提供给客户的好处）和交易过程的结构状态。正如图8—1所示，两个维度将产生四种可选项。

产品利润中的知识含量	高	扩大生产	扩大知识含量
	低	维持现状	增强交易价值
		低	高
		交易过程中的知识含量	

图8—1　信息增强的选项矩阵

图8—1中所展示的风险是既不改变产品利润又不改变产品交易过程。最小风险的选项在于，放弃改变产品的形式而升级交易流程的知识内容。而通过增加知识以升级产品形式将会卷入一定程度的风险，因为相对于竞争对手而言，产品知识的供应量发生了变化，相继地客户会认为他们的利益也发生了变化。最后，最高风险的选项就是将新知识引入产品，同时修订产品交易的流程。

知识增强产品的功能

在 20 世纪 80 年代，雀巢法国公司婴儿食品部出师不利，业绩远远落在 Bledina 的后面。达能公司在 Bledina 的品牌上，不惜血本，借助传统的电视广告大战，争得市场的主导地位（Rapp and Collins, 1994）。雀巢法国公司并不准备贸然进军那个代价高昂、杀机四伏的市场，设法回避同 Bledina 品牌展开硬碰硬的促销大战。取而代之的是，雀巢法国公司重新审视了婴儿食品市场中客户获取信息的传统方式以及促销信息中的知识内容。

雀巢法国公司的具体做法是尽量找出那些能促进婴儿护理知识传播的不同方法。在暑期季节里，该公司在法国主要高速公路沿岸设立休息站，为婴儿的父母们免费提供歇脚、喂食以及给婴儿换尿布等方面的便利。每个休息站还设有雀巢"宝宝乐园"服务台来帮助孩童家长。服务台不但能向家长介绍挑选婴儿食品的方法，还能根据婴儿的年龄向家长推荐适当的食品。

该公司行动的第二步就是通过建立新妈妈数据库来提高产品的知识含量，具体的做法是，由公司定期向新妈妈们邮寄装有礼物的包裹。与此同时，雀巢法国公司还建立起一部免费的热线电话，借助于这一热线电话，父母们能从雀巢授权的营养专家那里获得具体的建议和指导。这种知识管理的创新方法（entrepreneurial approach）用事实展示了它的影响力：在仅有的几年内，雀巢法国公司在法国的市场占有额由 20％上升到 43％。

尽管大多数企业意识到，客户愿意接受企业所进行的售后评价调查，但是对于企业而言，它们都倾向于以最小规模的营销队伍供应最大可能的额外知识，尤其是在客户做出了购买行为之后。提供售后服务通常的做法是企业建立一个部门，专门受理客户投诉，同

时，为客户提供一种长年的联系方式，答复客户在产品使用过程中
所遇到的任何问题。然而，美国摩托车制造商哈雷－戴维森公司
（Harley-Davidson）的做法为我们提供了一个成功的案例，即该企业
通过售后评估调查而挖掘出知识营销的新机会（Rapp and Collins，
1994）。

多年来，哈雷－戴维森一直是实力雄厚的大型摩托车制造商的
代名词，但是，在20世纪80年代早期，它却面临来自日本的竞争
对手的严峻挑战，这些对手，如本田和川崎（Kawasaki），通过为客
户提供价格低廉、工艺精美且冲击力极强的摩托产品而打入美国市
场。哈雷－戴维森公司已认识到它们需要极大地提高制造质量，减
少缺陷率。此外，该公司还面临如何重建客户对企业忠诚度的重大
问题。其解决问题的方法是让客户在他们的头脑中对哈雷－戴维森
的品牌，形成一种如同对苹果派、约翰·韦恩（John Wayne）以及
明星和军衔臂章般的认同感，让他们知晓，哈雷－戴维森也就是美
国人所梦寐以求的自由、民主、视野广阔的生活方式的代名词。在
推广上述企业理念的过程中，该企业并未诉诸传统的售前大规模的
促销活动，而是开展具有创新意义的售后评估调查。具体的做法是
支持客户的如下梦想，也就是让那些使用哈雷戴维森摩托车产品的
客户能在使用过程中体会到物主与摩托车两者间的某种特殊的社会
含义，而这种含义就是来源于成为哈雷戴维森摩托车的骑手。

1983年，该企业组建了一个哈雷物主社团。不久，该社团便迅
速地成长为闻名遐迩的哈雷俱乐部。每个俱乐部成员只要缴纳35美
元的年费，便可以享受全方位的知识资源，还可以得到参加社会活
动的很多机会。其中，服务和知识方面的好处包括如下项目：紧急
提取服务、灵活的租骑服务、低价保险服务以及免费的旅游手册和
《狂热者》杂志。该公司也意识到，产品代理网络在开拓业务和维持
积极的售后评估等方面发挥了非常重要的作用。他们通过成功地说
服代理商在各自的地区对客户主动实施知识供应，从而将其无瑕疵

153

服务的承诺普遍化。

思科网络公司则同时增强产品和交易流程两个方面的知识内容，这一成功做法为我们提供了一个很好的案例。为了升级产品的知识功能，该公司注重于制造业，同时为那些想得到设计建议或客户化产品支持的客户们创立免费的咨询服务。与此同时，该公司建立起电话销售的操作以提高销售订单和配送系统的速度和效率。

产品投资管理

所有企业都应该承认其产品和服务在市场中有着一个有限的生命周期。这一理念可以用著名的产品生命周期（PLC）曲线的理论范式描述出来，这一曲线表明，产品和服务会历经引进、成长、成熟和衰落等四个发展阶段（Heldey，1977）。大多数企业能认识到依靠处于有限生命周期内的单一产品会给企业带来很多相关的风险，为此他们会根据 PLC 曲线针对不同的发展阶段而开发不同的产品。企业实现上述目标的方式就是进行产品投资，最终确保利润的长期稳定。

波士顿咨询集团就是树立这一决策矩阵理念的集团公司，该理念以市场占有额和市场增长率为基础。波士顿咨询集团实施的矩阵理论，其内容包括：（1）高市场占有额的产品将产生高额利润；（2）产品越早地实现对市场的主导，则市场占有额越可能被保持，尤其是在市场发展到 PLC 曲线的成熟阶段时。波士顿集团就是发展了这一理论，并以这一理念来服务客户，同时实现对产品投资的有效管理。

大学教师们，如多伊尔（Doyle，1998），对波士顿咨询集团矩阵模型理论所显现出来的潜在危险表达了热切的关注，这些危险包括：（1）市场份额的高低可能是评估企业业绩的一种过于粗糙的方法；（2）市场增长率的快慢或许是对行业吸引力的某种不恰当的描述。仅从市场份额的角度评估企业业绩有失公允。作为纠正，斯莱沃茨基（Slywotzky，1996）建议，企业应该全面评估产品的销售利润，因为只有销售利润才关涉到市场中企业的总资产比重。在他对企业资产价值量的分析中，斯莱沃茨基比较了计算机行业中企业资产价值量评估的不同方法。他解释了为什么像微软这样的企业会比 IBM 具有更高的市场价值，其原因就在于前者在企业的运作方面具有更扎实的市场内涵，其表现为能自觉地开发出唯一的、具有自主产权的知识，并以之为基础从内部运作中促生附加值。

由于市场增长率的指标在描述行业吸引力方面有明显的不足，因此查斯顿提议（Chaston，1999b），波士顿咨询集团矩阵中的变量可以用一种新的指标取而代之，这种新的指标即所谓的产品知识渗透度。正如图 8—2 所示，市场战略能为产品的投资决策提供合理化的建议，因为市场战略可以更充分地反映知识型价值的最高目标以及管理方面存在的风险。

产品价值

		高	低
市场的不稳定性	高	后起之秀	知识侏儒
	低	摇钱树	知识之狗

图 8—2　改进型的波士顿咨询集团知识矩阵

在产品生命周期曲线的引进和成长阶段，产品的知识渗透度很低。因此，供应商须根据客户要求提供一些指导性的信息，以使客户们相信选用那些了解相对较少的产品也会是一种明智的决定。待到市场进入到成熟阶段时，大多数客户将会对知识的含量有更高的要求，而此时，企业的知识供应水平应该能够使客户对选用他们所喜爱的产品充满信心。倘若某一企业的产品，客户对选购它们毫不怀疑的话，说明该市场已经发展成熟，同时也意味着该企业已成功占据市场的主导地位，此时企业应该拿出销售额的一部分资金投入到促销行为中，以维持其市场地位。因此，这种产品，即"摇钱树"（value cow），将会为企业总价值量的扩大做出很大贡献。

相对而言，"知识之狗"（Knowledge Dog）产品则处在一种不值得羡慕的境地：（1）客户对产品的了解相对于成功的品牌而言要低很多；（2）企业的主要利润仅仅来源于市场的暗中销售。由于"摇钱树"的客户对于产品的选购具有更高的确定性，所以，拥有"知识之狗"产品的企业，为了提高客户的光顾率不得不花销一笔更大的资金和/或大大地减价。在很多案例中，此种战略在资金方面并不可行，这也是"知识之狗"产品在大多数市场中很少能越过"摇钱树"产品的主要原因。

假如某一企业处于高端市场的不稳定阶段（价值问题的知识侏儒）且市场占有份额较低，那么这时或许是转换品牌意识的恰当时期。因为此时的客户仍处于缺乏充足的知识而难以选定供应商的恰当时期。因此拥有较低市场份额的企业，在客户普遍缺乏产品知识的情况下，建议他们认真地评估是否需要采取以下行动：（1）通过开拓新知识而提升新产品的业绩；（2）打一场促销战以增强客户对自己产品的了解。这些行动或许会帮助企业开发出某些新产品，从而使企业能跻身于"后起之秀"的行列。那些脱离IBM公司的员工创立康柏公司这一成功的做法可谓是上述方法运用的一个实例，这些人就是借助于自身在计算机制造方面的广泛的知识，向客户销售与IBM公司同等规格但价格却更为低廉的个人电脑，从而获得成功。

创新

　　创新是开发出新产品还是改进现有产品的生产流程，这可能是最重要的企业行为。在那些其他企业追求扩大市场份额的领域内，成功的企业却常能借助于开拓新知识提供改进的产品或工艺流程，对客户释放出各种新形式的附加值，从而处于竞争对手的前列。

　　在描述某一合适的创新管理战略时，可以说企业的内部管理决定着公司创新规模的大小。它要求企业始终坚持可持续创新战略，并选择出相应的创新方向。由于企业现有的知识只能实现产品投资或产品流程的小规模扩张，所以企业应该改变单纯依靠现有知识的创新模式，这是可持续创新战略的一个方面。其另一个方面则关涉到企业开拓新知识源的问题，企业可以通过开拓知识的新资源而开发出适销对路的新产品或新加工流程。

156

　　另一个抉择是：企业是采取传统的市场管理方法还是选择创新的管理方向。这一情况还涉及了可持续创新的某个环节，其中的一端取决于改变单纯依靠传统思维的发展模式，而另一端却关涉企业用创新方法创造出非传统型的产品或流程来。

　　将市场盈利源和销售风格两个维度进行合并，会产生出如图8—3所示的产品知识管理选项矩阵。同单元1相联系的是，企业集中于开拓现存知识以推销传统的产品或工艺。而对产品或工艺进行改进的行为对企业的未来业绩所产生的影响可谓微乎其微。这一路径可能是图8—3可选项中最为常用的方法。

　　单元2提议了这样一种选项，即强调新知识对于支撑产品或工艺创新的重要性，但同时又要维持对于这些创新行为的传统方向。采用单元2战略的企业会很典型地认为，只要他们的新产品或工艺在市场利润的增长方面能够持续下去，他们将会通过新知识的运用

	3 集中于现有的 创新产品 或工艺	4 集中于崭新的 创业型的产 品或工艺
创业型		
市场 风格		
传统型	1 集中于现 有的产品 或工艺	2 集中于传统 型的新产品 或工艺开发
	现有产品	新产品

市场盈利源

图 8—3　产品信息管理矩阵

而远离单元 1 的那种不利困境，在这种情况下，新知识的运用相对于企业利润的增长，其重要性会变得微不足道。

单元 3 表明，优先发展非传统范围内的产品或工艺，这些创业型的经营企业，至少是在可预见的将来这一时段里，将集中力量开发新的利润增长点，而不是把开发新产品或工艺的任务交付给额外的知识资源。单元 4 把企业的位置定位在集中使用大多数的知识资源以开发出新产品。这也可能是矩阵的所有选项中最为危险的一项。与此相应，大多数企业仅仅是在某一特定时期内采用这一选项，他们希望一旦投放了新产品就会逐渐地移向单元 3 的情形，而在单元 3 的情形下，最近产生的知识将会成为企业利润长期增长的标志。然而，这些设想中也存有如下可能的例外，即企业为某一凭直觉决策的企业家所掌管时，他仅仅从销售行为的表现中去实现个人的真正意愿，而这些销售行为持续地涉及了全方位地开发新的知识，并借助于这些知识全方位地开发出不同的产品或工艺来。

将图 8—3 所示的模式置于一种动态发展的过程中加以考察，我们就会发现，这一模式会依赖企业所面临的市场环境并随着时间的变化而发生变化。在这一动态的模式中，可能会由于企业文化的基本变化而发生异常的波动，其变化的原因则在于企业的管理风格由创业型营销风格向传统型营销风格转变。导致这种情况可能发生的条件在于，创业型公司取得的成功达到了这样一种程度，即其产品战略在业界已经成为一项新的传统。人们可能会认定，这种情形恰如微软公司所面临的情形那样。微软公司就是运用了其创业型知识管理能力开发出一系列以 Windows 操作系统为基础的应用程序（如 Word，Excel，Access，Powerpoint），且这些程序后来成为计算机行业的世界标准，现在的微软公司花了大量的时间进一步拓展这些产品，常常以非常传统的方式发布同一产品的最新且功能更为强大的软件新版本，并以之为惯常的做法。

信息源

创新过程中一项非常重要的催化剂就是获取那些能识别出新机遇的存在的新知识。而这种知识最富有的源泉可能就来自于企业的员工（Linneman and Stanton，1992）。在一些案例中，知识能够通过观察而被获得。康瓦雷克公司（Convarec）观察到，常用于粘贴结肠造口术设备的粘贴片"肠胃贴"（Stomadhesive）的销售量比预期的要高很多。考察的结果表明，医生和护士在使用该产品时常常将它切碎，用于其他形式的手术修补。为了回应这种情形，该公司投放了一些预先切碎的新产品，并将这些产品的品牌命名为"双肤"（Duoderm）。

同样是在医药市场，杜邦公司观察到，小型医院和诊所很少购进其生产的离散诊断分析仪。经考察得知，除了成本的原因外，这些小型医院的大夫缺乏使用如此尖端技术的技能，并且不能正常维护这些设备。该公司的解决方案是收购那些来自大型医院的折价设备，并对这些折价设备进行修理使其能正常使用，而后将它们提供给那些小型的医院和诊所，同时承诺对其提供在线培训和服务。

158

　　客户所遇到的知识问题也能促使企业的产品范围朝着多样化方向发展,对于企业而言,走多样化的产品道路就是满足客户不同的需要,从而超越为单一客户群服务的做法。杜邦公司曾认真地研究了包括飞机设计员、企业工程师以及船舶制造者等不同行业对材料的不同要求。飞机设计员期望所提供的材料具有很高的承重比率,企业工程师则期望所提供的材料用于泵制造时具有更持久的耐磨性,而船舶制造者则期望其所使用的材料能制造出更大的具有更快航行速度的船体来。杜邦公司就是从这一认识出发,制定出专门的营销战略,而这些营销战略的目标就是为专门领域提供专门知识,促使新产品满足多样化的市场需要。

　　知识是被创造出来的,但并不是所有的人都有开发这些知识的把握(Coover,2000)。激光多年来一直被工程师们视为是找出问题的解决方法。腈基丙烯酸酯黏合剂,一种为人们所广为熟知的超强力胶水,为我们提供了此种情形的另一个例子。腈基丙烯酸酯单体的黏合性质最早作为一种技术问题而被人们所关注,是因其曾困扰使用光学枪进行外科修补手术的发展。后来,在20世纪50年代,田纳西州的伊特曼公司(Eatman)潜心于研究腈基丙烯酸酯聚合体,力图将它运用于喷气式飞机的座舱盖上。至此,它的惊人的黏合性质才为人们所注意,它的强大的黏性竟会使昂贵的光学实验设备受到实在的损伤。当这种现象再次出现时,就预示了这种新知识代表了一种新的商业机会的到来。人们把握住机会,开发出超强力胶水的著名产品。该产品最先被用于原子弹生产中,用于黏结接缝,随后广泛运用于汽车制造、电子板的组装以及飞机制造等方面。尤其在近来,该技术又被医学行业所采纳。腈基丙烯酸酯能用于多种医学治疗,如无缝合手术和眼球损伤修补手术。

获取与开发知识所遇到的障碍

当前,许多大型企业都面临这样一个严重问题,即其管理正日益依赖于利用成熟的技术开发的新产品和工艺(Loutfy and Belkhir, 2001)。施乐公司为这种情形提供了一个很典型的例子,该公司的帕克研发实验室曾在 Windows 操作系统和计算机鼠标等领域中有着多项重要的发现,但后来在将这些机会商业化时他们并未取得成功。

大公司有时会忽视新知识,这是有原因的。他们在追求收入增长的过程中常常热衷于那些大且发育良好的市场,因为在那里它们对开发现有知识以增加业务量感到非常熟悉。此外,很多大公司所面临的来自客户方面的压力常常不是在引进新知识这些方面,相反,对新知识的引进还可能会扰乱他们的客户正在进行的操作。

为了促使新知识的引进有序地进行,企业对自身结构和操作流程进行修订将是非常必要的。例如,施乐公司就从帕克研发实验室失败中吸收了教训,开创了自身的复印机新计划(XNE)操作规范。这一规范的任务就是支持新知识的开发,促使新知识进入新市场或为现有市场开发新产品提供服务。为了执行这一操作规范,公司还在实验室研究中组建了一个负责人团队,让他们负责寻找利基市场,筛选公司内部行为,促进新技术资源的整合。这一团队常常选择那些最为明显的市场机会加以进一步的考察和研究。在被进一步的考察和研究证实有重要机会存在的地方,该公司便组建一个新的项目小组,开始商业化地开发那些已被认定了的新知识。

159

优化产品开发流程

有很多学者都曾对找出影响新产品成败的因素这个问题进行过

研究。这一领域中最为丰产的著作家之一就是库珀（Cooper，1975，1986，1988，1990）。他曾经对加拿大的企业进行过大量的长时期的跨行业跟踪研究。库珀运用要素分析法开发出一项名为 Newprod 的新产品评估软件。其中，对某种新产品的未来业绩做出可能性评估是形成 Newprod 评估软件的基础，它包括以下要素：

● 利用知识实现相对于竞争对手而言的产品/质量的优越性。

● 利用知识生产出比现有产品更大的经济价值。

● 在产品开发计划方面，利用知识去实现产品的适销对路，而且企业的产品开发计划与企业现有的产品范围和销售特长又是相容的。

● 在企业现有技术能力范围内，利用知识实现技术与产品的相互融合。

● 利用知识确保企业能充分利用现有的特长而不会被迫彻底地学习新的操作技能。

● 利用知识确保企业的产品有机会进入大型的、快速增长的市场部门。

● 利用知识确保企业能应付任何来自竞争对手的威胁。

● 利用知识确保企业的新产品种类能适合于某一精细化的现有市场，当知识被拒绝成为某一创新性的观念时，它会为新市场部门提供扎实的市场基础。

● 利用知识确保新产品开发计划的精练，能被企业内部所有员工所理解。

160　　企业逐渐地认识到失败的代价很大，这也促使企业不断地开发多种不同的管理系统，以控制新产品开发流程。从传统上来说，这些系统都是流水线作业的自然结果，正如图 8—4 所展示的那些类型。该流水线作业的模式，是从观念的出现开始的，并逐步推进到产品的最终投放，从而确保新产品开发的成功。如果企业要走进这一新产品的开发模式，那么，企业就应该对每一个阶段的知识情况进行评估，视知识情况的优劣来决定新产品的开发是继续推进还是立即终止。当产品由开发观念阶段迈向投放市场阶段时，企业须将新产品开发的成本控制在可以承受的范围之内。因此，企业越早获取终止项目开发的信息，节省下来的成本也就越多。

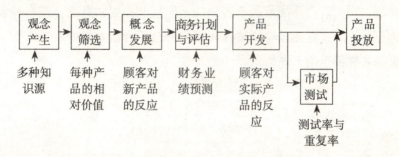

图 8—4　传统线型化的新产品管理模型

开发观念的出现是企业进入新产品开发流程的典型标志。然而，李和卡兰屯（Li and Calantone，1998）认为，在开发观念的产生阶段，市场容量和企业自身的内在能力是决定成功与否的前提条件。正如图 8—5 所示，企业在客户需求方面的知识信息越多，促进新观念产生的几率就越大，企业取得市场成功的可能性也就越多。企业取得成功的另一种可能性在于，企业能否抓住一切机会去利用竞争对手所取得的知识。在很多市场中，技术的变化能为企业的发展带来机会，从而促进企业全方位地开发新产品。因此，如图 8—5 中所示，企业的知识研发小组能否抓住新技术出现的机会，这将直接影响到开发新产品的实效的大小。

在观念产生阶段，企业的目标是促使知识资源最大化，而企业就是借助于这些知识资源而培育出大量的新观念来。对于企业而言，知识资源可谓越多越好。这些资源涉及客户、中间商、企业的销售

161 能力、企业各部门的员工、对竞争对手产品的研究程度、企业的研发部门以及企业的供应商等。在观念的筛选阶段，其目标仅在于找出那些真正有成功可能性且切实可行的知识观念。在此，只有那些被论证过的观念才有可能进入开发实施阶段。通常而言，企业都是运用业界的惯用语对新观念进行描述，但此种描述方式却常常不为客户所理解。因此，在新观念的开发阶段，企业首先应努力使客户能够理解其新观念的开发行为，同时企业的产品能真正体现企业的承诺。继而，企业能借助于客户的不同反应而得知其综合观念开发的有效性。企业通过使用诸如集团中心会议和面对面的采访等技术手段，就能得出上述认识。

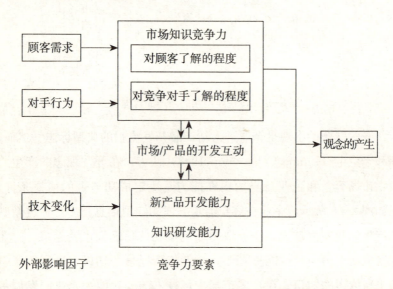

图8—5　知识竞争力对新产品流程的影响

从集团中心会议以及面对面的采访而得来的认识，能使企业正确地评估兼并的可能性、产品优势的吸引力以及客户的售价期待。企业的这种做法不仅能帮助企业预测销售额的大小，而且能为企业发展新产品业务计划提供决策基础。当企业所预测的销售额同企业的产品成本、营销开支、管理费用以及固定资产的要求关联起来考

虑时，企业就能估算出项目投资的预期投资利润和投资回报
（ROI）。

在综合观念阶段，企业应充分了解客户的特殊利益，这将为企
业制定出详细的产品说明书推进产品进入开发提供可能，尤其当它
同企业的生产成本预算相关联的时候更是如此。一旦原型已经形成，
市场研究就能辨别出企业的产品能否真正满足客户的需要。在客户
产品的销售中，这种研究常常是以诸如盲人摸象和过家家的方式进
行的。在业界市场中，企业通常运用一项叫做产品测试的技术来评
估企业的行为，开拓潜在的客户。这种情况下，客户的行为同企业
原型开发计划密切相关。企业通过运用产品测试的方式，就能获得
较为详细的客户反馈信息，这种反馈信息将为企业改进其将要投放
市场的新产品提供非常重要的修改建议。

在业界市场中，客户群的数量少、客户购买的单元价值高以及
面对面的个人促销手段的运用等，通常都意味着原型开发阶段的使
命顺利完成，企业已经有了充分的知识去决定新产品是否能够投放
市场。然而，在新产品开发的各个阶段，任何市场研究实际上都不
可能回答新产品能否生存下来这个问题，尤其是客户产品所面临的
市场环境呈自助式销售特征之时。这也意味着在做出投放新产品的
决定之前，很多客户产品需要借助于测试市场中介的进一步测试才
能最终投放市场。

在地域有所限定的市场内，市场测试的目标是识别新产品投放
市场的业绩，尤其是这些产品被放在竞争对手身边的终端客户市场
时更是如此。在整个测试过程中，测试的工作就是跟踪以下变量：
产品意识、试验比率、重复购买率、市场份额占有、存货分销的现
实水平以及竞争对手的行为等。

对于某一测试市场而言可能有四种不同的结果，且每一种都有
着不同的含意。第一种结果是产品成功实现高试验率和高重复购买
率。这通常意味着测试市场已经取得成功，产品应该立即投放市场。

第二种结果是低测试率和高重复购买率。这种结果将要求企业做进一步的调查。它通常表明企业或者成功实现更高的客户意识或者扩张成熟的分销层次。

而高测试率低重复购买率的第三种结果就有点让人担心，因为由此可以断定，那些使用过测试产品的客户对他们经常放入"购物车"内的测试产品仍然不信任。最糟糕的情形是第四种，即低测试率和低重复购买率两项兼具。在这里，必须承认企业存在基本的问题，因而需要企业责令项目团队找出原因，到底是哪些问题在新产品开发流程的各个阶段都始终存在。

不破不立

¹⁶³ 任何一个小型企业，当它同一个品牌领导企业进行捉对厮杀的时候，很少会期望有一种增加其营销利润的营销哲学存在。假如一家企业期望在某一已建立起来的市场内获得一份举足轻重的销售份额的话，那么获取那种能支撑这一目标实现所需要的新知识是非常必要的。在获取和开拓新知识的同时，企业可以把握机会，暗中从竞争对手那里获得巨大的市场份额。然而，为了实现市场份额增长的目标，这种新知识必须能为某一进攻型营销战略的实施提供基础（Smith，1995）。否定现存知识或现存知识的某一重要方面，这可能是企业取得成功的最为有效的知识战略，不过那些现存知识必须是当前业界市场中竞争对手所一贯使用的知识。

实施进攻型知识战略，将要求企业认真评估当前其他企业使用知识的情况及其获取销售额的能力。借助于这种方式，市场的新来客才有可能发现品牌领导企业在操作方面的脆弱之处。在美国的工业氧气生产界，碳化物联盟不断挖掘知识，从而找到一种利用高合成技术加工汽油的方式，接着又摸索出借助铁路运输系统分销他们

的汽油产品的途径。为了击败碳化物联盟，天空产品公司开发了一套小型汽油生产系统，并发明了一种能生产自制氧的小机器。该公司通过撤出那些收支平衡的市场部门得以主导那些在过去的生产过程中常常是耗氧量的大户的市场。

在个人电脑的行业中，曾有过这样的一个阶段，即企业的直销队伍和分销人员在操作方面的知识是企业管理能力的一个重要方面，这种能力曾经为诸如 IBM 和康柏这样的公司所取得的成功奠定了牢固的基础。然而，随着时间的推移，客户将会对价格变得更加敏感。戴尔公司就顺应了这种潮流，建立起邮件预订的直销业务，从而否定了通常的管理观念，即企业应该熟知如何管理销售团队和分销网络。

在影印行业中，施乐公司的成功建立在如下知识模型的基础之上，而这一模型又是建立在对以下事项深层理解的基础上：企业如何能制造出高价位、高输出容量的复印机以及如何借助于对终端客户租出设备而产生租赁收入。佳能公司对这种情形的回应是追求新知识，以新知识的运用降低少量复印机的成本。其解决方案是：（1）使用光学纤维取代传统的透镜和反射镜系统；（2）开发了一种色粉层解决方案，而这种色粉层曾由于不能满足客户的需求而不得不添加其他的色粉化学药品。继而，在销售机器对租出机器的开发过程中，公司在知识方面就要求对其经销商予以授权并进行相关培训。为了确保潜在客户对佳能公司性能可靠且价位低廉的产品有着充分的了解，公司还在电视和印刷广告中投下巨资，而施乐复印机公司却仍旧主要依靠直销队伍来发挥客户信息的传递作用。

加速创新管理进程

图 8—4 中所展示的线型化产品开发模式，从根本上来说，就在 *164*

于企业能充分利用知识而将企业的失误降低到最小。假如某个企业准备投资开发新产品，那么，对于它而言，可供选择的创新方案就是重走图 8—4 中所描述的经典历程，同时必须充分认识企业内部的那些会导致思想僵化和决策不具可行性的线型决策系统的本质。

库珀（Cooper，1994）曾建议，企业能够借助于推进到下一个开发阶段而实现在入门进程阶段内的更大的创造性，即使某些问题方面的知识被漏掉。从根本上讲，那些推动库珀新视点形成的东西，实际上也是反复地被日本的几家公司所证实了的东西，也就是说，企业必须在从观念产生到产品投放的整个阶段找出节省时间的新办法。在竞争日趋激烈的世界里，当企业管理者追求"快速上线"时，他们将不得不衡量迈向下一阶段的投资风险，除非他们在知识方面具有反竞争对手抢占市场的有效手段。

另一个缩短新产品投放市场时间的重要手段是著名的并行工程（Hartley，1992）。它借助于知识而组建跨功能的协作小组，并尽可能地倡导并行的企业行为，即使是开发观念仍旧处于初始状态时也是如此。例如，制造小组开始设计某一新的生产线之时，供应商便开始研究新产制造品所要求的生产工具，同时广告部则开始投入到某一适度的促销战之中。

现代计算机对推进快速上线所产生的重大影响简直让人难以估量。产品设计人员现在能使用计算机辅助设计系统（CAD）对这样的知识提出具体要求，而这些知识能为样品估算提供现实依据。通过将计算机辅助设计系统同计算机辅助制造系统（CAM）进行连接，工程师就能在新产品生产线建设之前获得评估制造某一新产品可行性而所需要的全部知识。进一步来说，假如企业愿意克服项目信心方面的不足，那他们将能使用实时数据连接为供应商提供新产品计划方面的信息。这也使得供应商能随时了解所有新产品计划的进展情况，尤其是当新产品开发由观念阶段走向早期样品制造阶段时。

文化壁垒

在过去的 20 年，企业的研究更多的是关注那些影响企业业绩的
因素，与此同时，一些理论家曾建议，企业的高级管理应更多地关
注企业文化。遗憾的是，不同的学者各自所使用的企业文化一词的
内涵很难达成一致。因此，为了继续下面的讨论，我们不妨设定，
企业文化就是指大多数劳动力所展示出来的主要的价值观念和态度。

通常来说，大型跨国企业向全球市场范围提供高价值的、标准
化的产品。因此，很多这类公司发现，可供运作的最为有效的企业
文化就是那种基于对员工的职责进行严格界定的文化，这种文化可
以使企业的人事波动趋于最小化，可以使企业能用翔实的、显示业
绩类型的控制系统迅速地展现财务的变动情况，这可能是很容易理
解的。高度管辖的内部环境，其危险就在于员工难以有效地获取知
识，而这些知识又是员工灵活处理问题展现创造性所必需的。

3M 轶事

很多公司都已经发现，当市场竞争日趋激烈时，就有必要改造
企业文化，使其变得更有创业性，从而促使员工全身心地投入到对
新知识的生产和使用之中。3M 公司的实践可以为任何规模的企业在
推进创新发展方面提供有益的借鉴。该公司取得成功的基础在于致
力于维持一种创业性文化，而这种创业性文化能促使许多新方法的
产生，同时大幅提升客户满意度。其僵化的运行方式被保持在最小
的限度之内，员工薪水同新产品的业绩挂钩，以此鼓励员工的创新。
有 25％的规章要求四分之一的销售额必须是来自于最近五年内投入

165

市场的新产品。迈向成功的任何障碍，如部门间的相互扯皮，都应控制在最小的限度之内，同时积极地阻止那些"这儿毫无创新"综合症的流行。

在3M公司中，为获取新知识而密切接触客户是企业文化的一项根深蒂固的特征。该公司鼓励研发人员、销售员以及制造员工在他们各自的领域内多花时间，客户也经常地受邀前往参加由3M组织的自由讨论会。一旦员工提出了新创意，该公司便会鼓励他们在多学科创新团队中尽快共享那些新创意，从而共同推进新创意由观念阶段迈向投放市场阶段。为了给员工更多的时间接近和处理新知识，该公司的15%的规章能切实地允许任何员工自由地支配他们的工作时间，从事那些能提高创新项目能力的任何活动。

3M公司强化持续创新具有先见之明，并使这种理念成为公司传统理念的核心部分（Brand，1998）。此外，3M公司还注重实施HRM政策以使员工流动性降低到最小的限度，积极努力减少因技术员工的流失而带来的知识损失。同时，该公司对员工实行承诺，宽容他们的失误。这也映照了作为3M公司最好产品的知识（如制陶术，报事贴便条纸）是技术试错的结果。该公司还充分地宽容员工利用业余时间所开展的研发工作，甚至以撤销项目以及延续正式许可为代价。

在3M公司内，有两种基本的创新手段。通过知识筹划而开发出那些能辨别出尖端技术的管理方案，在这些管理方案中，该公司的战略就是追寻那些能积极推进研发的行为。3M公司在共享知识的过程中常常将核心客户也囊括进来，共同推进研发项目的进展，决定如何更快地开发新技术资源。其中，采用Thinsulare材料的建议就是由核心客户提出来的，而这种材料起初是开发滑雪服装用的。通过将客户引进到纺织和成衣行业中来，3M公司发现了更多的市场机会，并牢牢抓住这些机会进一步开发纺织原料，从而使那些材料能普遍地使用到营帐设备、制服以及汽车之中。该公司实施创新的

166

第二种手段就是众所周知的知识的自然浮现。该公司认为，创新开发有时可能会在没有任何机会暗示的情况下发生，抑或通过某一无可预测的小事便即刻来到。例如，某位科学家不经意中将一些化学试剂滴在了一只网球鞋上，继而发现滴有化学试剂的鞋面具有很强的抗污能力。结果，这一意外的发现导致了用于保护织物及纸产品的斯科奇加德（Scotchguard）防油防水剂系列化学物的产生。

走出公司去寻找知识

面对现代技术日趋复杂的局面以及抓住时机的迫切要求，越来越多的企业已经意识到，他们缺乏对于迅速开发新产品和工艺所必需的各种知识。解决这种知识缺口的方法是走出企业，发展同其他知识资源之间的联系。奎因（Quinn，2000）认为，在 21 世纪甚至没有一家独自行动的公司能寄希望于在创新方面胜出竞争对手，由此可知，奎因是一位外部资源创新的倡导者。

在依赖企业内部知识的同时，企业还应能切实利用图 8—4 中所描述的新产品开发流程方面的所有知识源。在观念产生的阶段，很多大型制药企业都已经转向大学的研究机构和独立的实验室，为其提供研发资金。一旦基础研究的结果表明了潜在新机会的出现，涉及产业化的应用研究随即形成，对于企业而言，这种产业化研究就是企业外部资源的主要方面。千年制药公司就是执行这一模式的一家企业。该企业已经开发出能分析虚拟化学药物的软件，该软件能识别出药品在解决农业病问题上的潜在功效。

一些公司还准备将价值链活动中的主要部分外包。戴尔计算机公司实际上外包了几乎所有的软硬件开发和设计。英特尔公司则尽力避免陷入终端产品生产设备研发工作的困境，公司每开发出下一代芯片，就要求研发出相应的终端产品的设备。在汽车行业中，

167

像福特这样的公司就曾经专门委派一个重要的工作部门去开发新的亚系统。例如，在汽车内装饰的开发案例中，福特公司将这项任务全部委托给一家引领全球的内部装饰材料供应商约翰逊控股公司。

使用外部资源实现成功创新，在这一过程中的合作伙伴确实需要对开拓市场新机会的未来前景以及最佳途径达成共识。此外，参与创新的所有成员在使用新知识支持创新的行为方面都应该建立起详细的跟踪记录。另一个重要的事情在于，确保知识毫无限制地实现共享必将导致创新行为的协同运作。而创新伙伴关系的首倡者就会感觉到潜在危险出现，将会担心自己必须为那些利用外部资源进行创新项目开发的合作伙伴提供有关市场以及未来发展计划方面的知识。在这种情况下，那些外源企业就需要考虑战略壁垒的创设问题，这些壁垒旨在阻止供应商绕开自己而朝向同客户进行直接的接触。例如，任天堂公司在计算机游戏的大众营销、大众生产品牌以及产品的分销方面均具有专门的优势。该公司充分利用外部的游戏设计人员进行产品开发，而这些人从理论上来说，由于他们能充分使用任天堂运作方面的知识，继而反过来成为任天堂公司未来的竞争对手。为了避免这种情况的发生，任天堂公司使用了游戏营销方面的优势知识以及申报专利以保护自己免受威胁。

奎因还注意到，在利用外部资源获得成功的大多数案例中，企业对于高效率沟通系统的依赖性很大，而在产品开发的过程中，只有这些沟通系统能为参与开发的各个成员提供知识快速共享的可能。于是，很多公司愈加注重开发先进的交流软件以创立知识交换平台。可以看到，将交流系统计算机化的优点就在于，它迫使参与开发的人员必须采用通用的语言平台、绩效评估系统和规章制度，如此方能引导知识更为有效地进行交换。还有一个优点在于，知识管理能成为一个完整的流动过程，而这一过程却使企业能同世界上任何地方的其他企业建立起资源共享的合作关系。

综合管理创新

在那些涉及综合创新管理的计划中，企业渐渐地使用计算机办公系统来存储、交换和控制企业内部的知识。在这些系统有效运作的过程中，公认的障碍在于：（1）每一个员工都需要同企业内部的任何一个数据库建立链接；（2）数据之间的交换必须以实时交换为基础。实现这一目标要求企业的所有部门必须优先服务于企业整个信息技术系统的有效运转，而不是各自的信息需要。而在没有信息连线系统的企业内，尤其在实施创新计划的过程中，实现部门间信息的有效交流是一个非常困难的任务。一旦部门间的交流要求实时数据交换，建立有效的交换流程还会变得难上加难。

在电子商务行业中，对综合创新项目管理的另一个事项是，在很多案例中产品的开发商需要从范围广泛的资源获取新的技术，如计算机技术、电信技术以及光电子技术。尽管日本人在电子商务行业中仍然占统治地位，但其在高科技行业中成功实现主导创新者地位的实践可以表明，他们的新产品和工艺管理技术能为我们提供一些有益的借鉴。在研究日本人的创新管理过程中，鲍王德和三宅（Bowonder and Miyake，1992）建立起一种资源发展模型，在这种模型中，以下的一些要素被认定为实现成功的关键要素：

1. 融合范围广泛的不同技术，提升这些融合行为的水平层次，在这一目标方面，企业应该有一个清晰的认识。

2. 很多企业都愿意相互合作以获取核心知识资源。

3. 单一的技术能挫败项目计划内其他因素向前推进，为了降低这些失败的风险，企业应该使用多种不同的技术知识资源。

4. 利用协作工程开发知识互动，而这种互动来自于平行的活动，它能为缩短上市时间开发周期而提供潜能。

168

5. 在企业的内部学习中强调发展全面的劳动能力，确保新观念、新知识和新技术能传遍操作的整个流程。

6. 着重寻求企业外部的技术创新知识，确保最新的科学思维成果能与企业的核心知识库融于一体。

169

日立公司的创新

日立公司（www. hitachi. co. jap）是开发低耗能芯片的世界领先者，这些芯片是膝上电脑和诸如网络电话的电子商务设备以及"智能"家用电器所必需的。在 20 世纪 80 年代后期，该公司为获取软件设计方面的知识而同得克萨斯仪表公司建立开发联盟。使用其在电子光束印刷术方面的知识，该公司检测并制造出世界上第一片低耗能 64MB－DRAM 芯片。继而的实践经验又促使其制造出 256MB、1 024MB 和 4 000MB 等多种不同规格的芯片。这种快速创新的步伐，根源于它所基于的以下经营理念：（1）在获取公司之外的技术知识中进行投资；（2）在企业内部迅速地学习从外部获取的知识；（3）劳动力必须具有消化新技术知识的能力；（4）利用盟友增强知识获取；（5）开拓并行工程缩短产品开发时间。

还有些研究者专门考察了企业的内部结构对创新管理所产生的影响。在一个领域相当宽广的学术研讨会的文献综述中，中田和斯瓦库马（Nakata and Sivakumar，1996）首次提出了融合了个人主义和集体主义的民族文化将会对创新行为产生影响的问题。他们得出结论，出众的新观念更多地来自于那些个人主义得到充分尊重和培育的企业，高技术行业尤为如此。这表明，在新知识开发过程中，企业倡导个人主义文化就能为创新者提供充分的自由和自主，使他们能自由地发挥其对于新产品和工艺流程的新想法。当然，这种企业文化导向也存在着潜在的问题，尽管它能促使企业充分利用出众

的新观念资源，但它并不适合于新产品开发的后期阶段的管理。因为在后继阶段，企业必须着力于综合企业内部的各种知识资源，这对于后继阶段的新产品的开发、试用品的制造、制造系统的换算以及产品市场投放都将发挥极其重要的作用。中田和斯瓦库马得出结论，在创新计划实施的后期阶段，企业需要缩短新产品开发的时间，为此，倡导集体主义文化将会有助于企业走向知识的有序管理。

因此，实施创新计划，优化知识管理，这一过程可以划分为两个阶段。在寻找观念和识别观念的阶段，知识开发应该被给予最充分的自由，如此方能促使知识资源的数量及范围达到最大化。然而，一旦某一观念被选定为向前推进的理想观念，并真正进入创新计划的实施阶段，拥有一支紧密合作、齐心协力、专心致志的工作团队将是取得成功的必要条件。

170

在创新计划实施的后期阶段，企业的集团化规模效应通常都是通过组建跨功能的合作小组来完成。在企业集团化结构的研究中，贾沙瓦和萨师托（Jassawalla and Sashittal，2001）认为，在那些已实现了深度合作的开发小组中，成本被降低，创新被加强，产品投放市场的时间被缩短，企业的盈利也达到了最大化。影响这种结果的一个重要的因素在于，深度合作能促使知识在创新参与者之间更为有效地传递。知识的有效传递，源于创新参与者对于团队其他成员的时间安排、兴趣和目标都有着充分的了解。此外，知识的交换也促进了创新团队成员间的相互协作，同时这种团队结构所取得的创新业绩，较之于单个成员的贡献之和要大得多。

企业的高级管理层以及新近加入的员工需要对高层次的相互合作有深刻的认识，这对营造重视合作的企业文化至关重要。那些高级经理人还应该在选择创新团队负责人方面做出积极努力，并且这些负责人应拥有相关工作经验，能领导整个团队进行有效的创新开发。为了标明企业各部门间的相互平等是企业唯一可供接受的行为特征，高级经理人还必须确保那些创新小组的领头人免受任何职能部门的约束。最后，高级经理人还具有如下职责：确保各创新小组任意接近所有必要的知识资源，特许他们独立地寻求创新方案、勇于冒险、大胆创新。

相应地，创新团队的负责人必须能为他们的团队创立一个适当的学习环境。这意味着创新小组的成员必须远离他们先前所隶属的职能部门而获得自由活动的权利。对于创新团队的负责人而言，还有一件重要的事就是确保职能部门的领导人对于创新小组的形成不享有任何控制力。通过这种方式，创新团队的负责人才能自如地确保他们的团员表现突出。

获取知识的多种途径

在年综合增长持续十年超过30％之后的1998年，世界主要的芯片制造商英特尔公司才发现，产业的联合和竞争的加剧导致了公司的年收益放慢了5个百分点（*Electronics World*，2000）。为了应对这种不利局面，英特尔的首席执行官克瑞格·贝瑞特（Craig Barrett）实施了一项多样化的知识创新方案，促使英特尔公司由单纯的芯片制造商转变为重点开发互联网的企业。

171 　　为了获取员工对于那个迥乎不同的企业发展战略的认同，英特尔公司面临的一项艰难的任务是，说服自己的员工放弃"知识不是来自这儿"的固有观念，树立起抓住最新技术的新观念。为了实施这一创新战略，英特尔公司在1998年拿出60亿美元，收集了那些业已运作在互联网行业中的十二个公司所拥有的所有知识。与此同时，该公司通过运作其风险基金，即英特尔基金，进一步扩张自身的知识获取行为。仅在1999年，风险基金的运作累计投资约12亿美元，范围覆盖350多家软件和互联网企业。

从企业内部来说，企业应该在员工中倡导一种创新精神，并为员工提供资金，支持他们对新知识的开发，同时不断地推进员工的创意向前发展。这种创新精神所涉及的范围很广，从训练佩带身份卡的医生，到鼓励在线订购药品，到在麦迪逊广场花园的靠背座椅上安装信息终端等，都是一些成功的范例。一个将企业业务集中到网络的创意引起了英特尔公司的重视，他们于 1999 年在加利福尼亚州的圣克拉拉城建立了首个网络中心。网络业务的早期成功促成了英特尔公司在世界各地建立起更多的计算机中心，该中心不仅服务自己，而且还可以为其他企业的电子商务提供服务。与此同时，英特尔公司并未放弃微型芯片制造的主业，反而加大了对获取新知识的投资，并研发出广泛用于网络、电信以及信息设备的新一代的计算机芯片。

知识管理与研发

在同创新相关联的所有行为中，优化知识管理可能是企业研发流程的最重要的领域。在充分认识了研发流程的重要性之余，安布雷克特等人（Armbrecht et al.，2001）在美国倡导建立了一个产业研究机构，专门探讨上述问题。依照他们的观点，研发流程中的知识管理，关键在于确保知识的流动能延伸到知识的储存和检索，包括创造、获取、检索和再利用。知识在研发人员中实现共享也被认为是至关重要的。

企业的整体战略和目标不仅决定着企业研发战略的制定，而且在企业内部的新产品开发中还统管一切。研发的第一个阶段是倡导充分的讨论，回顾那些可供利用的知识资源。在这一阶段，无论是隐性的知识还是显性的知识资源都应该考虑到。当对于所倡议的研究计划达成了某种共识时，获取新的知识便成为了必要。在一些情况下，这些新的知识资源将存在于企业内部的某个地方，但企业的搜寻知识资源的行为常常会自然地拓展到企业的边界之外。

　　有效的知识流动，一个很重要的方面就在于打破"知识就是力量"的思想综合征，因为它能导致知识资源在企业内部不能同其他人自由共享的不良结果。这种情况常常需要通过管理层的命令或者借助于创造一种企业文化等行为来予以逆转，使其朝着相互协作共同学习的方向前进。接近知识资源的速度的快慢也将影响研发计划的进展。为了加快知识资源交换的速度，很多企业从诸如电子邮件这样初等的电子系统中撤出，转而建立起激活状的网络知识中心。而这些网络地址通常都是那些专业化企业个性化知识展示的平台。与此同时，企业以往的知识计划能创造出新的知识类目，并可为客户提供知识搜寻。在很多实例中，不同知识背景的网络专家集结起来，将各自的知识汇集到网络系统中，并为那些搜寻专门化的、隐性知识资源的研究者提供咨询。同样，网络中的个人也常常在地域或社会功能上逐渐消失，推销个人的创意便成为必要，这些个人的创意经常能发现机会，以整合那些所谓的"社区实践"。

　　很少有员工能在接受知识和开拓知识方面享有与生俱来的技巧。因此，将训练项目形式化将是很有必要的，它能帮助研发团队中的新人在处理可供利用的知识时变得更为熟练。企业还应该让新进员工自由地接近导师，以便从导师那里得到知识获取方面的"软技巧"，这种做法经常能促使创新开发的形式化。此种做法非常必要，有证据表明，在那些对知识管理实践理解得很糟糕的地方，形式化的行为所充当的角色将是阻止成功创新的抑制剂。

　　另一个阻止企业成功创新的障碍，来源于企业的组织结构或地理界域的影响而无法让员工彼此沟通。这种情形，在某些员工坚持个人的知识产权而不愿与他人共享数据材料的地方还会更为恶化。高级管理层经常不得不出面干涉以解决后面的这些问题。共享已经消失的知识通常能够借助于创建企业"窖井"（silos）而得以实现，在员工搜索相关信息的过程中，他们能以电子方式访问这些知识窖井。与此同时，避免那些因人为的通讯障碍而带来的森严壁垒，对于企业而言也将是非常必要的。为了克服这种困难，常用的解决方法是创立多学科的创新小组，让这些创新小组在一个管理结构矩阵的规则下运作。

在总结他们的研究时，安布雷克特等人提出如下六条原则：

1. 确保企业内部所有的人员都能充分地参与到创新活动的全过程。

2. 寻求更容易接近隐性知识的多种途径。

3. 创建实用有效的搜寻和检索工具以接近企业内外的知识。

4. 着力推进创意性企业文化的发展。

5. 抓住一切能被重新利用的学习机会。

6. 建立一种能充分满足创新个体知识需要的企业文化。

马修斯（Mathews，2001）曾经考察过企业能在何种程度上开拓外部知识。他断定，一个有特色的企业，假如面临着市场环境的根本变化，那么它所拥有的特色很可能难以保持原来的市场地位。依照他的观点，那些更有可能幸存于这种环境的企业会是这种企业，其内部结构能通过参与知识网络同其他企业创建联系。依照这种方式，企业能迅速地补充知识，决定新方法的使用，实施资源创新。马修斯借助于 TCG 网络组织来解释他的观点，这种网络组织 TCG 指的是一群位于澳大利亚悉尼的 IT 互动企业。这种方法就是寻求外部企业的帮助，以克服知识不足的缺陷，同样，这也说明企业内部的竞争同实施创新的外部竞争是密切关联的。

里克罗夫特和卡什（Rycroft and Kash，2000）曾经考察了创新类型与网络所扮演的角色之间的重要关系。他们认为有三种创新模式：渐进式创新是指在当前核心技术方面缓慢推进的一种创新方式；过渡式创新是指以新技术整合现有流程的一种创新方式；而改革式创新的特点在于基本技术的巨大变革。

最早的知识管理流程呈现为渐进式创新的构架。其核心在于通过获取新的专业知识而补充现有的专业知识，从而提升企业的核心

173

能力。创新速度最为根本，它要求企业以最少的新知识去满足创新行为的需求。网络知识资源的建立必须以现有知识为基础，而不是获取那些不能立即付诸使用的新知识。

在过渡式创新的构架中，集中精力增强核心竞争力将有助于补充现有知识资源的不足。通常而言，网络依赖的是信息的储备，且它们都被储存在共享的资料库中。然而，在既定的变化中，当其他的竞争力成为边际甚至冗余时，某些竞争力可能会变得更为重要，对于以上情况，企业需要有一定的认识。对新近加进的知识进行整合要求有一个颇为高效的知识系统，借助于这些系统可以优化项目参与者之间的知识流动。在一些情况下，尽管知识学习将坚守在相同的技术边界之内，但知识还是被期望优先地发生变化，同时在一定程度上"毫无作为"也将是需要的。

改革式创新计划是指企业获取全新的核心竞争力。在这种情况
174 下，当新观念被引进、新知识被消化以及充当项目推进最佳路径方向的决定被做出之时，网络将不得不进入到混乱的时代。创新参与者在有些情况下将不得不学习如何把新知识融入现存的知识框架。进而言之，一旦新的核心竞争力被搭建起来，网络必须有所准备，新的知识在远离先前实践边界之外的毫无关联或陌生的地方都可以被找到。跳跃式创新计划的另一个障碍在于，它的启动常常要在市场发出基本变化的强烈信号之前。因此，在任何学习活动的早期阶段，持续的承诺和热情经常是难以实现的目标。

兼并创新

在某些情况下，企业已经认识到自身在重要知识能力方面的缺陷，其解决问题的方式可以通过使用兼并战略以接近竞争对手的新的知识资源。在分析加强型知识兼并所暗示的含义时，伯金肖（Birkinshaw，1999）断定，随着兼并的出现，最为紧急的问题就是人力资源的问题，企业应该尽力整合员工，避免员工对企业不稳定的未来产生消极的态度。他认为，行动的第一步就是实施对被兼并企业的有效管理，向被兼并企业的员工重申，他们将会参与到企业兼并决策的全过程。接着就应该制定出整合操作方案，建立统一的企业文化。然而，如果员工对新的操作环境尚未熟悉，上述行为则不宜实施。

伯金肖得出结论，所有购入其他公司股权的公司都应该接受现有的知识传输框架的现实，并且承认在企业文化和员工凝聚力形成之前这种情况将一直存在。对于购入其他公司股权的公司而言，有一个很显然的障碍就是需要避免对被兼并公司员工植入新的企业文化的速度进展过快。对于被兼并公司的员工而言，需要有一个时间过程才能让他们接受公司身份改变的事实，在他们摒弃过去那种不言自明的身份之前可能需要好几年的时间。因此，兼并之后的有效管理将涉及以下几个方面：（1）任命一个整合能力很强的领导；（2）让被兼并公司的员工相信他们能在新的公司中发挥重大的作用；（3）对被兼并公司在研发流程中的知识管理责任进行清楚的界定。这一做法应该被视为至关重要的，因为诸如科学家和工程师的知识员工，一旦他们愿意继续在新的企业尽心尽力的话，那么就需要认真地对待他们。

化学药品企业的兼并

175

Eka 化学药品公司在 1990 年兼并了英国 Albright & Wilson 公司的造纸化工业务。对于 Eka 化学药品公司而言，整合那些位于瑞典、英国和美国实验室的知识生产行为将是该公司非常重要的目标。为了确保让被兼并公司的员工感到安全，该公司宣称所有五个技术研发中心在操作上保持不变，每一个中心将集中于不同的技术领域开展研发活动。然而，为了鼓励网络化，该公司将研究人员在不同的实验室之间实行轮换以促进知识交流。继之而来的行为就是走向多网址研究项目的创建，提高知识在员工之间的交换比率。

阿法拉伐公司（Alfa Laval）在兼并美国沙普尔斯公司（Sharples）时就面临了更具挑战性的任务，因为该公司的兼并行为是通过敌意竞标的机制而实现的。为了重振原沙普尔斯公司员工的士气，该公司决定保留在丹麦和美国的两个研究中心。甚至在兼并之后的早些年里，很大程度上两家公司都保持相互独立的运作。他们认定了原沙普尔斯公司的员工已经从兼并事件中恢复过来以后，阿法拉伐公司才慢慢地建立起综合研究计划以推进知识交流。

在兼并美国内燃机公司的过程中，瑞典企业 ABB 公司认识到，知识的传递需要迅速地进行。因此，该公司创建了一个由来自大西洋两岸代表组成的新的业务小组。通过制定统一标准、定期会晤、视频会议以及定期交流，ABB 公司尽力缩短兼并行为与启动研发知识交换行为之间的时间间隔。为进一步加速知识交换的过程，该公司宣布，20 个相互关联的开发项目必须在三年内完成。令人遗憾的是，不久之后，那种期望变化的步伐越来越明显地被建立在异常理想化的目标之上。因此，该公司开始修订管理计划，全面接受同步开发的项目构架，从而取代完全综合的项目构架。

第九章

知识促销

章节提要

营销是一种为客户提供知识以影响其购买行为的销售过程。知识传播过程中有着很多不同的营销技术可供利用。产品在其生命周期曲线中的位置常常影响营销行为的作用及重要性的发挥。互联网时代的到来大大提高了企业向客户提供教育型知识和产品型知识的传播能力。网络知识的传播在开发有效的客户关系管理策略方面已变得非常重要。在传播信息方面，内部营销也非常重要，它能够促使企业员工对其内部的战略任务和工作职责产生更为深入的理解。

引言

营销功能的一个非常重要的表现就在于帮助客户获取充足的知识信息，促使客户能舍弃竞争对手而购买本公司的产品或服务。图9—1所示的一个简化模型描述了引导客户做出购买决定的整个行为过程。图9—1所标示的模型，其切入点就是客户萌发购买某种产品

176

或服务冲动的初期。下一阶段就进入到客户对那些可能会满足他们特殊需要的潜在产品或服务进行了解的环节。客户完成了这种了解之后，购买决定就会做出。在客户走向购买过程的早期阶段，他所获得的了解将会建立起客户对产品的期望值。这些期望值能够在售后评估阶段反映出来。假如产品做到了或超出了客户的期望值，积极的信息反馈就会接踵而来，因而增加客户未来选购相同产品的可能性。相反，假如产品不能达到客户的期望值，消极的信息反馈则会发生，因而减少客户未来选购相同产品的可能性。在图 9—1 中，客户对产品信息的了解主要来自两种知识源。一种是外部知识源，它借助于产品供应商或参与到产品分销过程的中间商的系列营销行为才能为客户所接受。内部知识源则主要是通过对供应链成员（例如，先前购买产品的经验，从朋友或亲戚交谈中得来的产品体验，工作时同事的推荐）而使客户获得的知识信息。

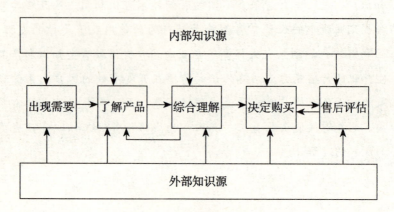

图 9—1　客户购买行为模型

长期以来，经营实地市场的企业对客户售后满意度的重要性有着刻骨铭心的认识，尤其是当涉及物流管理时更为如此。相对于上述传统理解，电子商务企业对售后满意度的认识可能会有点让人吃惊。电子商务带来的客户能够上网订货以及进行收货确认的便利，提高了客户对整个购买过程速度的期望值（Schuette，2000）。但是甚至直到今天，仍然还有很多在线客户不满意，例如他们发现，圣诞礼物的订货经常要到次年的一月才被送到。在这些情况下，问题出现的原因就在于，电子商务企业的新手只有那些传统的将大批量货物运送到中间商的市场经验。因此，这种企业面临着知识方面的很大空缺，表现为缺乏那种将单个商品运往多个地点的配送能力。还有一些企业面临着产品集结的困境，这在以前，执行这一任务的知识都是归属于他们的传统中间商。在一些企业中，另一个知识缺口就在于他们在管理客户需要时总是缺乏内勤经验。

178

读懂在线客户

希尔顿公司在全世界拥有 1 800 多家酒店，同时也是开发使用互联网技术的急先锋（Wagner，2000）。该公司发现，借助于电话联系酒店的潜在客户通话时间约两分钟。这与在线访问者通过网络花费 5～6 分钟了解酒店的设施、服务及价格相比，差异很大。凭借着对这一情况的了解，希尔顿公司率先打破业界使用三分之一的员工处理在线预订的传统做法，代之以建立自己的网站，使其专门管理客户的入住协议。

除了创建一个拥有广泛信息的供应系统外，希尔顿公司还组建外部网络以同那些与希尔顿公司签有协议并使用其设施的公司进行交流。客户可以同一个专门化的网络系统进行联系，这一系统能将合同价格和旅行受限等方面的数据信息客户化。这一服务使其 B2B 市场中的客户能更为有效地控制员工的出差成本。

希尔顿公司充分认识到，需要为在线客户提供最大的服务便利。因此，希尔顿公司还开发多种系统，促使客户的预订行为能够利用诸如移动电话和掌上电脑等无线设施进行操作，从而成为业界的先驱。

知识供应的作用

营销被认为是那些同产品或服务的知识供应相关联的所有活动。这些活动的目标是让知识劝说客户购进本企业所生产的产品。对于市场参与者而言，他们有着很多不同的知识分发系统可供使用，他们就是借助于这些系统建立起一个适当的综合营销战略。这包括（Kotler，1997）：

● 广告宣传，它可以通过租赁广告频道中的时段或位置（如收音机、电视、电影、报纸、杂志以及户外挡板）的方式发布非个人化的信息。

● 间接营销，它覆盖了多种不同的信息发布渠道，其中包括宣传小册子、包装、销售规划材料、配送交通工具上的企业理念/信息、服务供应商与客户发生联系的办公区域的布局以及全体员工所穿着的公司服装。

● 直接促销，开发出先进的技术，建立起技术内容日趋增多的服务公文包，以同单个客户进行互动（如邮件攻势、电话促销、电子邮件、传真、声音邮件以及互联网主页）。

● 零售，它涉及市场渠道内客户与生产商的销售代表（和/或中间商的销售代表）之间所进行的一对一的个人化互动。

● 公共关系和公众形象展示，它是由范围广泛的多种活动所组成，这些活动主要设计为推广企业形象和/或推销企业所生产的产品（如在贸易杂志上刊载一篇有关企业的专门文章，资助一项诸如环球游艇大赛之类的大众运动）。

● 销售额促销，这一行为就是为客户提供一些临时性的附加值销售（如下次购买本商品的优惠券，参与那些能赢得海外

179

假日游机会的竞赛活动）。

知识供应在实施促销战的过程中发挥着至关重要的作用，学术界为此进行了广泛的研究，试图揭示营销行为到底如何才能影响到客户的态度和价值观念。此类的大量研究都集中在广告的有效性之上，然而得出的结论同样地能运用到诸如零售和公共关系等其他领域。

诸多事物中引起研究者关心的一件事是，促销战中所涉及的产品在何种程度上影响客户对促销战的反应。休斯顿等人（Houston et al.，1987）认为其中包含有三种类型：

1. 产品内涵，它影响着客户的优先购买行为和消费体验，而这些优先购买和消费体验是建立在他们各自不同的需求和价值观基础之上；

2. 情势内涵，它关注个体客户在实施购买行为的每一个阶段所表现出来的具体行为和举止；

3. 反应内涵，它是指信息对客户的说服力程度。

芒其和亨特（Munch and Hunt，1984）认为，反应内涵是决定促销信息是否有效的非常重要的变量。他们认为，"在特殊的情势下，刺激物能够引起能为人们所识别的个人重要性和/或个人兴趣，内涵就是这些个人重要性和个人兴趣的标准。"从这一定义出发，我们能够概括出，在低内涵商品的情况下（如决定购买诸如茶叶或咖啡之类的日常家用品之时），客户将非常迅速地推进到如图9—1所示的问题解决模型的类别之中。然而，对于多次使用的产品，随着时间的推移，它们将会唤醒消费者不同类型的记忆，而这些记忆将建立起最终可能影响未来购买类型的不同感情来。长时期建立起来的很多品牌，如麦斯威尔咖啡和凯洛格脆玉米片，都意识到使用促销手段的重要性，因为促销能强化由经常使用该公司的产品而带来的长久的记忆模式。它们通过使用一个恒久不变的营销战略维持着多年来

180

的成功，这一战略建基于对客户重申他们早已熟知的品牌知识，从而实现与传统信息的沟通，其实施的主要方式是通过诸如电视广告之类的大众营销渠道发布信息，以保持客户对本公司产品的忠诚度。

还有一些研究者感到，企业应充分认识由促销活动而带来的客户在认知和情感方面的反应，这也非常重要。例如，索尔森和弗里斯丹特（Thorson and Friestadt，1989）坚持认为，由促销信息所引起的客户情感将"成为客户购买行为的前提条件"，因而它会影响到客户继之而来的购买决定。在整个 20 世纪 80 年代，情感内容的结果导致了一个新的思想流派的出现，他们坚信，无论客户发现处在营销信息中的知识内容是他们喜欢的还是不喜欢的，这都将影响着客户的购买态度。布朗和斯特曼（Brown and Stayman，1992）的研究表明，客户不仅会受到企业广告的显著影响，而且企业的广告还会直接影响客户对企业品牌的认同。

在评估客户对供应商所供应的知识有何潜在反应时，一些研究人员还感到，充分认识客户的个性对营销行为的影响，这也是非常必要的。威尔逊（Wilson，1973）将个性界定为"行为举止的综合积淀"，这同他描述的"对于外部世界诸事物的观点"形成鲜明对照。他进一步主张个性是一种连续统一体，在一个极端上，它引领着客户追求生活的连续性，选购那些为他们所熟知的、舒适的和可靠的商品。在另一个极端，它促使着客户始终追求新的和异样的商品体验。福克塞尔和高史密斯（Foxall and Goldsmith，1994）得出结论，后面一种情形的客户更有可能地对那种冒险型的（非传统型的）营销行为做出回应，因为他们都是思想活跃的人，他们能够忍受更高层级的含糊状态，有着强烈的自尊心以及追求新知识的积极态度。

在计划某一营销活动时，大多数企业倾向于沿袭那种业界当前流行的知识供应的传统做法。然而，因循这种理念的做法将面临两大潜在的问题。第一，假如一个或多个竞争对手决定采取进攻型战略，并增加营销资金的投入，这时传统的企业会很典型地被迫提升营销行为的等级，以免失去现有的市场份额。第二，规模较小的企业很少有如同大企业所要求的资金量来支撑同等规模的营销开支，因此他们将发现，进一步增长其市场份额将非常困难。

假如给予企业以如下传统型的反馈信息，那么对于某一企业而言，采取一个更为冒险的营销战略或许也是一项不错的选择。四大可行的选项是：

1. 对完全崭新的目标客户群发布知识。
2. 找出一种可以替换的知识发布方法。
3. 识别出知识使用的新方法以引导购买流程。
4. 在市场体系中找出管理知识供应流的非传统方法来。

181

迈向知识型营销

内容有限的传统型营销，一个潜在的问题就是它很容易被竞争对手所复制。为了回应这种威胁，一些公司诉诸客户优势，倡导开展公共关系活动（Vandermerwe，2000）。采纳客户集中战略后，假如企业所供应的营销知识能切实反映其建立长期客户关系的愿望，此类营销就能取得成功。

百特（Baxter Renal UK）英国制药公司能为我们提供一个战略重新配置后的知识供应营销方法的例子。这家公司决定，其营销战略将从一个透析袋的生产商转变为一个透析患者的看护人。为了实现这一目标，该公司进行了大量的市场研究，然后才认识到，需要为患者提供更为广泛的教育培训。于是，该公司创立了一个名为 kidneywise.com 的网站，并以之来推广产品知识，增强患者对产品的理解，此外，患者还可以通过移动诊断中心以及普通从业者的研讨项目来获得咨询服务。该公司还意识到，很多患者选择医院治疗而不选择家庭治疗，其原因在于他们缺乏做出优化选择所应有的知识。百特英国公司的应对措施是建立很多前透析诊所，使诊所中的教育专家能带领患者克服那些与应用于患者治疗方案所相关的一切困难。在患者被实施了透析之后，该公司还为患者提供治疗方案的指导以及生活方式的建议。该公司还通过全天候技术和诊疗指导服务为患者提供实时指导，患者只要通过电话或网络就能够与该公司取得联系。公司还开发了远程医学设备，这些设备通过网络监控就能捕获到那些在家中治疗但又分散在各地的患者在护理项目方面的信息。

20 世纪 80 年代后期的 IBM 公司，在识别那些采纳知识供应战略的好处这方面，为我们提供了一个失败的案例。该公司极力关注使用传统的营销战略以促使个人电脑和主板业务量的最大化，同时让市场对诸如咨询商和附加值转售商（VARs）之类的知识供应商全面开放。当路易斯·郭士纳（Louis Gerstner）被任命为 IBM 的新总裁时，他立即意识到长期坚持此种业务所面临的危险。通过修订了被称为是"新蓝"的公司理念，IBM 公司重新定位为 IT 知识的顾问，同时这些能力也成为所有主流营销战略的基础，其结果就是现在的 IBM 仍然成为全球最大的 IT 知识服务供应商。

供应更多的知识

美国娱乐设备公司是一家户外运动商品零售商。该公司甚至在互联网到来之前就已经创立了商品目录业务，并以之作为提高客户知识水平的手段（Kemp，2001）。该公司还是电子通讯开发的早期受益者和实践者。

该公司还将互联网的到来视作向客户提供更多人性化产品的大好机会，而这些人性化产品则主要建立于客户的不同趣味和不同娱乐需要之上。对于该公司而言，随之而来的是创建一个既能服务于在线操作又能服务于离线操作的公用数据库。再次，就是在所有的商店内设立网络广告亭，以帮助客户更快速地找到满足他们个人需要的产品。

美国娱乐设备公司还是一个合作性企业，这意味着客户能成为该公司业务的一分子，他们每年都能因其购买行为而获得该公司的红利。通过追踪各成员的在线和离线购买的行为，该公司能对客户的消费习惯以及产品喜好有更深的理解。跨渠道方法的使用则表明，客户化营销活动的开展将会导致客户购买频率的提高。

营销与产品的生命周期

当客户借助于长时间的产品使用而获得有关产品知识的时候，同价格关联日趋重要的是客户的行为特征，这也意味着营销的作用将会依照产品在生命周期曲线中所处位置的不同而发生相应的变化（Wasson，1978）。正如表 9—1 所示，在产品生命周期的早期阶段，普通的营销行为主要是把新产品的信息告知客户，从而建立起客户对企业产品的理解。当产品进入到成长阶段时，尽管企业仍旧借助于产品试验的方式教育潜在客户，但现行的营销手段还有着并行协作的功效，即运用知识推动客户的再次购买。在产品的整个生命周期内，成熟期无疑是竞争最激烈的时期，营销的行为则应非常注重保护自己的产品免受竞争对手的威胁。这将对营销战略的知识供应提出更为严格的要求，即企业应该注重他们对客户所做出的承诺在本质上必须超过竞争对手。一旦产品进入衰退阶段，价格通常会成为影响需求的主导因素，因此经由营销行为的知识供应应大大削减。

营销额的促销是一种为客户提供临时超值服务而专门设计的营销行为。营销额促销的实例有价格包、免费产品、优惠券以及小竞赛。营销额促销在根本上就是产品价格战略的一项辅助手段，并作为同客户进行产品信息沟通的一种经常性的机制。在很多情况下，价格因素在产品的整个生命周期内都是客户购买行为进一步推进的主要影响因素。因此，正如表 9—1 所示，销售额的营销行为真正开始去主导营销组合是产品生命周期后成熟阶段和衰退阶段的事。

183 **表 9—1**　　　　　　**营销组合与电子产品的生命周期**

	产品引进阶段	产品成长阶段	产品成熟阶段	产品衰落阶段
在线销售额	低	增长	最大	滑落
在线销售目标	试验和产品意识	继续试验和鼓动重复购买	通过保住市场份额而追求销售额的最大化	维持所要求的销售额
产品战略	提出基本产品主张	通过生产线的扩大而增加产品种类	最大化地选用适销对路的产品类型	削减生产线的规模
价格战略	价格的确定以符合创新者的价值期望为目标	价格的确定以增加市场穿透力为目标	价格的确定以支撑选定的产品定位为目标	降价以保持一定的销售额
普通的营销战略	教育潜在客户和建立市场意识	扩张意识和利用双倍知识大战促进重复购买	宣传产品优势	降低到最低水平以保持忠诚度
销售额营销战略	激励试验	鼓动重复购买	运用销售额营销战略以对抗竞争对手的行为和价格竞争	运用销售额营销战略以取代降价行为
流通战略	有选择性地进行，严格限制全面性的服务市场	进入新的市场扩张市场覆盖率	采取行动使市场覆盖率达到最大化	返回到有选择性的流通战略

184　　　　营销就是将企业产品或服务的知识编码成信息发布给客户（Crowley and Hower，1994）。信息发布以后，来自于客户的反馈信

息可能有两种情况。第一种情况，在很多场合下，客户做出产品购买决定和/或继续使用产品的地方就是客户要求有高层级知识的地方，当客户追求从供应商那里获取更多的数据信息时，这种情况更为普遍。不过，第二种情况，客户做出产品购买决定和/或继续使用产品的地方是仅仅要求低层级知识的地方，客户并不试图从供应商那里获取更多的数据信息。当相互沟通可能是最为有效的交流方式时，在先于电话服务中心和互联网到来之前，供应商将极有可能牢牢地依靠自己的销售队伍以发布大多数的营销信息。

令人遗憾的是，零售方式可能是企业对市场发布信息、与客户进行接触的最为昂贵的销售方式（Anderson，1994）。因此，尽管很多企业在营销组合中都愿意拥有一支庞大的销售队伍，但是这种做法仅仅对那些单位客户销售量很高的市场企业的营销成本才有效率。所以，人们可以发现在业界市场中存有零售主导营销组合的情况，但它终将为单位客户低成本的发布系统所取代，这些系统将广告发布在：（1）那些单位客户购买商品时企业营销成本很低（例如，打印油墨或文件夹子之类的办公用品的供应）的业界市场；（2）客户商品消费密集的地方。甚至在业界市场中，企业也需要不断地找出新方法，以减少对客户知识发布的营销成本。因此，营销计划必须视为一个动态的发展过程，这一过程还必须不断地进行调整以适应变化着的市场环境。

技术与营销流程

信息技术的早期运用常常导致企业管理流程的自动化，服务行业的企业尤其如此。近来，越来越多的企业认为，信息技术能够帮助企业把知识员工的复杂任务加以信息化和自动化。这种类型的营销创新方式，曾率先出现在企业的营销领域，在企业对客户发布知识的过程中曾发挥过重要的作用（Sviokla，1996）。研究人员曾考察过保险公司如何与一个专门系统进行合作这一问题，这一系统以向

185 客户提供知识服务而为人所熟知。

人物概评软件是一个捕获客户信息数据的软件平台，这些数据包括客户所在地、经济状况以及个人环境等。专门的软件系统继而就运用这些数据材料建立起对客户投保需求方面的总体印象，向客户推荐应如何制定个人理财计划。该软件的开发者还认为，那些采用了该软件的企业将会认识到，为客户提供更多知识的企业，其销售运作将会由业务型转向关系型。此种转型被视为是提高客户忠诚度的必然结果。大多数保险公司都倾向于向客户出售单一品种的保险产品，并不为获取对客户需求的真正理解而强调知识的交流，这一事实在人物概评软件到来之前，常常表现为仅仅借助于销售人员的展示而开展业务。

研究人员对四大保险公司进行了考察，它们分别是路德兰兄弟会（Lutheran Brotherhood），国宏互惠保险公司（National Mutual），皇家太阳联合保险公司（Sun Alliance）和 Prudential 公司。Prudential 公司采用的方法是扩大它们的员工在知识供应中的作用，进而要求对企业的销售流程进行完全地重构。该公司为自己的销售队伍提供资源，并雇用助手打理日复一日的琐碎事务，如接电话、定约会以及处理日常行政事务等。皇家太阳联合保险公司感到，他们的软件在销售流程的结构方面无需做出整体性的修改。不过，在销售人员的技能和文化方面，他们认为需要彻底改观。因此，该公司重要的资源都被放置在促使销售队伍转变成知识员工和高级管理人员之上，让销售人员说服客户去关注公司销售行为的转变，即由"决策型"销售方式转向与客户一道创立"咨询关系"的销售方式。

营销行为面临根本变化的上述两大公司，他们对营销的态度同路德兰兄弟会和国宏互惠保险公司两大公司的境况形成鲜明的对照。

在这些企业内，人物概评软件被认为是使用计算机新工具支持销售队伍执行当前任务的一种非常有趣的营销方式。因此，最少量的资源被配置于改进销售队伍的售卖实践。

四大保险公司在战略实施上的差异，可以通过人物概评软件的最终评估中反映出来。在路德兰兄弟会和国宏互惠保险公司两大公司中，销售人员并未感觉到上述软件在企业的知识供应方面发生了功能性的转变。销售技巧实际上并未发生变化，倒是新技术的运用对现有的营销行为起到了推动作用。此种结论与皇家太阳联合保险公司和 Prudential 两大公司所得出的结论形成强烈的对照。无论是管理队伍还是销售队伍，后两家公司都认为，人物概评软件的使用为企业提供了一个全面改变销售功能的绝好机会，从销售政策到人才政策都是如此，企业可以借助于这一机会将专业知识人员改造成为客户提供高质量理财建议的销售人员。因此，后面的两大公司视人物概评软件为一种中介和桥梁，通过这种中介和桥梁，企业可以更有效地实施知识供应，从而获取新的竞争优势。

创建在线品牌

186

像微软公司、英特尔公司和太阳公司这样的 IT 企业，很早就认识到电子商务世界中树立强大的品牌认同感能带来的巨大好处。纳卡册（Nakache，1998）提议，为客户提供知识要求有四个基本的步骤，它能在短时期内把一个公司从无人知晓变为妇孺皆知。第一步，也可能是最重要的一步，就是把产品当作礼物分发给尽量多的客户。美国在线就是派送业务方面的巨商，其名字曾广泛地出现在诸如早餐麦片包装袋、飞行途中的餐碟以及音乐 CD 之类的地方。

第二步是为促进知识交流而针对潜在的竞争对手发起一场很有冲击力的公关大战。太阳公司就是使用这一方法在客户中建立起对它们拳头产品 Java 的全球意识。在很多情况下，他们开发出令微软感到非常头疼的新技术来，并以之作为平台，宣称选择 Java 就是防备微软垄断网络空间。

第三步，增强互联网的功能，扩大知识发布，使企业同客户建立牢固紧密的联系。亚马逊网站使用配对工具技术对那些被图书新标题所吸引的客户自动发布知识，在这一方面真不愧为是业界老大。在实施这一知识供应方法的同时，第四步就是与客户进行沟通，让客户知道本公司是由充满了爱和快乐的人所组成的公司，那些充满了爱和快乐的人愿意与其客户共享自在生活的体验。太阳公司的 Java 团队就是这一方法实施的领头羊，他们设计了"Duke"，一种半像企鹅半像牙齿的 Java 吉祥物，并以此来解释其团队精神，即"奋力确保每个人的互联网安全"。在网络空间中，另一个拥有快乐积极企业形象的公司是雅虎公司，该公司的企业形象主要是通过杨致远和大卫·费洛（David Filo）的黄金搭档而被形象地表现出来。

互联网与通讯

互联网时代的到来为营销管理的过程增加了一些新的方法。作为一种媒介的互联网技术，它兼有广播与出版两种媒介的特征，为此，它必将大大便利知识的双向交流。伯松（Berthon，1996）曾建议，互联网可以被看作是社区跳蚤市场与电子贸易完美的交叉结合。与此同时，互联网贸易也面临了与传统贸易或跳蚤市场所展示出来的相同困境，即企业所供应的知识如何实现将客户从网站浏览者转变为商品客户。

梁等人（Leong et al.，1998）为我们提供了一个颇为不同的视角，他们在分析了大量实例之后又利用邮件调查的方式得出了这样的看法，即与其他媒介相比，互联网在很多地方会更适宜于澳大利亚的营销开拓者。他们的结论是，很多开拓者认为互联网与直接邮件甚为相似，因为在开发的早期阶段，很多网站发布的知识从根本上而言都是通过在线商品目录的方式而得以实现。与直接邮件相似的是，互联网具有那种促使网站访问者将浏览付诸购买行为的能力。互联网的优势表现为在万维网上发布的知识信息，其抵达目标市场所需的成本要比直接邮件的成本低得多。

187

大多数营销开拓者并不将互联网视为其他媒介的替代者。他们反而更倾向于通过电视或杂志的广告频道来执行其知识供应计划。进而言之，很多回应者采取如下方法，将互联网添加到那些他们认为是最佳频道组合的方案中，这一方案能为企业专门营销战略目标的实现提供运营成本方面的最为有效的解决方案。

伯松（Berthon，1996）为我们提供了另一个视角，他将互联网视为零售方式与广播广告的结合。他认为，互联网的使用能产生如下意识：它消极地提供知识，展示商品，与此同时假如客户有要求，还能支持知识交换的双向互动。接受这一视角则涉及了客户购买的行为模型，在这一模型中，企业使用互联网技术将客户带向最终做出购买决定的阶段。而这一阶段的活动将从吸引网站访问者开始。随着客户首次访问的出现，继之而起的是企业必须同那些感兴趣的个人客户加强联系，使他们中的一些转变为自己的真正客户，从而增强购买/售后阶段产品供应商与客户之间的销售联系。

麦克卢汉（McLuhan，2000）感到，很多广告公司在营销组合内仍在努力使用互联网这一有效的营销手段。由于很多企业尚未开发它们的互联网战略，以使互联网战略能够较之于竞争对手更能凸现自己的承诺或者建立起长期的网络在线关系，所以大多数客户在寻找可能最低价格的商品时摇摆于不同的网站之间。在美国，几乎80％的在线购物者曾承认，致使他们再次访问某一网站的主要动机在于价格。为了解决这一问题，麦克卢汉相信，广告公司必须发展在线知识供应，以更为有效地吸引客户购买那些更具个性化的商品。这种目标有时能够通过使用互联网为特殊客户群提供专门知识而得以实现。

斯特劳佛（Stauffer，1999）坚持认为，在线营销的到来意味着企业需要重新审视自己的销售队伍战略，对那些需要修改的地方进行适当的调整。他认为，电子商务的到来促生了两种商品目录的出现。第一种目录是商品销售额目录。在这一阵营内，产品和服务在本质上是同样的，这意味着购买行为的决定主要是建基于价格之上。假如寻求某些商品的客户借助于互联网获取价格信息的话，那么，斯特劳佛感到，企业真的很少需要用销售人员作为发布产品知识的渠道了。第二种是产品或服务目录，它们是相当复杂的，客户经常需要进行一对一的互动讨论才能获取支撑他们做出购买决定而所需要的详尽知识（例如，先进的机械工具，复杂的规范部件）。客户将能使用互联网获得商品比较方面的信息。因此，企业将不再要求销售人员为客户提供他们选用的产品相对价值方面的基本数据服务。取而代之的是，销售人员的作用逐渐充当了知识供应商的功能，帮助和引导客户做出理想化的选购决定，以满足他们各自特殊的需要。斯特劳佛认为，这种新的售卖导向模式将要求：（1）销售人员必须有深厚的产品知识积累；（2）销售企业中的任何成员都必须能为客户提供学习服务；（3）每个员工都要能完全熟练地使用多媒体方法。

在线知识供应

互联网的使用为企业的营销战扩大了知识供应，最早意识到这一机会的是美国的银行业（Weinstein，2000）。传统媒介，像电视或杂志广告，对于发布在单一广告中的信息量的要求非常严格。一旦企业诉诸网络这一限制将不复存在。

多年来，美国的银行业知道，假如能同儿童联系上，这些群体相应地成为新客户源的可能性将大大地提高。很多银行在为成年客户创建业务服务网站外，还建立针对儿童的网站。而这些网站主要集中为儿童提供知识性的教育项目，旨在发展他们对如何管理个人财物的基本观念。波士顿港湾财务公司就建立了伙计港湾网站（www. fleetkids. com），该网站为儿童提供理财目标的确立、储蓄以及财务预算等方面的知识。该网站将这些与儿童沟通的技巧通过计算机在线游戏的方式体现出来。首要联盟公司（www. firstunion. com）也有一个同样的网站，它为儿童提供储蓄计算器、预算游戏和预算工具，帮助儿童提高理财能力。

任何新媒体形式的出现，企业都要预先花费很多时间才能获取有关方面操作的经验，营销人员必须详尽地了解如何利用新促销渠道对客户发布知识以获得最优化的企业利润。直到近来，窄带宽的互联网意味着企业所发布的广告须局限于文本和图表之类简单的东西。现在的"多媒体技术"在上述方面取得了巨大的进步。这使得广告商能把高级图表、声音以及互动能力结合起来，增加企业产品的知识供应量（Reed，1999）。例如，企业还能借助于网络升级技术而为客户提供企业产品生产线的视频片断。

随着时间的推移，我们完全能够想象，未来技术的进步将促使互联网广告在内容和诉求力方面均会发生巨大的变化。事实上，当前的技术条件就能够使网站访问者在购买商品之前完全"体验"企业的商品。企业也能够将它们的广告客户化，发布那些计划中的知识，以满足个别客户的不同需求。搜信公司（Infoseek）所释放的过度匹配技术，已经为识别最有可能对其广告做出反应的互联网使用者提供了可能。该系统利用神经网络技术，观察网上冲浪者搜寻信息时的在线行为。过度匹配技术已完全弄清到底是哪些人会对哪些广告做出反应，因此，它能帮助广告商选择出被认为是目标群体的互联网使用者（Cartellieri et al.，1997）。

时下出现了更为有效的客户—供应商之间的电子会面技术，与

189

此同时，企业也意识到，其智力资本能通过对客户提供个性化的知识供应，为加强营销流程创造基础。这种进步成为可能的条件是，开发出大量的相关数据库以支撑对客户提供超值服务（Hu et al.，1998）。以数据开采而著称的营销方法就能使我们从很多公司的信息源中提取和确认数据。其中，技术的使用包括技术群集、分类、价值预测、相关发现、后续模式发现以及时间秩序发现等。

胡（Hu）等人在他们的文章中，利用了一个研究案例阐释了挖掘知识矿藏如何能促进客户支持知识供应的营销原理。其例证企业是一家有着大约20种办公产品的生产企业，它的产品通过多种渠道销售到10 000多个客户。在大众市场运作中，企业按照知识需求的不同将客户拆分成许多明显不同的类目，继而借助于这些类目，利用实地媒介和电子媒介向客户提供目标性的营销活动。在这些大众市场中，企业主要依靠的是销售人员，具体的做法是：企业向特殊客户提供客户化售卖信息，并详尽地引导员工如何使用这些信息。此外，企业还为销售团队提供客户订货模式、企业采购以及业务决策等相关信息，这些信息还对客户有着特别的好处。

有效地存储知识以支持知识宝藏的挖掘，这一行为就是著名的数据储存原理。正如帕尔晶格和弗洛里克（Parzinger and Frolick，2001）所指出的，数据储存并未创造价值。创造性的价值主要来自于企业利用知识推动客户交流的营销行为。这是由于营销行为中的客户化信息能满足单个客户不同的知识需求。知识仓储显然能为那些涉及高强度业务市场的企业带来好处。因此，在线企业能使用知识仓储去分析客户的购买模式，继而向他们发送个性化产品的营销信息，以引起客户的兴趣。同样，在实地环境中，银行能迅速地分析出客户购买行为的不同模式，继而细心地建立起目标营销计划，吸引那些特别类型的客户，并为他们提供超值的服务。

有些企业也认识到，知识存储能对知识供应链中的其他成员带来有用的信息，尤其当其他成员正计划未来营销战的时候。例如，

190

沃尔玛公司就采用了这一经营理念，同来自 2 800 家商店的 4 000 多家公司自由地共享销售数据。

捕获、储存和开发不同领域中的相关数据库，优化超值服务信息的发布，对这一完整过程的描述现在通常都会提及到 CRM（客户关系管理）。索沃斯基（Sowalski，2001）介绍了一些在美国保险行业运作中的 CRM 高效管理方面的指导原则。他建议，企业需要全盘考虑事情，为客户供应知识，整合所有可供利用的技术资源。因此，企业的电话服务中心需要被转变成多媒体互动界面，这一界面既使用老技术（如传真、电话），又使用新技术（如声音互动回应、语音识别、互联网回调以及互联网现场讨论），使其能为客户提供范围广泛的沟通服务。

与此同时，物流系统也需要被重新配置，目的在于建立起全方位 360 度的 CRM 系统。这一目标可以借助于充分利用数据库来加以实现，该系统能为企业和客户提供诸如个性化描述和新的销售机会的自动识别等交流服务。为了开拓出最优化全方位 360 度的 CRM 系统，企业需要为销售人员和中间商提供销售自动化和工作流管理方面的工具。依照这种方式，企业与客户间的知识互动能够在不同的营销方式中同步进行，同时，与客户的密切接触也将为企业带来理想的客户反馈信息。

此种系统的核心就在于它将数据库和自动决策系统整合起来。该系统能增强企业挖掘知识宝藏的能力，帮助员工最好地服务客户。在任何情况下，这些系统都应该与结盟企业或企业中间商相连接。假如企业希望使用更多的营销渠道对更多的客户发布知识信息，那么，企业就必须同结盟企业或中间商连接数据库，这一做法非常重要。

开拓市场新机会

联合包裹服务公司（UPS）是互联网时代的早期受益者之一，因为该公司很多在线流程都是以第三方为供应商，让第三方对那些卖给在线客户的产品实行配送管理（Violino，2000）。该公司迅速意识到客户渴望享有跟踪所有包裹的便利服务，知晓他们的包裹从装运到最终投递的全部信息。因此，该公司创建了一个软件系统，使客户借助于这一系统通过互联网就能了解包裹运输全过程的有关信息。

公司获取了在客户后勤服务方面的知识后，很快就认识到，此种知识能促使其投放一项旨在优化产品供应链系统的新服务。利用这些知识，该公司减少了对福特汽车这样一些主要客户的服务手续，如账单开具、账户确认、存货管理以及仓库储存等。只要一有可能，公司在任何地方都愿意与软件供应商，如甲骨文公司，开展合作，创建新系统，以整合客户内部的现有数据库管理方面的各种行为。

一旦特殊行业内新知识出现，它将会为 UPS 公司对行业内部提供量身定做的物流服务带来可能，从而为行业内部的制造商和分销商提供产品供应链的重构服务、运输网络管理服务以及部件物流管理服务等。此外，它还可以为 UPS 公司数码文件的传输提供机会。尽管使用 UPS 文件交换器的客户，完全能够回避对纸质文件的需求而代之以网上直接下载，但对于账户信息和法律文件仍然需要从 UPS 服务商的直接投递才能得到。

UPS 公司还意识到，电子商务为金融服务也将带来新机会。他们还创建了一家 UPS 公司全资的子公司，为客户提供诸如资金电子转账和账户确认集成等方面的服务。因此，它引导着公司成为电子商务交易的金融卫士。UPS 公司之所以进入这一市场，其原因在于它知道包裹会什么时候被投递，客户的支付是否已进入供应商的账户，而在这些方面该公司享有独一无二的地位。

在线社区

传统的快速消费品品牌借助于大众销售的促销渠道为客户提供源源不断的知识交流，企业就是通过这种方式来管理他们的营销关系的。结果，在寻找不同方式以开启互联网使用潜能和扩张知识供应这一过程中，这些大众销售运作遇上了很大的麻烦。对于几大主要的品牌企业而言，有一种受普遍欢迎的解决办法似乎正在出现，即努力创造一些由客户所组成的网上在线社区（McWilliam，2000）。企业通过赞助的方式来组建网上聊天室，具体做法是为自己企业的网站聊天室提供赞助，或者是为像美国在线这样的更为大众化的网站提供赞助获得一定的网络空间以建立网上聊天室。

营销人员必须小心从事，确保其客户不会认为网络社区的赞助商试图控制正在出现的互动对话。可是，市场参与者还发现，他们还可以为在线聊天牵线搭桥以及雇用非隶属的网站版主而引导在线讨论，从而创立起一些品牌网站。在这种品牌网站中，参与者也能成为知识的获取者，同时还可以帮助企业建立起更为牢固的品牌—客户关系。

赞助在线社区的做法在 B2B 市场中已经为企业的营销带来了很好的效果。例如，爱思唯尔科学集团公司（Elsevier）就已建立了一个生物医药网站，实际上就是一个服务于生物和医药人员的网上虚拟社区。这一网站开设专门栏目，为专家团体的讨论提供服务，其中包括：定期的专题论坛，医学文献的联机分析，数据库检索系统，工作交流以及每日时事通讯等。通过创立此种知识性社区，公司发现，借助于公司的在线书店以及向其他广告商出售电子邮件清单，可以获得可观的销售佣金。

在英国，里德人才服务公司斥资创立了红色海港网站（www.

192

redmole. co. uk)，以吸引大学生的注意。这一虚拟社区的使用者能自由进入里德人才服务公司所拥有的毕业生招聘数据库以及当前英国大学课程方面的相关信息。学生们还可以使用社区布告栏，张贴寻找课程论文助手的帖子。借助于运行的 Mole 系统，学生们可以找寻到业余兼职和假期工作的机会。

那些采纳虚拟社区途径提供营销知识的企业，需要真正认识到，客户只会对一些产品而不是其他东西更感兴趣。因此，机械工具制造商博施公司就发现，吸引生意人光顾其网站，让他们在自己的网站中找到解决问题所需要的信息和交换物，完成这项任务相对而言较为容易。同样，美国的宾得（Pentax）网站有着一个非常活跃的摄影发烧友社区，他们交换着包括摄影和摄影设备在内的所有信息。另一方面，消费品生产企业常能发现，他们的产品不能提供核心利润以满足于建立一个虚拟社区。在这种情况下，企业可能需要建立一个交往代用机制。加拿大 Molson 啤酒通过赞助一家冰上曲棍球迷的网站而成功实现这一目标。强生公司（Johnson & Johnson）的成功做法是创立了一个名为"你的宝贝"的网站，在这一网站中，妈妈们可以自由交换有关抚养儿童的观点、意见和建议。

由于消费品生产企业感到它们不能创立和引导自己的网上虚拟社区，所以同现有的在线社区进行连接或许会产生别样的机会，而这种现有的社区必须是已拥有了大批非常活跃的高级会员。起初，企业应该找出那些近几年开办的电子出版物，然后与他们结成联盟（Dysart，2001）。有这样的一个例子，加拿大退休人员协会（www. fifty-plus. net）借助于一家电子邮件公司发行由他们制作的一种时事通讯杂志。该组织拥有 70 000 多个会员，能为推销健康、金融和旅游产品的公司提供促销服务的客户信息基础。

另一个例子是由国际计算机人公司（www. computist. com）所提供的，该公司位于加利福尼亚州的帕洛阿图市。该公司发行一种时事通讯杂志，同时建立了一家网站，该网站的档案文件系统能为会员提供查询服务。在这种情况下，该网站引起了很多企业的兴趣，他们希望在该网站中找到那些由对计算机和软件特别感兴趣的个人所组成的网上社区的相关信息。同样的机会也存在于B2B市场，因为很多贸易协会也建立了在线社区。此种社区的会员意味着，那些网上信息的读者将有着非常明显的兴趣，他们代表了某一既定的目标受众，从而能帮助企业更好地开展知识促销大战。

193

电子方式的内部营销

在任何营销战略中，一个关键的目标是确保所有形式的交流都是连续的，确保所告知的信息能支持企业形象或品牌形象的建立。而企业内部互联网的出现为帮助上述目标的实现提供了尤为有效的手段（*Business Week*，2001a）。西门子德国公司所建立的共享网络系统就为这种方法提供了范例。该系统创建一个虚拟社区，从而把该公司12 000多名销售人员连接在一起。自1999年投入运行以来，该系统在知识共享方面所具有的价值被证明是无可估量的，它促使着企业的销售人员不断地加强同客户间的互动联系。例如，共享网络的使用让企业签下了一个300万美元的大合同——为马来西亚电信公司建造宽带网络。国内作业的销售人员缺乏开发这种合同的专门技能，但通过企业内的共享网络，在丹麦的销售人员借助于共享适当的知识，也成功地竞标相近的合同。在西门子瑞士公司，其所赢得的合同数额甚至高出竞争对手30％之多。在后面的那种情况中，荷兰的销售人员为所有人员提供企业的技术数据，从而牢固地树立了西门子产品具有更高设备可靠性这一良好形象。当前，西门子公司正考虑利用企业内的共享网络为客户提供最大范围的技术数据库服务。

施乐公司为我们展示了共享网络系统优越性的相近看法（Wah，

1999)。该公司设立了 Eureka 系统，这是一种"社交战术系统"，它将公司服务领域内的 25 000 多个代理人所具有的全部知识集结起来，并建立连接。这一系统的目标是说服技术员工共同共享那些在为客户机器修理和服务所习得的全部经验。据估算，此种知识交换为该公司每年节约 5% 的零件和劳力。公司要求服务员工月接近系统率要达到 5 000 人次，新技巧大致在每 1 000 个服务电话中就会产生一个。尽管该软件是在美国被发明的，但施乐公司有着全球性的业务。因此，施乐公司将软件支持联成一体，翻译成 Eureka 系统，从而使技术员工能够以各自的母语输入和阅读各种技术信息。引进内部电子促销平台，建立知识社区，就当前的企业而言，是一项成本低廉的任务。所以，企业应该认识到，他们在此项投资上实际收益颇丰。在讨论这一话题时，达文波特和柯拉尔（Davenport and Klahr, 1998）认为，内部知识共享能带来以下好处：

194

1. 改进客户问题技术和非技术解决方案的服务质量。

2. 确保所发布的服务承诺具有更大的连续性。

3. 在客户首次联系时，提高一线员工解决客户问题的频率。

4. 减少同解决客户问题相关的运营成本。

5. 降低客户技术呼叫而必须诉诸技术员工的操作频率。

6. 减少实地服务的需要，而尽量让客户访问公司网站。

为了开拓出企业内部的高效率的知识共享系统，企业需要努力建立网络运作的社区。欧文斯和汤普森（Owens and Thompson, 2001）研究了美国的保险企业圣保罗公司，该公司在开发社区的过程中进行了重点的引导。该公司意识到需要实施内部社区的分层，其目的在于加强遍及世界 19 个国家的营销运作的联合和扩大。为了梳理社区层次，该公司创立了一个著名的圣保罗大学伞状系统，为员工培训提供网上教室和在线支持。这一系统的核心要素仅在于一个网站和一些易上手的网络工具。社区通常建立于单一工作群体所专注的特殊的功能性任务之上。在那里，创新所要求的技能来自于整个企业，继而虚拟的多学科项目小组即告形成。除此之外，该大学努力推动社区的实践，在这些社区中，具有共同兴趣的人们自愿地集结到一起共同解决某一既定的业务问题。为了支持所有这些社区，该公司创立了一个由来自全世界各地不同专家组成的专家研究中心。

经验表明，每一个社区必须指定一个版主以引导讨论活动和为讨论活动提供便利。对于企业而言，成功的虚拟社区运作必须统摄于一个明确的商务目标。在一个社区内，参与者需有权修改或重新设计他们各自的工作经历。同时，有必要培养社区内的信任，确保每一个社区的发展都有真实身份感。不同社区之间连接与否，应该以知识共享最大化为目标。在解决问题的过程中，争取时间才是根本，所以必须授权社区能够从企业之外的某个地方解决问题，而那些来自企业之外的东西同时又被认为是解决问题的最有价值的有效方法。

企业开发内部虚拟社区，其目的在于共享数据以支持与客户交流的行为。这些企业可能会认识到，虚拟社区仅仅是充分利用企业内部的专业知识。在这种情况下，对未达到最佳标准的营销方案进行开发可能存有一定的风险，因为这些方案在确保与客户进行有效沟通这一方面并不充分（Brailsford，2001）。对于企业而言，有一种趋势就是找出这么一种方案来，它能够通过多种途径说服客户加入到企业内部的虚拟社区。采取这一运作理念的企业有美国的贺卡制造商 Hallmark 公司。该企业在建立了用于促使知识共享的内部系统后，2000 年当年就招募了一个由大约 150 名客户组成的销售团队。这些人中大约有一半是 Hallmark 公司的客户，其余的由于他们未曾购买过 Hallmark 公司的产品，所以他们都得经过遴选才能被招聘进来。那个新建立的叫做 Hallmark 意见交流平台的虚拟社区，借助于该公司网站实现互动，同时，所有的参与者承诺每周至少在线一小时。同 Hallmark 公司的员工进行互动可以通过社区公告栏、在线聊

195

天室以及电子邮件联络等方式得以实现。网站还建有图书馆，社区成员能够自由地张贴那种他们认为会吸引他人兴趣的文章或其他材料。另有一个画廊，参与者能够自由地展示他们最喜欢的图片，同时 Hallmark 公司的设计员也能张贴图片或那些在社区中曾产生过反馈意见的目标产品计划。该社区在引导 Hallmark 公司思索战略性事务和现有广告战的有效性等方面，其价值是不可衡量的。企业通过利用社区反馈意见，就能找出一个完全崭新的方法来优化未来的营销行为。

第十章

价格与分销

章节提要

　　定价可以左右销售收入。营销者需要透彻掌握消费者对市场价格的认知以及价格波动所造成的影响。消费者往往把价格当作衡量产品质量的标准之一,同时通过互联网他们能够了解更多关于市场价格的知识,价格战由此在所难免。为了避免在线价格竞争,企业需充分使用网络传播相关知识,以增加消费者对产品性能与质量的了解。分销策略则会影响企业供货和服务的效率。为了选择一个合适的分销渠道,生产商应深入了解市场体系和中间商的能力。目前,电子商务的介入已改变了分销体系的面貌和规模。在 B2B 市场上,使用电子媒介手段进行知识交换已经使许多产业部门极大地提高了供应链的运转能效。

引言

　　价格制定是营销过程中的一个重要环节。在一定程度上,猎取 *196*
与消费者的态度、价值观、信念等相关的知识,会对企业业绩有很大帮助。价格理论信奉的一条基本规则是：除了极少数垄断行业，产品在市场上将以何等价格出售，将由消费者而不是由供应商决定。如果企业没有获得足够知识去了解客户的价格偏好，而仅仅根据内部运营成本或是为了追逐更高利润，制定明显高于或低于客户期望的价格，这样的价格策略最终会导致销售量急剧下滑。

197

就理论而言，经济学有一条基本原则：对于拥有某些具体产品利益的产品来说，消费者总是乐于在价格上涨缓慢的时候购买产品。然而，在一个出入自由、竞争充分的市场上，供应商却渴望消费者在价格迅速上涨时购买产品。如图 10—1 所示，市场价格应该由消费者购买某种产品愿意支付的金额与供应商期望的价格共同决定，两者在图表上的交汇点就是适当的市场价格。需要注意的是，在决定是否满足消费者对产品利益的期望时，供应商的主要目标仍是生产管理和其他运营的成本，要确保产品的销售能获得足够的利润率。

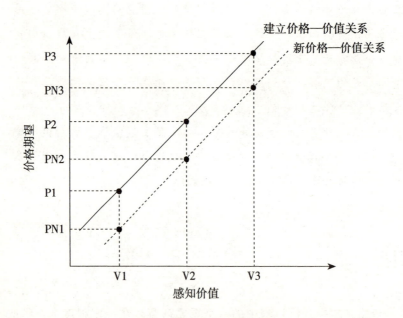

图 10—1　价格—价值关系表

然而，不少人也纷纷对图 10—1 中数据模型的现实可行性提出了质疑。他们的顾虑归纳起来，大致有以下四点：第一，是否所有参与方都获得了充分信息，享受到了信息对称的待遇。在许多市场上，消费者只有非常有限的途径能了解到"充分信息"。第二，不同供应商提供的货物之间是否真的存在较大的品质差别。第三，所有供应商是否有能力在价格抬升时增加供货量，自身是否愿意扩大规模，提高产量。第四，在此模型中，供应商是否都有途径获取同等知识，并且能就广告与分销等问题做出近乎相似的决定。

尽管近年来经济学理论在企业管理与实践方面彰显了巨大能量，但若论及产品价格仍需承认，在现实生活中为产品制定一个比较公平合理价格的过程，远比图 10—1 复杂。因此我们必须明白，真正的市场价格并不是通过简单易行的制定或规划得到的，而是行业、企业与消费者之间相互影响而导致的复杂结果。

消费者态度

大多数消费者均愿意以高一些的价格购买性能、质量以及售后服务更佳的产品。这种重要的消费态度直接关系到现实生活中的价格制定。从图 10—2 中可以看到，根据产品提供的不同利益，供应商面临着多样的定价选择。

产品价值		高	中	低
	高	溢价	渗透价格	供应商价值定价
	中	吸脂定价	平均定价	降价
	低	零忠诚度定价	有限忠诚度定价	经济定价

图 10—2　价格－价值矩阵

提供高品质产品的企业有下列三种定价策略可供选择。第一种是"溢价"（premium pricing），即通过较高的定价暗示消费者，他们正在享受最高的利益和服务。第二种是"渗透定价"（penetration pricing），这种策略是在中等价格的基础上提供品质较高的产品。供应商经常发现，低于预期值的价格会让消费者对产品的有效性产生某种程度的怀疑。因此，如果想要通过这一策略迅速占领市场份额，企业则需要不断向消费者解释清楚为什么产品价格相对实惠却仍具有与那些价格较高的产品相同的品质和价值。需要特别说明的是，这种价格策略并不适用于所有市场，除非供应商有条件让消费者知道：薄利多销的产品能帮助他们形成规模经济，大量节约生产成本，从而降低产品价格。第三种是"供应商价值定价"（trusted supplier value pricing），是指给具有较高品质的产品制定低价。这种策略承担着一定风险，因为消费者始终坚信"一分钱，一分货"的道理，过于低廉的价格会让他们深深怀疑产品是否具备其所宣称的价值。如果供应商能顺利说服消费者，让他们知道这只是由于清理多余库存等原因而不得不为之的短期优惠，这种策略就切实可行。但这有一个著名的反例——在西方市场上低价出售的优质日本产品。因为消费者事先便了解了足够的关于日本产品质量的知识，对其品质相当信服，才能毫无顾虑地购入这些低价产品，而不去怀疑是否与其宣称的品质相符。

"吸脂定价"（skimming pricing）涉及消费者愿意以高于平均的价钱去购买中等品质的产品。在照相机等有形商品市场上，厂家知道人们爱赶时髦，喜欢追逐最新最异的科技潮流，对商品价格反而不敏感。因此在新品上市初期，生产商都会制定非常高的价格。但是随着商品进入产品生命周期（PLC）曲线的增长末期，其价格会逐渐回落至平均水平。"平均价格"（average pricing）可以满足大多数消费者对中等产品的需要。"降价"（sale pricing）是指以低于正常的价格出售中等品质产品。为了维持消费者对产品品质的信心，

199

降价一般只用在短期促销活动中，暂时拉升销售额。如果降价过程持续时间过长，消费者就会有理由质疑这些产品的真正价值是否如生产商所宣扬的那样美好。

一个希望获得消费者长期信任的生产商，几乎很少采用给低品质产品标上高价的"零忠诚度定价"（zero loyalty pricing）。这种价格策略仅仅对产品相关知识一无所知的新购物者奏效，而且往往只能成功一次。同样，生产商根据"有限忠诚度定价"（limited loyalty pricing）把低品质产品按普通价格出售，也会使消费者在购买两三次之后失去对此产品的忠诚度，尽管仍会有缺乏产品相关知识的新消费群出现，但对产品美誉度的伤害则是毋庸置疑的。"经济定价"（economy pricing）是指以极具竞争力的低价出售低品质产品，这种方式十分受经济条件有限的消费者欢迎。因而，这种价格策略能够很容易地取得成功，成为非常有效的市场销售手段，但由此带来的低利润却令人沮丧尴尬，因此只有维持较高的交易次数才能确保供应商获得足够的销售总利润。

运用知识

通过联合分析、离散分析、多阶段联合分析等市场调查方法，目前营销者已能得到精确的市场数据，以了解消费者在做出购买决定时最关心的产品利益。经调查得来的数据可以组建成一幅价值定位图（value map），其横轴代表经过量化的客户感知的利益，纵轴代表客户感知的价格，斜线为价值等值线（value equivalence line）（Rangan et al.，1992）。

感知利益与感知价格在价值等值线上交汇的一点，便是产品的最佳定位。价值等值线以下的产品价值较高，而价值等值线以上的产品与前者价值相同，感知价格却更高。

误解消费者

价值定位图的关键作用在于确保企业获得准确的知识，了解消费者对于产品利益的需求。莱辛斯基和玛恩（Leszinski and Marn，1997）提供了阿尔法计算机公司的案例，用以阐释错误知识会带来的风险。该公司主要生产用于网络服务器的微型计算机。阿尔法计算机公司认为客户最看重的两个计算机技术特性是处理器速度和二级缓存速度，并且在这两个技术领域里一直处于领先地位。尽管如此，阿尔法计算机公司却在 Keycomp 公司的步步紧逼下逐渐失去了应有的市场份额。Keycomp 公司产品的处理器速度和二级缓存速度都较低，但是产品价格却比阿尔法计算机公司高 10%～15%。

面对如此矛盾的局面，阿尔法计算机公司的市场部门展开了市场调查，研究潜在消费者最认同的产品利益。调查结果显示，在消费者产品利益需求表上，处理器速度和二级缓存速度分别列在第四位和第六位，而软件与硬件的兼容性、可靠性以及厂商支持全都排在处理器速度之前。此次调查也发现，Keycomp 公司在兼容性、可靠性、厂商支持以及使用者文件管理方面的排名全都十分靠前。

为了解决兼容性的问题，阿尔法计算机公司重新设计了操作系统程序与硬件插入设置。此外，还升级了技术支持，雇用专门的技术代表，提供免费的访问热线，并且重写了文件管理程序。经过六个月的促销活动使市场了解了技术改进的内容，随后阿尔法计算机公司的市场份额显著增加了。

了解消费者

美国西南航空公司在利用手中关于客户需求的知识开拓新市场这个方面做得极为成功。在该公司成立初期，航空业大致状况是：（1）成本高，维持一支航线覆盖全国的机群所需的固定成本巨大；（2）提供高品质的飞行服务；（3）拥有"中心辐射"（hub and spoke）的客运模式，乘客在大型的航空枢纽转机前往目的地。

西南航空公司的创始人赫布·凯莱赫（Herb Kelleher）选择休斯顿作为事业开拓地，因为他了解到那儿有许多潜在乘客愿意放弃现有航空公司的飞行服务来换取低价机票。据此他采用了一种新的商业形态：提供低价机票，取消多余飞行服务，并且雇用非工会工人以减少运营成本。这样，一种不合传统却更加灵活的运作模式被引入了航空市场。为了避免交纳旅行社控制的全国订票系统的年费，西南航空公司规定旅客必须直接从该公司购票。旅客的行李由自己携带，飞机也不提供食物。此外，为了避开中心机场的拥挤时段，飞机可以在空中转圈 20 分钟不降落。这一切都使得该公司每天可以比竞争者提供更多的航班。

为了进一步降低运营成本，维持低廉票价，1995 年该公司开始提供无票服务。旅客直接致电航空公司确认座位而不用拿到机票。如果乘客索要发票，则可通过传真、邮寄或在机场直接分发获得（Berry and Yadav, 1996）。现在公司开放了网上订票系统，更好地促进了无票服务的普及。尽管其他航空公司也在不断提高运作效率，但这些措施仍使得西南航空公司以每英里每座低于其他公司 2%～4% 的飞行成本在竞争中遥遥领先。

知识的影响

销售商与客户对知识的了解程度对市场定价体系影响很大。如果客户了解的知识大于销售商，销售商则不得不降低价格。反之，销售商的知识多于客户，价格自然会被定得更高。 *202*

为了阐释知识对价格的影响，我们可以建立一个"客户－销售商矩阵"。当客户与销售商对彼此的态度、信念和动机都不甚了解时，市场价格可能会一直固定不变。这种局面在西方传统消费品市场上非常普遍。销售商不了解客户的购买动机，客户也不甚清楚待售商品的成本与利润，而成本与利润恰恰是销售商定价的依据。这就导致所有消费者都面临着一个不变的恒定价格，譬如超级市场里商品价格总是固定不变，但是消费者也能安心地接受这些价格。

假如销售商掌握的知识多于客户，销售商便可以利用这种优势让客户对商品进行竞购。拍卖是很常见的手段之一。如果销售商能吸引大量潜在消费群体，便能削弱个体客户的力量。最后个体客户会竞相出价争购中意的商品，使得销售商可以把商品价格提到最高。这种方法适用于各类商品销售领域，既可以是渔船在港口拍卖刚捕获的鱼，也可以是 Sotheby 等国际拍卖行拍卖珍稀画作。

但是当客户了解的知识多于销售商，情况会截然相反，他们可以从大量的潜在销售商那里购买到标准的商品与服务。这在公共部门采购时特别常见，诸如医院与政府部门公开采购办公材料和清洁用品。客户一方面需要明确自己的购买需求，另一方面也要透彻了解供应商的运作成本。这样一来，他们就能要求销售商前来投标竞逐，最终压低实际购买价格，求得一个比较满意的结果。

在客户与销售商知己知彼的市场上，各方都有一定程度上的平等，在价格与品质方面存在的争议也比较少，这使得双方很容易在平和的气氛中达成共识。比如在国防产业里，拥有专业技术的大型公司主要针对全世界范围内各国政府的大范围采购需求。此时，双方都对对方的知识有相对同等的了解，因此大部分定价决策都建立在广泛协商的基础之上，最终客户与销售商共同达成一个合理的价格。

203

成本透明

辛哈（Sinha，2000）曾进行过一次著名的研究，调查互联网对商品与服务的未来价格水平可能存在的影响。他指出，销售商最好维持商品成本价格不透明，这样便于在市场上使用溢价策略，为其品牌附加某些特殊利益。在互联网出现之前，传统市场上的消费者在做购买决定之前能够了解到的商品知识实在是少之又少，因此这样的目标相对比较容易实现。

互联网的诞生，意味着消费者能够通过 www. pricescan. com 和 www. bottomdollar. com 等网站迅速获得成千上万种商品的价格与介绍。更进一步，消费者还可以通过 www. epinions. com 共享到他人的购物心得，或者在 www. travelocity. com 上查阅以前只能向旅行社咨询的旅游信息。B2B 市场上也出现了同样的情景，比如纺织品商可以访问 www. alibaba. com，免费查到超过 35 000 个公司的目录。

这样一来，销售商发现他们的定价策略在潜在消费者面前越来越透明，溢价策略变得难以施展（例如长途电话市场上已经爆发的价格战），因此他们宁可将自己的品牌产品转化成普通商品经营。如今已经很难区分出 Ameritrade，E-Trade，National Discount Brokers，以及 MyDiscountBroker 等美国在线股票交易公司之间的服务有何差别，其结果导致越来越多的消费者质疑美林（Merrill Lynch）等公司收取的高额费用。

科技的发展使知识的来源越来越多样化，互联网前所未有地拓宽了消费者的知识汲取范围，而丰富的知识储备则能够大大降低购买风险，比如需要治疗的消费者可以在网上浏览信息，寻找最合适的医疗服务。此外，互联网还能从根本上提高客户查询信息的效率。

在消费者市场上，当客户获得更多的关于商品价格差异的知识之后，供应商不得不采用更为灵活多变的价格以取代此前很少变动的固定价格。再如，出现在市场上的 www. priceline. com 等门户网站作为消费者的代表，主动与供应商进行接洽，商讨供应商能够承受的最低商品价格，从而在消费者与供应商之间达到一个良好的平衡。

为避免因被迫降价而导致的利润率降低，辛哈为企业提出了一些具体可行的策略。一是寻求提供比竞争对手更好的产品与服务。二是对产品实行捆绑销售，让客户难以估算其中单个产品的价值。以 Gateway 为例，该公司一直将自己的计算机与网络服务捆绑出售，以避免被当时 PC 市场价格剧降波及。三是投入资金不断完善服务，创新技术，开发新颖独特的产品。AOL（美国在线）除了进行捆绑销售外，还不断提供创新服务，比如即时通讯、个人电子邮件、聊天室、儿童上网家长监控以及照片共享等。此外，AOL 还允许 3Com PalmPilot 掌上计算机的使用者通过便携设备浏览 AOL 上的电子邮件。

电子定价

戴尔计算机公司（Dell）在开发电子商务技术，予以消费者更多知识，进一步提高产品感知价值等方面走在了前列，为我们树立了榜样。从第一天营业开始，该公司就认识到直销这种销售方式需要依靠知识的最大化普及，使客户与公司之间彼此深入了解。戴尔计算机公司是最早认识到互联网交易效率的公司之一（Thurm，1998）。随后戴尔计算机公司创建了自己的网站，除了用于下订单外，客户还可以浏览到数千页的信息，接受该公司工程师的网上技术指导，并通过网站查询自己的订单进度。传统的消费者拨打五次电话才能做成一次交易，然而用户通过网站却可以在随意浏览网页后，靠一个电话解决。除此之外，戴尔计算机公司的销售人员还可以根据网站追踪到某个客户的查询记录，决定是否有必要致电去深入洽谈。

戴尔计算机公司还为公司客户开放了客户特选主页（Premier Pages）服务。它能为各公司量身定制个性化网站，让其员工在购买新电脑时，打开在线目录就能看到经事先批准的产品的详细信息。客户特选主页也允许公司客户进入其数据库，获得购买戴尔计算机公司产品的详尽历史信息与管理报告，其中包括交货地点、发票号、购买价格、系统类型及其他更多信息。

嘉信理财公司

205

通过拓展电子商务业务，提供低价服务等促销策略不断创新，嘉信理财公司在同行业的激烈竞争中脱颖而出，始终处于领先位置。20 世纪 80 年代末期，该公司发现，当市民在个人股票投资中获得足够的经验之后，便不再寻求传统证券经纪公司的服务。于是嘉信理财改变了发展策略，仅仅向客户提供市场准入途径，而不再提供任何投资建议，交易佣金也由此降低（*Business Week*，1994）。然而，短短几年内其他经纪公司也认识到如此"嘉信理念"将是未来市场的主导，并根据市场变化调整各自的运营方式。对此，嘉信理财又开始向电子技术领域进军，向个人投资者介绍更多新知识与新商品，比如 1983 年引进了自动电话触摸板，1993 年发行了 StreetSmart 这个 Windows 规格的软件包，投资者通过它可以在网上进行金融交易。但是 1994 年一家名为 Custom Broker 的电话传真服务商也跟风开展了类似服务。之后，嘉信理财公司又推出"共同基金"（OneSource）服务，享受此项服务的投资者能直接购买全国顶尖财务经理管理的数百种免佣基金（Wayne，1994）。伴随着这些措施的成功，嘉信理财公司进一步将业务范围伸向在线交易的领域，据此客户可以舒适地坐在家中，足不出户便可通过互联网进行股票交易，并且成本大幅下降，比请传统的经纪公司便宜将近六成多。经过多年运营，www. e. Schwab.com

已成为网络证券交易的市场领袖，不断促使这一领域发生深刻的变化，正如一些评论家所指出的那样，这种趋势最终会从根本上改变证券经纪行业的面貌。

在线拍卖

20 世纪 90 年代中期，eBay 公司的创始人彼埃尔·奥米迪亚（Pierre Omidyar）决定开发互联网资源，为消费者提供广泛多样、种类齐全的商品资源，帮助他们节省成本。他以 eBay 为旗号，创建了一个在线拍卖公司。根据他的构想，eBay 公司无需承担传统销售模式中库存与分销等成本，因此一开业就获得极大的成功。在这种模式的主导下，eBay（www.ebay.com）所要做的仅仅是在消费者双方的买卖中提取佣金而已（*Business Week*，1999a）。

电子拍卖（cyberauctions）极大地刺激了消费者的购买欲，对他们的购买行动起到了推波助澜的作用。1999 年，在线拍卖成为网络交易的主力，仅此便足以证明其在市场上拥有巨大的号召力。尽管电脑是目前拍卖交易量最大的商品，但是数年后很有可能被机票、酒店房间、汽车以及服装等种类赶上。

为吸引更多人参与电子拍卖，几乎所有网站都照搬了 eBay 公司模式。欲参与其中的访问者先填写注册表格，然后打开商品列表，浏览到商品信息以及目前的最高叫价。有些拍卖还可以查到历史出价记录、出价次数、出价金额以及出价者的网络用户名。为了防止网络欺诈，eBay 公司出台了一系列保护措施，其中重要的一条就是让用户能浏览到买卖双方的历史交易记录。此外，公司还采取行之有效的奖罚措施，把信誉最好的卖家升级为星级卖家，同时禁止受投诉较多的访问者登录（Pitta，1998）。

206

互联网作为一种拍卖手段，最大的吸引力在于其潜在的庞大参与群。电子拍卖最终会威胁到传统拍卖行业。以美术品和古董收藏品为例，其拍卖市场已经被克里斯蒂拍卖行（Christie's）和索斯比拍卖行（Sotherby's）支配了超过 300 年。这两家国际拍卖行占据了每年 20 亿美元市场大约 39％的份额，剩下的市场留给了成百上千个二级拍卖行竞争。企业家詹姆斯·考塞里斯（James Corsellis）与西蒙·蒙特福特（Simon Montford）据此推测，假如一定数量的二级拍卖行能够参与到在线拍卖的行列，这个新群体就能撼动克里斯蒂和索斯比的市场地位（Plotkin，1998）。新成立的在线拍卖 Auctions On-Line 网站便是一例，它在运营之初便迅速召集到 150 个美术拍卖行，提供了大约 4 000 个商品目录。估价超过 4 亿美元的美术品、古董与收藏品信息都包括在这些目录之内。

随着消费者对消费者（C2C）电子拍卖的流行，B2B 模式的拍卖网站也迅速出现。这样的网站大多复制了 eBay 公司模式，由网站所有人在交易中提取一定数量的佣金。Fastparts（www. century. fastparts. com）的创始人杰里·哈勒（Gerry Haller）发现电子厂商经常会面临备件时而匮乏时而积压的问题，但他们又不愿与被认为是竞争对手的公司做交易。对此 Fastparts 提供了一个可靠的平台，让买卖双方能够进行匿名交易。现在已经有超过 2 500 家电子厂商依靠该网站每周三次的拍卖，来帮助优化其备件库存水平（*The Economist*，1997b）。

在财务服务领域，供应商同样使用电子拍卖吸引客户。在线房贷市场 www. imx-exchange. com 上，经纪人将住房客户的房贷申请和未来借款机构的出价发布在电子交易系统上，然后再为客户选择最适合的借款机构。另一个例子是 www. adauction. com 网站。这个网络竞拍网站最开始只是提供待售的在线网络广告竞拍服务。当这一商业尝试获得成功后，该公司又进一步开始提供待售的印刷广告竞拍服务，而其最终目标是为广播媒体广告提供类似服务，拓宽服务领域，以适应不断增长的市场需求（*Business Week*，1990a）。

与上述方式不同，一些 B2B 网站采取了另一种形式，这种方法的独特之处在于网站由纯粹的中介摇身变为拥有一定数量产品的拍卖者。这种情形下，网站不仅提供交易的平台，而且本身也成为一个交易方。这一计划的实施其实并不复杂，具体说来，首先由网站出资购入其他公司的多余库存，随后再进行拍卖。英国的 QXL 公司（www. shopping-sites. com）就采用了这种方法。这种方式较之 eBay 公司模式风险要高很多，因为电子拍卖商事先付钱购买了这些商品，但最后有可能竞拍者的出价比其进价还低。在某种程度上，活跃竞拍者的数量影响着这种方式成功与否，因此这类网站最主要的前端成本在于用于迅速培养庞大而忠实的客户基础的宣传开支。

未来学家预测，当消费者习惯于竞拍商品而不再单方面接受供应商的报价之后，网络购物会朝新的方向发展，各级分销渠道将被取消，最终形成一个效率高、信息量大、价格灵活的全球市场（Fortune，1998）。然而迄今为止，这种趋势尚未出现。一部分是因为网络购物者还需支付货运等额外费用，所以应支付的最终价格未必比当地的折扣商店便宜。同时，尽管在线拍卖网站引入了一种新的购物方式，但是对大多数人来说网络的真正价值还是在于提供一个畅通无阻的渠道，从中可以获得所有商品的全面信息。此外，一旦客户确定想要购买的商品，就可以通过一系列提供价格比较服务的网站了解到不同供应商的报价。提供这类价格比较服务的网站有 www. webmarket. com 以及 www. jango. com 等，网站访问者只需输入品牌名称或型号便能查到供货商的名单以及价格列表。Jango 还提供网络搜索功能，用户可以通过它在各个竞拍网站或分类广告网站上搜寻到需要的商品。

开发网络资源

通过网络获得知识，可以增强定价决策的准确性。互联网为知识的搜集带来了一场全新的革命，它为消费者查询所需的知识提供了新途径、新思维，而这些知识又为网络空间交易的最优定价奠定了基础（Baker et al.，2001），这是那些对网络商品化持反对态度的企业必须认识到的。事实上，所有产品都有一个"定价无差异区间"（price indifference band），此区间内的价格变动对消费者的实际购买影响很小。传统市场很难对这个区间的范围做出准确定位，然而在网络世界里，企业可以通过不同的价格来实时检验消费者的反映，确定其最优的定价策略。

软件服务公司 Zilliant 选取了四种产品，通过网络来检测产品价格变动可能带来的影响。其中三种产品，尽管随着价格降低销量有所上升，但商品利润总量仍旧有所降低。而第四种采取溢价措施的高端产品，销量却翻了不止一倍。对销售数据的分析表明，所有的销售增长都来自于以前很少购买此产品的中学与大学客户。这场价格实验为公司带来了新的市场思路，Zilliant 公司从此果断调整其市场促销策略，改为专门为教育部门提供商业客户享受不到的优惠价格，由此开拓出新的市场。

企业还可以通过采用降低网络价格，迅速改变商品在线状态等方式了解到消费者对于折扣的态度。在线拍卖网站 FairMarket 就发现，消费者总是在得知价格降低时迅速购进商品，而"数量有限，欲购从速"等口号其实对其影响并未像人们所想象的那样显著。

在传统市场上，关于价格变动的知识通常需要数月甚至更长的时间才能发布出去，因为将知识分别传达给销售人员、分销商以及最终客户需要一个过程。而网络定价能够为价格变动知识提供更灵

208

活更迅捷的传达手段。网站价格的变动可以在几分钟内完成,网站用户也能立即知道新的价格。另外,如果企业建立了在线客户的电子邮件地址数据库,只需轻轻一按鼠标,客户就能收到价格变动的信息。这种快速价格调整对工业行业帮助极大。工业行业中,由于需求变动经常导致成品库存积压。当这种局面出现时,企业可以暂时降低产品价格以增加销售量;当库存达到平衡后,价格又可以回复到正常水平。

网络市场的另一个优势在于企业能够获得消费者行为的实时数据。通过分析这些数据,厂商就能够识别消费者行为的变化,再利用这些信息做出准确的市场分割。著名汽车制造商福特已经使用这种方法来寻找对现金回赠等优惠活动感兴趣的消费群体。大型连锁超市也一直在评估消费者的个人购买模式,据此给某种产品的重度使用者专门提供更为优惠的价格。

分销管理

产品的分销通常会由一些多层级的垂直系统承担起销售与配送的任务(例如,园艺家栽培出的新鲜花卉,首先销售给当地批发商,然后再用车运送给内陆批发商,最后才出售给零售花贩)。经济学家斯特恩和艾安塞瑞(Stern and El-Ansary,1988)认为,就分销管理而言,选择一个合适的分销体系应考虑如下因素:

1. 中间商应充分掌握销售与配送方面的知识,并能运用这些知识在各种货源里挑选产品和进货,再将大批量产品分成合适的批量大小出售。

2. 中间商必须具备专业知识,才能使交易变得专业而规范,并减少成本(如一个出售众多设计师服装的专业零售商)。

3. 中间商还需要运用其拥有的知识,协助客户顺利找到合适的

209

产品（如一个办公家具分销商，不仅要提供现成信息，还需要展示厅来陈列各家供货商提供的办公家具样品）。

自"供应商—客户"直接分销（直销）模式开始在市场上出现以来，这三个因素对其产生的影响不可谓不大。直销是指：生产企业不通过中间商环节，直接将产品销售给消费者。终端消费者直接买走大量产品，供应商将性质复杂或鲜活的产品尽快转移到最终消费者手中，都是直销模式的体现。这种分销手段常在许多重要资本市场上出现，比如航空航天业和建筑业。在认为间接分销更具成本效益的市场上，分销过程一般会涉及一个或多个分销商。通常的惯例是：分销商收到一车货物，然后分成较小的批量，再出售给终端商店，由他们负责销售给终端消费者，并提供售后服务。

零售商直接从生产商处采购产品，是 20 世纪西方普遍的经济现象。其结果通常是零售商砍去中间环节，直接掌握、建立完整的采购、仓储、分销以及零售系统所需的知识。众所周知，在市场竞争中提前掌握丰富的知识，就等于站在了比别人领先的起点上，这会为建立成功的商业运作模式奠定基础。这样的成功例子并不鲜见，美国的沃尔玛和英国的 Tesco 都是这方面的杰出代表。

然而数十年来，人们却一直忽略了知识在市场管理过程中所起到的重要作用。直到 20 世纪 80 年代中期，这一现象才有一定转变，企业才逐渐认识到：掌握分销知识的多与寡，与竞争地位的优与劣有直接关系。毫无疑问，掌握丰富的分销知识，能够帮助自己在竞争中取得更大的优势，意味着成功的几率增大。当然，这种改变绝非偶然，它是由很多复杂因素促成的，其中最重要的两个是：*210*（1）科技随时创新，掌握新知识能够帮助减少运输成本和送货次数（如航空货运业的出现，促进了全球通宵货运的发展）；（2）IT 系统与设备价格大幅降低，并被普及应用到分销过程的各方面［例如，贴牌生产公司将公司电脑与主要零部件供应商的生产调度系统连接起来，创建了及时供货系统（JIT）］。

在分析渠道管理新手段的未来战略涵义时，冉甘等人（Rangan et al.，1992，1993）提到，经理人必须运用有关竞争性渠道中财货流动的知识，管理分销渠道，达到其战略目标，即设置入口壁垒、增强产品特性以及与客户保持紧密关系等。这些专家提议，现在需要明确不同的渠道功能，各司其职，各负其责，每一渠道都应负责某一方面的具体功能，比如提供信息、生成订单、物流配送以及售后服务。然后，接下来要将渠道成员共有的专业知识用来满足客户需求，最终建立起以良好的团队协作关系为导向的渠道合作伙伴关系，并让其中的每个人都能充分施展自己的才华，成功完成任务。

电子商务分销

电子商务时代的到来使得许多厂商重新开始重视、运用分销系统的知识，以争取或保持市场优势。甚至在互联网时代到来之前，默瑞亚蒂和默兰（Moriaty and Moran，1990）就曾指出：运用新的电子科技建立"混合行销体系"（hybrid marketing systems）。这些以科技为基础的体系被他们看作是以客户为导向的管理方法，并且为渠道管理提供了更新的手段。

怎样选择最佳的电子商务分销渠道？这需要考虑两个关键因素，即：在业务交易与分销配送两个方面，是自己掌握控制权还是将责任委托给渠道。先来看看网上银行这个例子。银行必须对金融交易与服务交付过程进行绝对的控制，所以网络银行服务需要在电子商务市场上保持对这两个因素的控制权。

对航空业来说，大多数航空公司都只保留了运送旅客及货物的责任，而将交易管理的责任委托给了网络服务商，由他们来操作机票零售业务，如 www.cheapflights.co.uk 等。

保持对交易过程的控制，下放物流管理责任以弥补厂商对产品与市场知识的匮乏，这是最常见的也是较为有效的电子商务分销模式。大多数有形货物的网络零售商经常使用这种标准模式。在这种模式的规定中，厂商只负责将产品出售给某个网站用户，然后再选择专业的物流公司，比如联邦快递或者 UPS，来负责产品的分销与配送。

然而在大多数离线消费品市场上，最常见的分销配送模式是将交易管理与配送过程全部委托给别人（如品牌产品 Kellogg，都是通过连锁超市进行销售）。这种方法与在线世界形成了鲜明对比。在网络世界里，几乎很少看到将所有管理都委托给他人的场面，其原因在于：愿意通过电子商务改进分销配送管理的公司一直将网络空间看作是重新控制业务交易管理的途径，由此砍去中间商，对终端消费者进行直接销售。传统中间商被挤压出各渠道，这个过程被称之为"反中介"（disintermediation）。

但同样也要看到，通过抓住"中介的回归"（reintermediation）带来的机会，将交易与配送管理委托出去可能会让市场服务得到改善（Pitt et al.，1999）。离线零售商多年来都已不再采购那些新出道的歌手与乐团的唱片，幸好 MP3 的发明终于为唱片公司的尴尬局面找到了出路，并为渠道管理责任的双重委托树立了较好的榜样。

在评价电子商务分销策略时，皮特等人（Pitt et al.，1999）认为有必要看到科技带来的改变：

1. 距离对成本的影响微乎其微。无论距离远近，信息都能通过网络在同一时间抵达不同的目的地。

2. 营业地点的优劣变得无关紧要。电子商务公司能够在世界任何角落安营扎寨。

3. 科技支持电子商务业务永不停顿，一天 24 小时，全年 365 天都能随时进行交易。

电子空间交易的繁荣带来了市场规模的迅速增长，各大公司掌握的客户知识也得到极大丰富。许多公司已开始考虑调整部门供应链，以争取新的战略优势（Jallar and Capek，2001）。厂商能凭借专业知识的运用提高物流配送能力，由此升级客户服务。UPS 已经运用 IT 知识为客户建立了市场跟踪系统，同时还利用电子数据库更有效地管理每日 200 多万个包裹的发送。

由于供应商会与终端用户产生直接接触，对此他们需要更敏捷地对市场信息做出反映，随时捕捉哪怕是极其微小但却可能产生巨大能量的信息与动态。全球知名的时尚产品制造商贝纳通（Benetton）就在商店里安装了最好的设备来捕捉消费者的购买趋势。这种实时系统帮助厂商了解消费者行为，并根据这些知识对产品调度、货物配送和新产品开发做出及时的调整。贝纳通的成功有力地印证了如下规则：一切善于根据消费者行为做出迅速反映的公司能更好地利用在线与传统分销系统，巩固并提高客户的忠诚度，由此增强客户保有率。

为了增强市场体系内的货物与服务流通，网络还为新厂商进入供应链提供了有效途径。以电话购车公司为例，这个美国汽车销售门户公司的策略就是尽量为客户节约挑选和购买商品的时间。该公司拥有 2 700 个汽车经销商的销售网络，可以帮助在线客户挑选符合要求并且距离最近的经销商。当在线客户下订单订购某具体型号汽车后，他们的要求会通过服务器被送到地理位置最接近该客户的经销商那里。同时客户在 48 小时内便能收到公司的购买推荐单。这项服务对客户是免费的，而电话购车公司的收入主要来自于经销商的加盟费与月费。

在线？离线？

许多早期的网络公司都源自传统企业。为了扩展市场覆盖面，为客户提供 24 小时服务，这些传统企业逐渐将其离线业务转移到了网络上。在认识了互联网的威力之后，一些企业随后便结束了经营多年的传统实地商店的业务（McGarvey，2000）。最为典型的例子莫过于位于马萨诸塞州的 Pom Express——一个出售啦啦队用品的公司。该公司在两年前就已经关闭了全部的零售业务，改将所有的销售运作都通过其主页 www.pomexpress.com 来展开。

与之相同的是，在新泽西开办有一家传统旅行社的南茜·泽布瑞克（Nancy Zebrick）于1995年在互联网上开展了业务，与传统业务并行。很快，她便发现，尽管每笔网络交易的利润率要低于传统渠道，但是来自全国甚至国际市场的旅客数量迅速增长，这样完全可以抵消因单笔交易的利润率降低而带来的损失。1988年（根据上下文的意思，"1988"应为"1998"，疑为原书误排。——译者注），该公司与在线旅游商店 www.onetravel.com 合并，从此彻底放弃了传统的营销方式。与此类似，20世纪80年代软件零售行业的佼佼者 www.egghead.com 面对日益增长的竞争压力，也于20世纪年代关闭了所有的商店，只在互联网上开展业务。

但是电子交易是否如上述的那样有百利而无一弊呢？从一些行业观察家的告诫中可以看出一些端倪。他们指出，尽管电子空间给业务交易带来了新的气息，但是不应该就此放弃掌握传统的市场知识与分销活动。那些认为电子交易可以成功取代传统交易的人们，无疑犯了一个显而易见的错误。当人们去观察零售业与银行业内的大型公司时，会清晰地认识到只有传统销售与在线销售并行的双重运营方式才是最佳的选择。只有这样，才能相互弥补两种运营方式各自的不足，才能满足不同消费群体的需要。在电子商务不断发展的今天，仍有许多客户希望供应商能面对面地提供信息与讲解知识，在这种情况下，传统实地商店的销售员无疑能够更有效地满足这种要求。

213

此外，一些小型商业公司也开始把这种双重模式看作是未来经营的最佳选择。华盛顿的 Star 儿童服装公司就采取了零售商店与在线交易（www.shopstars.com）双管齐下的策略。同样，佛罗里达的酒乡公司（Wine Country）不仅拥有实地商店进行传统销售，同时也通过其在线商店 www.winecountryonline.com 开展网络交易。

供应链的发展趋势

使用电子科技手段发掘更广阔的知识来源，不但会为企业带来巨大的收益，而且也能促进企业市场部门的整个供应链更好地运行（Moad，1997）。利用互联网管理供应链，可以使企业的管理体系从根本上得到升级优化，其效果远比仅仅降低办公费用、减少文职工作等措施有效得多。思科等公司会为零部件供应商与分销商提供网络入口，让其进入公司生产与运营方面的知识库（knowledge base）。这样一来，及时供货系统与精益生产系统等便能真正得以实现。这些系统能在生产调度自动化、跟踪库存情况、执行改变的流程以及管理采购全过程等方面大显身手。

知识共享

知识共享在财务管理方面最具实用价值的一点可能要算是成本节约。Merisel——一家美国的软件分销公司，曾估算过电子知识共享能够将处理订单所消耗的成本减少 70％。波士顿爱迪生公司（Boston Edison）也发现供应链的电子整合不仅增强了运营效率，更重要的是还能吸引供应商提供更有竞争力的投标价格。

发起供应链结构调整的并不都是贴牌生产商。很多情况下，供应链的其他成员也可以是发起者。美国的计算机行业中，SUN DATA 是一家专门代理全新或者翻新电脑等中型电脑的公司。该公司与联邦快递签署了合同，根据合同，SUN DATA 将网络销售与分销配送的任务交付联邦快递完成。通过联邦快递的专业服务有效弥补了该公司在这方面知识和经验的不足，对其业务的开展起到了非常关键的作用，因为联邦快递的 Virtual One IT 系统可以利用公司物流管理方面的专业知识，帮助客户开展仓储、订单

214

执行以及配送方面的所有工作。将这些工作授权出去之后，SUN DATA 更加注重自身的本职任务，有更加充裕的时间与精力来为客户提供专业建议，优化其 IT 硬件选购方案。

跨国运营

　　跨国公司在全球多个国家开展业务，迫切需要从各个方面不断优化其供应链。因此，减少库存水平、缩短"订单—发货"周期所需的知识被看成是一笔极大的财富（Siekman，2000）。UPS 就是一家善于利用供应链管理知识的美国公司。早在数年前，这家公司就抓住了物流行业出现的新机遇，尝试开设了一家新公司——UPS 物流快递（UPS Logistics Delivering Solutions），专事解决企业与部门的供应链问题。除了派遣专业员工到世界各地开展多项服务之外，UPS 还通过收购其他公司的方法让当地客户获得需要的知识。

　　UPS 物流探索出了许多具有创新意义的举措，其中之一是为康柏等公司提供维修零部件供应服务。UPS 在肯塔基州的路易斯维尔市设立了专用零部件管理中心，进行零部件存库管理，并将其运送到公司客户的工程师以及终端用户手里。UPS 公司还负责为客户管理整个"处理订单——货物交付"过程。路易斯维尔市的这个零部件管理中心还为 nike.com 承担了耐克产品的仓储、订单接收、运货与退货等业务。在篮球销售行业里，UPS 物流也负责从亚洲运回当地生产商的货物，随后再将货物分配到体育用品零售商手中。

　　最近该公司又开始进军设备维修领域。他们代表索尼与东芝公司从客户手里召回有故障的笔记本电脑，空运回路易斯维尔市进行维修，然后再返还给客户。该公司还为利盟打印机公司（Lexmark）提供类似服务，同时还亲自承担简单的维修任务。只有在打印机出现严重的故障时，才会被送回利盟打印机公司维修。其实，利盟打印机公司一直希望 UPS 能掌握足够的知识，承担起该公司全部产品的维修任务。

外包业务

位于加利福尼亚的旭电公司（Solectron）是一家合同电子制造商。思科、惠普、北电（Nortel）以及太阳微系统等电子设备公司为了提高供应链运作效率，都将其产品装配工作"外包"给旭电公司。该公司十分清楚，要想在外包代工市场上迅速形成规模扩大影响，就必须不断学习新知识，不断提高自身的加工制造能力，而知识的拓展在很大程度上源自公司收购这个途径。

旭电公司的主要利润来源于印制电路板组装件的加工制造产业，其主要业务就是承接跨国贴牌生产公司的设计、制造与低端分销以及产品线中的低端产品生产的外包业务。因此通过公司收购来扩展知识的关键在于从自己的贴牌生产客户手中收购企业，从而改进电子产品的设计与制造技术。旭电公司坚信在贴牌生产客户库的帮助下，企业能更好地识别终端用户对产品的需求趋势。由此该公司决定不再参与关于终端供应市场的任何下游活动。

保持控制

对孕妇服装市场来说，时间毫无疑问是个非常关键的因素。由于孕期妇女的数量变化非常迅速，她们不可能无限期地等待已经脱销的服装再次到货。因此在促销孕妇服装时，企业必须掌握及时制管理的所有知识。

坐落在费城的母亲工装公司就灵活运用了这些既精深又多样的知识。该公司认为：只有掌握供应链大部分环节的自我所有权，才能在市场中存活下来。

该公司拥有超过 700 家零售商店，并且在商店里采用了电子收款系统来生成关于消费者购买倾向的数据，并利用这些数据帮助中心仓库合理调配商品。母亲工装公司在仓库旁边设立了一间裁剪室和一个布料库房，后者专门用来为当地的其他制衣公司提供未经剪裁的布料。数年后该公司还与全球 20 多个国家的制衣商建立了联系。在美国，该公司有两个主要目标：一是生产价高量少但是需求变动较大的时尚产品；二是迅速推出短期销售产品，此类产品零售速度往往会比预期更快。

中心仓库是该公司的核心知识所在。对于毛衣和连衣裙等扁平包装的产品，公司电脑会生成内部订单，指导产品从散装存储区送到待运库。不同的独立商店都有各自的待运库。随后订单处理人员被派到各个待运库，根据电脑控制的红绿灯系统，监控各个商店的缺货状态，并及时补货。公司还在费城另外一个地方拥有一个自动化仓库，用来处理不可折叠衣物的订单，如长裙与西装，再将其运到零售商店并挂上衣架。

库存与配送管理的丰富知识帮助母亲工装公司轻松进入了在线交易市场。该公司已经建立了 www.Motherswork.com 展开在线销售。在将此网站连接到公司现有的库存管理系统时，该公司的零售商店的配送任务不再是难题，唯一的棘手问题在于如何为独立消费者的单个网络订单提供服务。

216

第十一章

服务与客户关系管理

章节提要

> 商业服务产业已经成为发达国家经济最重要的组成部分之一。与以往相比,目前的服务市场呈现出一些新的具体特征。比如,为了满足客户要求,服务商必须掌握如何满足客户期望的知识。服务品质缺口模式(service gap model)这项技巧可以帮助生成缩小服务品质缺口所需的知识,从而使客户的购买经历变得温馨愉悦。近年来,客户关系管理(CRM)的重要性得到前所未有的重视,已被视为服务市场上至关重要的一个方面,因而获得足以满足客户需求的知识也成为市场重点。电子商务的发展使得数据采集工作可以通过数据库与数据采集技术完成。员工是服务过程的关键因素,服务公司需要保证其员工能学会必要的知识,更好地执行其承担的任务。

引言

217 　　作为提升国民生产总值(GNP)的重要贡献者和扩大就业来源

的策动因素，服务业的重要性不断增强并成为 20 世纪西方国家经济的显著特征之一。20 世纪 80 年代服务市场上的竞争变得愈益激烈，企业为求得发展，开拓更大的生存空间，不得不开始思索怎样改变促销哲学，以适应现代市场发展的需要。当时最流行的办法是从宝洁、通用食品及雀巢等快速消费品公司雇用一些重视人际沟通关系的管理者。这些人说服其雇主对市场促销管理采取快速消费品领域的常规促销方法，这一策略立即取得了明显的成效，但同时也因开展各式各样的促销活动而耗费了大量开支。

这些快速消费品领域的常规促销方法在一些公司里获得了极大成功，例如汉堡王（Burger King）、必胜客（Pizza Hut）、肯德基（KFC）等快餐连锁店在全球的成功扩张。然而并不是服务部门的所有公司都得到了类似回报。20 世纪 80 年代末，英国银行业花费数百万英镑用于播放电视广告，却发现如下两种结果：（1）开设活期户头的客户数目并无实质变化；（2）许多新进客户都是对之前的服务不满意转而更换银行，然而又对新银行的服务继续不满。

这些成功经验与失败教训促使学者与企业家们纷纷开始重新省思市场促销理论，随后得出了一个得到普遍认同的结论：服务促销需要一整套崭新的促销规则与运行原则（Cowell，1984）。许多最初的研究文章都只关注财务服务与零售等部门的单纯服务业务，但更多人很快就开始认识到：在制造部门，企业仍可以善用内部知识为产品附加一系列增值服务，以赢得竞争优势。

为了使这个问题得到更清楚的阐释，奎因等人（Quinn et al.，1990）介绍了制药行业一些顶尖公司如何善用内部知识开发增值服务的经验，借此改善自己的服务，以便在面对以价格为导向的通用名药生产商的挑战时得以生存下来。同样，葛兰素（www. glaxowellcombe. com）与默克（www. merck. com）等公司都通过一系列服务举措为其产品增加价值。这些服务举措包括研究开发、健全法律与专利保护措施、以监管企业规定的临床治愈率为标准迅速研发

218

新药、支持医生采用新的治疗方法以及为其客户（比如大型医院与卫生局等）提供改进护理保健的咨询建议。

百特英国制药公司案例

百特英国制药公司的肾脏科专为家庭腹膜透析治疗提供所需的透析袋（Vandermerwe，2000）。尽管在1997年度，该公司业已占据80％的市场份额，但腹膜透析治疗（PD）的销售总额仍不敌血液透析（HD）。血液透析的作用主要是用来排除血液中的有毒废物。对此，该公司需要迅速找出一条增加销售收入的渠道，以挽救逐渐下降的利润率。于是该公司开始探索如何运用知识来创新服务举措，让客户认识到其产品具有很高的附加值。

一般说来，肾脏病重病患者先是在家里进行腹膜透析治疗，后来才转到医院进行血液透析治疗。血液透析需要一周进行三次，每次四小时。从腹膜透析转到血液透析的时间间隔由诊断与治疗的速度决定。百特英国制药公司的目标是让患者能及早并且长期进行腹膜透析治疗，这样的话患者花费在腹膜透析上的费用就会增加。为了提高病人的健康意识，该公司特意制作了网站（www. Kidneywise. com）来宣传腹膜透析治疗知识。这一举措马上就受到广大患者的喜爱，因为该网站实际上成为了一个移动的诊断中心，不仅节约了诊断时间，还让患者的活动范围在空间上得以延伸，并且受时间的限制也小得多。受此影响，许多患者都欣然接收了更长时间的腹膜透析治疗，公司核心产品——透析袋的销量也由此增加了。

该公司经过调研发现，当需要做血液透析的患者在改变了的生活面前感到茫然无措时，一般都会选择去医院做治疗。因此该公司决定采用知识促销方法，为患者提供家庭血液透析治疗。该公司安排指导专家在诊所里在透析前为患者提供治疗建议和忠告，同时网站也会提供全面的治疗信息。当患者进入治疗阶段，该

公司就会教会病人如何照顾自己，如何克服因人生突变而带来的
不适。病人在该公司的指导下会学会如何在家进行自我透析治疗，
如何通过电话与互联网获得 24 小时紧急医疗指导。该公司的家庭
护理措施包括供应管理、废物处理以及药物配送。在家庭治疗中，
护士会在整个治疗过程中进行观察指导，同时远程医疗（telemed-
icine）设备会捕捉患者信息，再由互联网传送到指导专家以及该
公司研发小组那里。

服务产品特征

当下的服务市场表现出了一些非常具体的特征。第一个是看不
见、尝不到、摸不着、听不见的"无形性"（intangibility）。科特勒
（Kotler，1997）将服务定义为："服务是指一个组织提供给另一群
体的任何活动或利益，服务基本上是无形的，也无法产生事务的所
有权，而且不一定要附属于实体产品。"这一特征要求服务营销者必
须打破传统的品牌观念的束缚，根据服务市场的规律重新规划。

然而，不同产品部门的"无形性"程度变化非常大。一方面，
服务只是产品价值中很微小的一部分（如购买一辆新轿车时附带的
三年免费维修与服务保证）。另一方面，服务也可能是产品的主要甚
至全部组成部分（如在线购买的汽车保险）。"无形性"是指服务的
销售是无形的，它不像实体产品那样形色俱全，客户在购买一项服
务时是看不见、尝不到、摸不着、听不见也嗅不出服务的内容与价
值的。因此服务行业行销者的任务之一是找出一种方法，向客户介
绍更多知识，最终减轻客户对这种无形性的怀疑和顾虑。由此需要
考虑如下一些变量：

1. 地点：服务环境的布局与陈设能向客户传递、暗示相关的知 *220*

识（如牙科诊所的气氛）。

2. 人员：作为客户与企业之间的联系纽带，向客户介绍知识（如商店营业员）。

3. 设施：用来促进知识的普及（如可以查询到客户信息的银行ATM 设备）。

服务业的另一个特征是"不可分离性"（inseparability），是指服务的生产与消费通常是同时进行的。生产者与消费者在同一地点或同一时间完成服务，服务的提供者与消费者必须互知互动。"异质性"（variability）也是服务业的特征之一，这是指服务的品质不易维持一定的水准，可因不同服务提供者的自身能力以及客户对于服务的需求而定。与制造业不同，服务业还具有"易逝性"（perishability）特征。比如每个航班总有一些座位卖不出去，那就意味着那部分座位的收入永远失去了。萨瑟（Sasser，1976）就指出：利用对客户需求与客户行为的了解，能够制定一系列促销策略，有效地满足供需平衡。这些策略包括：

- 在高峰时期和非高峰时期采用差别价格，以期将高峰时期的需求转移至非高峰时期。
- 提供多元化服务，以满足高峰时期客户不同的需求。
- 进行服务改进，保证高峰时期大多数客户的需求都能得到优先考虑。
- 通过需求管理系统，服务提供者能迅速（1）判断目前的服务能力；（2）提供解决办法。
- 服务提供者可以通过临时扩展服务能力，以应对高峰时期客户的需求。
- 数个公司紧密合作，愿意为彼此的客户提供共享服务。
- 鼓励客户参与。

客户期望

在与服务提供商建立联系之前，客户已经在心里形成对某项服务的消费前期望。消费活动结束后，客户会将服务实绩与消费前期望进行对比。如果两者不一致，客户心里就会出现差异（disconfirmation）。正差异（positive disconfirmation）意味着实绩高于消费预期，这时客户会感到非常满意。负差异（negative disconfirmation）意味着实绩低于消费预期，客户会感到失望。

蔡特茅等人（Zeithmal et al.，1993）指出，客户期望是在客户了解产品与服务的知识之后形成的，同时很多渠道都能影响到知识的了解过程。明确的服务承诺（explicit service promise）是服务商传递给客户的关于服务的个人和非个人的说明。当这些说明由销售、服务或维修人员传递时，只是个人性质的。当该说明来自广告、小册子、其他出版物时，就是非个人性质的。服务商需要保证服务承诺的内容是真实有效的，也就是说要保证不做出不能实现的许诺，在促销活动中许下的承诺必须在以后的服务中兑现。

含蓄的服务承诺（implicit service promise）是与服务有关的暗示。一般来说，价格越高，客户的服务期望越高。口头交流（mouth communication）是由当事人发表的个人及非个人的言论，向客户传递服务将是什么样的信息，并且影响预测服务和理想服务。这种信息来源（如朋友、亲属或者旅游杂志上的文章）被客户认为是毫无偏见的重要信息来源。

过去的经历也是形成客户期望的知识来源渠道。过去的经历即客户过去的服务接触。客户可以通过亲身经历获得关于多个服务商的知识，这些知识也会促使客户形成对服务的期望。比如乘坐过多个航空公司班机的旅客，就会对航空服务水准有个总的期望。

服务商需要监督所有影响着客户期望的知识渠道，以了解它们对现有客户与潜在客户的影响。此结论意味着企业的市场研究不能仅仅只关注客户现在的服务经历，还需要扩展到客户期望形成过程中的各个方面。

服务缺口理论

服务提供的基本目标是努力缩短客户期望与实际经历之间的缺口（即他们希望发生的与实际发生的之间的差异）。为了让服务商理解并能控制这些缺口，需要有合适的方法对客户的期望（expectations）与认知（perceptions）进行衡量和分析。帕拉索拉曼、蔡特茅与贝里（Parasuraman, Zeithmal and Berry 1985, 1988, 1994）为此做了深入细致的研究，以期建立服务品质衡量模式。

此研究的第一步是调查客户评价服务品质的标准，再将其归纳成数个构面。基于对几个焦点群体的研究，他们得出了以下五个构面：

1. 可靠性（reliability）：可以正确且可靠地完成允诺服务的能力。

2. 有形性（tangibles）：实体设施、设备以及人员的外观。

3. 反应性（responsiveness）：帮助客户以及提供立即服务的意愿。

4. 保证性（assurance）：员工素质与礼貌以及给予客户信任与信心的能力。

5. 移情性（empathy）：服务提供者给予的个人照顾与关怀。

根据这几个构面，帕拉索拉曼等人接着建立了服务质量模式（SERVQUAL），对期望与认知之间的缺口做了如下阐释：

缺口一：客户期望的服务与管理者对客户期望服务认知间的

差距。

缺口二：管理者对客户期望服务的认知与服务品质规格间的差距。

缺口三：服务品质的具体规格与服务业员工的服务传递间的差距。

缺口四：实际服务传递与外部宣称间的差距。

缺口五：客户对事前的服务期望和接受服务后认知间的差距。缺口五是缺口一到缺口四共同影响的结果。

要想弥补这些缺口，服务供应商需要广泛征求、收集知识，再利用知识找出问题发生的原因，随后采取合适的行动。缺口一显示客户与服务商对"期望"有着不同的认识，要弥补这个缺口，就要进行市场调查弄清楚如下几个问题：客户认同的服务特征是什么，客户对公司的看法如何，以及在传递服务失败时企业应该如何应对等等。

只有当管理者了解了客户期望之后，缺口二才有可能实现关闭。其方法是将之前经过市场调查取得的知识转化为详细的服务品质标准来衡量工作的实绩。为了达到这一目标，需要分析客户与服务商之间出现的全部服务冲突。而经此分析产生的知识可以帮助制定行为标准，这对客户来说是非常重要的。由此可靠性标准（用来确保服务过程完美无误）与反应性标准（设定一个时间段，在规定时间内必须对客户的询问有所反馈）得以出现。在这些标准的帮助下，服务品质变得更加规范。

不根据标准执行服务过程会导致缺口三的出现。服务的传递需要依靠第一线员工与内勤员工共同努力，所以大部分成功的服务提供都要归功于企业的所有工作人员。当雇用到合适的人员后，企业需要对其进行具有很强专业性的培训，确保所有员工具备工作所需的技能与沟通技巧。技能可以是在值机柜台操作电脑控制的航空旅客管理系统的能力，也可以是在保险公司处理客户要求的能力。沟通技巧是指员工倾听、解决问题与交流表达的能力。

为使工作效率达到最大化,员工还被要求通过内部支持系统,获得执行服务传递任务所需的额外知识。企业已经越来越意识到电脑系统的重要性,越来越依赖复杂的电脑系统,通过这些系统员工可以很快地查找所需的知识。以电话服务中心为例,大部分电话服务中心的一线员工在接收订单或者处理客户投诉时,都可以通过电脑系统查找到存档的客户档案。

员工需要对企业的运营知识有足够了解,这样做的目的是为避免做出不切实际的服务承诺,这是服务品质所包含的非常重要的一个方面。为此一线员工要了解公司的各个方面,包括整个运作流程、服务保证以及会计政策等。同时,必须建立切实有效的常态沟通系统,使管理者能够及时了解一线员工开展活动的详细情况及其对客户的许诺。

电话服务中心

224

为了向远程客户提供服务,许多企业(尤其是服务型企业)纷纷开始采用电话服务中心的服务方式,这种方式的核心是将人工服务与数据库系统结合起来,向客户传递他们所需要的知识。现代电话服务中心不仅接收客户的呼入电话(如接收客户订单),也提供呼叫服务(如告知客户已经发货)(Adria and Chowdrey,2002)。

企业若想更好地控制知识传递过程各方面,就必须重视电话服务中心的作用,因为电话服务中心是实现这一目标的唯一入口点。以大通曼哈顿银行(Chase Manhattan)与梅隆银行(Mellon)为例,其建立在新泽西州的电话服务中心就为超过2 000个上市公司提供股票过户服务,帮助客户进行股票交易、管理账户余额与股票销售收益以及分发红利等。

电话服务中心的接线员直接与客户打交道，为客户服务，因此必须具备很强的责任感、良好的服务意识和丰富的知识储备。他们根据客户要求在电话中提供所需知识，其表现好坏直接影响到客户对整个企业的印象。沃尔沃汽配服务公司是一家为沃尔沃卡车、巴士、船只以及建工设备提供部件服务的公司。其电话服务中心不仅为沃尔沃的客户处理订单，还提供技术支持与维修服务。该中心把人员分成三个小组，为客户提供更专业更周到的服务。其中一个小组负责部件订单处理，剩下两个分别负责提供技术支持与紧急事故的现场处理。

电话服务中心虽不是与客户共享知识的唯一途径，但却是最核心的也是最前沿的。尽管在工作上有数据库模板的协助，但员工仍需要学会一些技巧，以应对不能满足客户要求的情况。当这种情况出现时，可以将电话转接到专门的工作人员那里，由他们进行处理。企业一般都会配备这样的专门工作人员，负责处理突发的疑难情况。电话服务中心员工都应该掌握企业内部的垂直沟通与水平沟通技巧。接线员安排客户与企业的高级专家直接进行交流，这是垂直沟通（vertical communication）。而水平沟通（horizontal communication）是指接线员将客户电话转到另一同事那里，这位同事可以更有效地处理客户当时提出的问题。

电话服务中心接线员与其他员工的知识共享离不开 IT 技术的运用。许多企业都建立了内部网络来促进知识的传播。这些系统帮助生成电子信息表格，储存在企业内部的综合数据库系统里。通过这些系统提供的客户资料，企业可以为他们量身定制高度个性化的服务。保险行业尤其如此，他们的接线员往往在客户提出问题之前，就能迅速通过电脑查找到客户的详细记录。

电话服务中心的服务技术最近有了新的发展，这便是实现了将企业网页与人工服务链接起来，使客户提出的问题得到更为及时有效的解决。利用这项技术，客户首先通过企业网站查找信息，如果

225

遇到问题，只需用鼠标点击网页上的联系图标就可以获得人工帮助。而人工服务最令人称道的地方是，员工可以从客户在网站上的浏览情况与企业数据库中已存的客户历史购买记录中轻松获得丰富的信息。这样一来，电话服务中心的员工在为客户提供服务时能够更加胸有成竹，服务的质量也得到很好的保证。

客户关系管理

美国的贝里（Berry，1982）是最早提出"服务市场的导向应是与客户建立长期关系"的学者之一。与此同时，欧洲 IMP 小组也就工业市场上客户－销售者的关系形成了与之相似的观点。赖克费尔德和萨瑟（Reichfeld and Sasser，1990）也认为企业是时候应考虑从交易性促销转变到关系促销了。这些学者都纷纷论证了这样一个观点：客户留购率的微小上扬就能带来巨大的利润增长。

有效的客户关系管理依赖于对客户信息的准确及时的把握。对客户进行分类与分析，这并不是一项崭新的营销观念，然而，在 20 世纪 90 年代，计算机技术的飞速发展，才为对客户数据进行迅速而详尽的分析提供了可能性。换句话说，现在的企业完全有能力将客户数据转换成信息，以服务于建立和维持同客户的良好关系。

20 世纪 90 年代末期，互联网时代的到来给企业带来更大的发展空间，相比之前的离线世界，现在的企业有更充分的条件建立更为紧密的客户关系（Winer，2001）。尽管以 IT 技术为基础的 CRM 在工业领域各部门被广泛采用，但是最早采用 CRM 的实际都是一些服务业企业，比如航空公司与在线零售商等。企业若想使用实时知识以更好维持良好的客户关系，就需要将下列两种能力结合起来：一是直接解决客户问题；二是让客户体验高度灵活的个性化服务。

销售人员、客户服务代表与电话服务中心已经为企业与客户间

226

的良好互动架起了桥梁，互联网也成为这种互动的重要途径。企业可以选择使用低成本的网络，或是只与客户通过电子工具交流，以降低服务成本。这种以网页为基础的互动十分灵活方便，使企业可以选择服务对象和服务性质，并根据市场预期为客户制订个性化服务。

　　建立客户数据库，是掌握关于消费者行为知识的第一步。对于网络交易为主的企业来说，建立数据库是一件相对简单的任务，因为客户交易记录与交流信息本身就是其重点搜集的内容。但很多离线企业之前一直忽略了获取消费者行为知识的重要性，因而不得不从会计记录与客户服务记录等内部资源获取所需数据。此外还需要展开市场调查，了解更多的客户知识。每个企业都应当建立至少包括如下信息的数据库：

- 完整的客户历史购买记录。
- 客户与企业之间的接触点（包括客户与企业中间商的接触）。
- 客户的描述性信息，以正确划分消费者群体。

数据仓储（Data Warehousing）

　　当企业采用 CRM 管理之后，如何从已建成的数据库里选取信息又成了新的问题。为解决这一问题，企业由此建立了数据仓储（Ryals & Payne，2001）。所谓数据仓储是一种集成的数据储藏库，专门收集来自企业内外各类数据源的数据，包括来自于电话服务中心、销售人员、市场观察、竞争者以及地域人口统计等数据源的信息。

　　数据仓储与操作性数据库不同。由于数据缺乏集成性与有效性，操作性数据库的查询过程非常繁琐冗杂。在此数据库中查询客户信息，可能会降低业务操作的速度。此外，其结构也会使查询过程复杂化。每一次业务操作都会立刻记录到这个数据库中，长此以往，227 积累的都是零碎的数据，每次的查询结果都可能不尽相同。而在数据仓储中，数据只是每隔一段时间进行自动更新，通过这种相对稳定的数据集合系统使得查询过程变得简单实用。所以大多数企业都使用数据仓储与数据集市（data marts）来收集、整理以及储存客户信息。

数据仓储一般是指大型的数据库，收录某一商业部门完整而全面的信息。而数据集市则是迷你版的数据仓储，专门用来处理数据子集。数据仓储有时显得过于庞杂，信息量过多，在分析数据时效率不及数据集市。

数据开发（data exploitation）是指利用数据仓储获得消费者行为知识的过程。此过程有两种主要形式，即报表（reporting）与数据可视化（visualisation）。报表是以文字数据形式出现，用于质量控制、利润分析、管理报告以及市场行为分析。可视化是指在软件工具的帮助下，以图表图形方式将数据呈现出来。决策者通过这种直观的表现方式迅速获得信息中蕴藏的知识，并将其运用到市场划分、趋势分析以及客户分类分析等活动中。

为了获得更多客户知识，企业还可以使用数据采矿（data mining）技术。该过程涉及大量数据的选择、研究与建模，并使用统计分析技巧来识别数据集里的相互性与不规则性。这些技巧包括：聚类分析（确定行为相似的消费者群体）、组合分析（确定消费者的产品偏好）以及回归分析（检验变量之间的函数关系）。人工智能也可被用来揭示变量之间更为复杂的关系。

企业与客户之间的互动次数强烈影响着建立数据仓储的难易程度。耐用品制造企业一般都通过客户保修卡的信息来建立数据库。但是这种信息来源是建立在客户低互动的基础之上，数据的收集与更新非常困难。与此对比，银行与在线零售商等服务业企业尽量采用各种方法与客户进行互动，因此在数据仓储的建立上简单很多。这就是服务行业企业能迅速享受到 CRM 带来的利益的原因。

选择目标客户

通过分析消费行为方面的数据，企业可以更准确地根据营销计划选择目标客户群体。在进行市场分割研究之后，那些处于最理想市场分区（拥有最高购买率与最强品牌忠诚度）的客户会成为各公司争相保留的焦点。其他分区的客户根据当时环境也可以成为竞争焦点。比如，当一个理想分区内的客户的购买率达到了饱和，那么购买率处于第二层的客户则会被补选为目标群体。

将大量客户分为各个市场分区，并不意味着随后的促销努力只针对分区里的中层客户。目前通过数据仓储与数据采矿，公司能够了解到个体消费者的行为。这使得公司能够对个体消费者以往与将来的获利性进行分析，同时促销者也能开展目标明确的个性化促销行动。

大众促销手段如电视与印刷广告等能有效地引起大范围的群众关注，但却并不适合需要人与人互动的 CRM 管理。对目标客户而言，更有效的方法包括电话销售、直邮与一对一销售等直销方式。互联网的发展也为客户交流提供了电子邮件这个新途径。用电子邮件给 1 000 位客户发送宣传单的成本要比直邮低得多，由此电子邮件营销已经成为极度普及的营销方式。然而在全世界越来越多的公司选择了电子邮件营销的同时，也有越来越多的消费者感到越来越愤怒。每天他们的电子邮箱都会被自动投递的信件塞满。为了解决此问题，一些以客户为导向的公司开始采用"许可式（permission-based）邮件营销"，只有在得到客户许可之后才会向其发送电子邮件。

228

关系管理

客户与公司发生的任何交流都代表一次服务接触，这能深化客户与销售者之间的关系。当客户遇到问题（比如想要退回快递的货物）有必要与公司接触寻找解决办法时，就需要提供及时式服务（reactive service）。大多数企业都已经认识到，CRM 管理最关键的一方面在于在解决问题时提供无缝服务，以免使客户感到不满从而转向另一家公司。因此这些公司大多建立了数据库系统，负责客户服务的员工通过这些系统可以直接获取客户信息，这样公司便可以对客户需求做出迅速反应。

在建立了数据库之后，一些企业又开始向主动式服务（proactive service）领域进军。此时的数据库专门用来识别客户可能会有的潜在需求。与客户交流是为了确定他们是否会对一些额外服务感兴趣。比如银行可能会将高收入客户的资料整理成一个档案，然后在银行内专门给这些客户提供私人咨询服务，满足其将来的银行需求。

229　　忠实客户奖是另一种奖励长期客户的方法。尽管在很多部门中，是增加客户忠诚度还是促使客户花更多的钱，一直都是个矛盾的问题。美国与英国的大型零售商目前大多都采用了忠实客户奖励计划。这项计划的普及意味着：对大型客户服务公司而言，这是一种极富竞争力的必要手段。然而航空业等部门已经有力地证明了这一奖励措施的有效性。航空公司为乘坐其航班的旅客设计了"常客计划"，鼓励旅客参加公司里程数积分等活动，积累的飞行里程数能够被换作免费机票或者升级飞行服务。这就增加了客户的忠诚度，也为竞争对手制造了障碍。

随着企业对个体客户了解越来越深入，就可以开始考虑为客户提供个性化服务举措，进一步加深客户关系。因此航空公司可以分析常客的旅行模式,然后将其列为目标客户提供特别优惠,促使这些客户的大量购买。

企业还可以建立客户社区与客户进行交流互动,以建立一个更紧密更个人化的关系。在此关系中,客户与企业管理者都将自己视为同一个大家庭中的一员,相互扶持,相互努力。同时互联网与聊天室的出现加快了该过程。企业由此在网络上建立了虚拟社区,拉近了与客户的距离。软件公司就非常喜欢采用这种方法。他们为客户与软件开发者建立了一个网站,网站用户可以在上面交换软件的使用心得,还可以为他人遇到的问题提出解决建议。

幕后故事

许多 CRM 管理项目里都有一条秘而不宣的理念:忠实的客户为企业带来最高的利润。在确定了忠实客户群体之后,这个理念促使企业将其营销活动集中在该群体上,维持此群体的忠诚度。然而赖纳兹和库玛(Reinartz and Kumar,2002)最近进行了一项研究,认为这个理念都是由对消费者行为缺乏足够知识的企业引出的,不一定在任何情况下都奏效。

研究者分析了四个大型企业的客户数据库,对其中超过 4 年以上的 16 000 多位客户的行为、收入以及盈利性做了研究。以盈利性作为消费者划分的变量,研究者总结了 4 种关系管理方法。

第一种称为"稀客"(strangers),可盈利性低而且忠诚度低。建议尽早识别这类客户,无须花费时间金钱与其建立关系。有钱而不忠诚的客户被称为"蝴蝶"(butterflies),其购物特点是:单次购买花钱多,但属随机性购买,是暂时的消费者,然而盈利性仍然很高。在此情况下,建议在客户购买之后立即发起短期的密集促销。如果没有得到反应就无需再为拉拢忠实客户做任何努力。

忠实客户可以分成"知己"(true friends)与"藤壶"(barnacles)。"知己"的购物特点是:单次购买花钱多,习惯于定期购买

230

商品。但是企业会经常出现一个错误：过于重视对此类客户的销售宣传，经常过多邮寄资料，或者让销售人员频繁造访。这样的举动有时会让客户感到厌倦，所以如果降低销售活动反而会使利润上升。

"藤壶"是最麻烦的客户，可盈利性低但忠诚度高。其购物特点是：单次购买花钱甚少，但频繁固定地光顾。此类客户的购买率与销售投入相关，投入越大购买力越高，这意味着销售实际上无利可图。首先要弄清：从他/她的钱包掏钱难，到底是因为他/她本身就是"瘪钱包"（客户财力有限，不值得抓住），还是因为他/她的钱包本来很鼓，但不愿在你这儿花钱。如果是前一种情况，就不应对这个群体再做进一步的销售举措。如果是后一种情况，就需要在营销活动上再做努力，不仅提升购买频率，还需增加购买量。说不定某一天，他/她就会真的成了企业的"知己"。但是如果此营销努力遭到失败，则对这些客户也应采取对待"瘪钱包"一样的态度。

员工的角色定义

既然在买卖的过程中和/或与提供服务相联系的内部过程执行中所出现的知识错误都会影响客户的满意度，因此便出现了关于在服务性企业中就如何更好定义员工角色的广泛争论。莱维特（Levitt）在1972年及1976年两篇经典的文章里提出在服务的管理中应以制造为方向。他认为这种方法是必要的，因为这种方法考虑到如下因素：（1）工作的简化；（2）劳动力的清楚分工；（3）为员工提供的替代设备及系统；（4）员工所需要的最小决策权。

许多快餐连锁店的经验证明了莱维特方法的正确性。为了使员工对接触及探索新知识的需求减至最小，这些连锁店教授员工如何去问候客户，如何让客户多点菜。为了更进一步减少员工对额外知识的需求，在关于回收点菜单、把点菜单放到托盘上、将托盘放到柜台上以及如何收钱等方面，这些连锁店都制定了详细的程序。同时，在后面的工作室里，其他员工也在工作，快速、有效地生产质量统一的食物。这样的生产线使知识有限的员工能提供有效、低成本、高数量的食品服务，同时也做到令客户满意。 *231*

服务操作工业化这一概念向来便是颇有争议的。一些人认为这种做法不人性化。此外还会导致员工对不同客户需求的无所适从，因为员工总是被迫在使用公司政策手册中所规定的严格方针下应付所有情况。泽柯和沙夫（Zemke and Schaaf，1989）提出优秀的服务更可能通过授权来实现。"授权"包括鼓励和奖励员工吸收隐性和显性的知识以表现主观能动性及想象力。成功扭转斯堪的纳维亚航空公司局面的执行总裁简·克劳森（Jan Carlzon，1987）也提出了相似的观点。他关于探寻知识的观点包含在他的以下论述中：

把人从指示、政策及命令的控制中解脱出来，给人为自己想法、决定、行动负责的自由，就要释放隐藏的资源。否则，无论对个人还是公司，这些资源都是难以接触的。

鲍恩和劳勒（Bowen and Lawler，1992）提出了关于工业化及员工授权服务的一个更为平衡的观点。他们以两家做国际包裹运送的成功美国企业联邦快递和 UPS 作为例子。联邦快递的宗旨是"人，服务及利润"，这是一个企业建立自我管理团队的基石，也是授权员工使用所能利用的全部知识为不同需求的客户提供具有弹性及创造性的服务的基石。相反，UPS 用控制、条例、详细的合同、严格的操作指导方针来确保客户能获得可信赖的低价的服务。

鲍恩和劳勒认为一种服务哲学是否恰当是一个不确定的问题，即是以工业化为方向还是强调对员工进行授权取决于企业所运作的市场、企业的战略及整个企业文化对选择适当内部企业流程的影响。

为了更好说明他们的观点，表 11—1 列出了一些可能会影响决定服务方式的因素。

表 11—1 　　　　　　　　　　**影响决定服务方式的因素**

因素	工业化型	授权型
客户方向	交易型	关系型
服务产品需求	标准解决方法	新的，创新的方法
商业环境	可推断的，稳定的	变化的，不稳定的
服务提供技术	简单的	复杂的
公司与客户的紧密联系	低	高
公司的服务方向	确定的，知名的	使用新方法
劳动力的平均技能	足以执行标准的工作	能执行复杂工作
管理方向	指示型	权力下放型

表 11—1 所列出的影响因素表示服务企业可以使用四种可供选择的管理方式：

1. 交易保守型服务企业 （conservative-transactional service organisations），这种企业通常在稳定的市场中运作，客户想要获得标准的解决方法而无须与服务的提供者有紧密的联系。客户所需要的服务通常是由无特殊技能的工人来完成的。而且这些服务对于知识的要求也较低，不需要使用复杂的技术（比如洗车公司）。

2. 关系保守型服务企业 （conservative-relationship service organisations），这种企业在变化的市场中运作，客户寻求与服务的提供商形成紧密的联系以获得适合自己特殊需求的服务。服从客户的需求就需要员工使用复杂的技术，接受新的知识，或向其他拥有较高技能的工人学习（例如，IBM 个人电脑的分销商会提供定制的电脑安装、维护及信息技术培训服务）。

3. 交易创新型服务企业 （entrepreneurial-transactional service organisations），这种企业通常在变化迅速的市场中运作。虽然客户面临特殊的问题需要新的解决方法，但他们并不愿与任何服务提供者建立密切的联系。解决问题的方法需要使用复杂的技术，接受新的知识或向拥有较高技能、具有专业知识的工人学习（例如，许多主要的咨询企业都会发展并推销诸如企业业务流程的重构工程等理念，这种企业需要仔细调查新的方法以满足不同客户的需求）。

4. 关系创新型企业（entrepreneurial-relationship service organisations），这种企业在快速变化的市场中运作，客户通过与自己选择的服务提供者建立紧密联系来解决特殊问题，这些问题需要新的解决方法。这些方法需要应用复杂的技术以获取其他知识或是向拥有较高技能，具有专业知识的工人学习。但是这些工人必须与客户的员工拥有合作关系（例如，计算机软件设计者会为国际财政机构开发包括全球货币流通及股票交易的新的风险管理体系）。

233

与这四种管理模式相联系的有两种衡量授权的尺度。一种尺度是员工被授权使用知识以改进服务的程度。另一种尺度是员工被授权在制定新形式服务中对知识探寻的程度。在交易保守型企业中，员工几乎没有修改服务形式或是服务实施过程的自由。关系保守型企业的客户通常感兴趣的是服务的提供者通过对新知识的探寻以满足客户不同的需求从而优化服务过程。例如，运输服务希望修改运输的线路以确保能成功地将急需的备件送到遥远的目的地。因此，为了达到这一目标，服务提供商应允许员工探寻知识以帮助解决可能会遇到的各种问题。

交易创新型企业的客户通常面临的是重大的问题。解决这类问题可能需要新的、激进的方法。只有当企业授权给员工使员工承担使用知识以发展适当的解决方案的责任时，这种情况才会实现。大多数这类服务合同都包含对失败的惩罚。然而，提供服务的企业会要求员工遵守整个工程管理过程的详细指导方针。这与关系创新型服务企业所遇到的情况恰好相反。在这种企业里，客户与服务提供企业均完全意识到双方员工合作的美好构想可能是得到可行性解决

方案的唯一途径。因此，服务的提供企业会授权员工使用知识以帮
助产生、传递最有效的服务解决方案。

新的企业形式

在对服务管理的一些例子进行回顾后，蔡特和比特纳（Zeithmal
and Bitner，1996）提出，与流行观点相反，他们认为在降低成本的
同时尽可能地使客户服务人性化与用户化是可行的。然而，这两个
目标的同时实现需要创造性地使用可利用的知识和先进的技术，并
且接受新的企业结构。

奎因和帕克特（Quinn and Parquette，1990）提出，战略教条
导致了服务部门间所存在的低成本与高弹性的冲突。他们认为其中
奥妙在于：（1）以微单位的形式设计知识系统以便客户使用（例如：
保险顾问会用掌上电脑成本计算系统，根据当前的贸易环境，对一
家制造企业对市场覆盖率的要求作出审查）；（2）使用技术以使无经
验的员工能接触操作复杂工作所需掌握的知识（例如：旅行社的一
线员工可以利用网上的订票系统设计符合用户需求的旅游线路）。在
实现这些目标的过程中，企业将可能认识到为了优化员工的知识从
而提高生产率需要新的企业形式。

计算机信息系统意味着管理者对一般员工的控制在事实上没有
限制，也就是说服务企业能考虑创造一种极度平等的企业。在这种
企业里权力尽可能下放，所有员工都有权使用可利用的知识做出最
好的决策以满足客户变化的需求。例如，联邦快递在世界 300 多个
城市拥有 42 000 多名员工，但在普通员工及高层管理间仅有 5 个管
理层。通过允许所有员工进入企业的 DADS、COSMOS 及 MIS 系
统，企业的服务得到了优化。

最终，诸如会计、咨询等国际企业会通过在世界各地建立事务

所来提供复杂的、针对不同客户的服务以满足不同地区客户的需求。更新员工的知识从而维持先进的服务质量成为日益显著的问题。幸运的是，诸如 Lotus Notes 及电视会议等技术的发明，使这些企业能重新调整自己的结构。用电子多媒体可以确保分散的服务能连续获得其他事务所所提供的知识。例如：奎恩和帕克特在 1990 年曾经详细描述一家重要的咨询企业的结构。这家企业利用最先进的技术把分布在世界 200 多个不同国家的 4 万名员工联系起来。这一系统主要的优点之一在于，当一名员工遇到客户提出的难题时，可以利用企业的电子公告栏来寻找世界其他分部是否有人已经想出有效的解决方法。

第十二章
实践过程

章节提要

　　如果企业渴望保持成功，那就必须加强对新知识及现有知识的探索和创新。信息技术以及以网络为依托的科学技术极大地改善了知识的获取及传播过程，而文化在此过程中扮演了一个障碍者的角色。这方面的典型问题主要表现为缺乏信任感及不愿接受新知识。一些企业认为他们应该接触自身以外的知识，因此他们与其他企业结成了战略联盟。左右结盟成功与否的关键因素在于双方是否能够给予彼此充足的信任。联盟有多种形式，可以是非正式的，也可以是高度规范的。在联盟中，结盟双方在地位上既可以是平等的，也可以是其中一方占据主导地位，另一方处于相对次要的地位。假如合作具有成效，联盟会允许各成员更快地接触新知识以便能极大地提高市场竞争力。

引言

235　　在市场运作的范围内寻求管理知识以增强企业的表现通常分为

三个阶段（Foote et al.，2001）。在第一阶段，企业意识到一个员工团体所掌握的知识如果与他人共享，将会有助于改善目前的市场运作。例如：销售人员可能会意识到哪些因素会影响客户对服务质量的期望值，从而通过与其他部门的知识共享，及时采取一些措施减少客户的不满。

探索知识的下一个阶段是通过进入新的市场或争取新的客户把知识应用于扩大市场运作中。在这种情况下，当前的一些成功经验会被记录下来并接受检验以决定这种知识是否可以用于寻求新的机遇。例如：顾问可以通过回顾现有的业务来作为定义获取新客户所需条件的基础。

第三个阶段是明确知识管理能向客户提供一个崭新的价值导向。一个企业可能会把以前企业的内部知识作为产品主张的一部分。例如：世界银行主要向发展中国家提供资金，并从中得到关于经济发展的大量知识。这些知识现在已提供给发展中国家的政府，以帮助他们更为有效地管理本国的经济运行状况和制定经济发展计划。

实现从利用知识以提高现有的商业运作转变为把知识视作价值主张的来源，对于企业而言绝非一个简单的过程。在研究了大量不同的营销攻略后，安布雷克特等人（Armbrecht et al.，2001）总结了六个"必须"：

1. 在整个企业灌输这样一种理念：对知识的探索创新对于企业所有的目标及战略的实现都是至关重要的。

2. 寻找一种能增强员工之间及工作团队之间知识交流的机制。常用的一些方法包括：信息技术合作工具、培训、讲座、创造社区氛围或是实践，其共同的目标为"共享我们所知道的"及"运用我们所知道的"。

3. 开发搜寻及检索工具以获取企业内部和外部信息。互联网以及相关的技术极大地简化了这一过程，因为通过互联网可以迅速地搜索到尽其所需的各种信息。

236

4. 强调运用创造性思维解决问题的重要性。要注意为员工提供可资他们获取新指示及开发新思维的时间。

5. 确保获取新的隐性及显性知识以供再利用。可供使用的方法包括员工培训、咨询、对成功或失败的项目进行重新评估。

6. 努力营造良好的企业文化，使员工能最大限度地获取知识并共享知识，推动员工间的积极合作，并制定有效机制奖励那些在完成自己规定工作的同时还能对探寻新知识作出贡献的员工。

化知识为行动

237　　为使企业的竞争力更上一层楼，不断扩大影响力，进而发展成为美国啤酒业领域的一支劲旅，喜力美国公司（Heineken, USA）在2001年决定将技术知识、消费调查及商业分析三大模块相整合，实现将"知识转化为行动"的目标（Chase, 2001）。该公司认为知识管理的实施应该分为以下三个步骤：

1. 创造、收集、管理及传播信息。

2. 将信息转化为可行的知识。

3. 将该知识传递给关键的决策者以促进销售额的上升。

在此过程中，最基本的一个环节便是通过建立数据管理系统来改善信息的收集方式。为了使非技术人员也能够充分利用信息，该公司在整个企业内部大力推广决策支持工具。为了优化这些活动，该公司需要争取各种各样的新信息渠道，以便获取更多的数据能够及时做出应对举措。一个简明有效的方法是，通过把对事实的分析与客户和员工的信息、经历等相结合来得到新知识。为了实施这项战略，该公司利用了以网络为依托的技术和企业数据库软件来简化并整合企业内部及外部的信息结构。

知识管理观的实现被视为一个巨大的工程，这个工程需要分四个阶段并且耗时达五年才能完成。这四个阶段分别为开始阶段、巩固阶段、深入阶段和支持阶段。第一阶段，需要开展各种各样的活动，包括获得高层管理的许可，获取适当的技术基础设施，刺激企业之间的电子商务及企业间的员工门户，使年度计划体系自动化，合并数据服务，并为诸如销售、营销、高层管理等部门提供可行的知识。为了推行这些计划，该公司建立了两个新的部门：内容管理和商务分析。

在第二阶段，喜力美国公司着眼于拓展知识管理活动的范围。其中包括鼓励企业内部和外部股份持有者参与知识的获取及开发。在这一阶段将会引进新的软件和工具以加速知识的共享和学习。

第三阶段的目标是对客户行为及主要市场驱动者如何影响商业运作有一个更为清晰的了解。为了达到这一目标，对消费者的调查应转入企业的数据库，同时要引入商业智能工具以拓展企业对市场分析的数量及水平。此外，还需要引入模拟工具着力培养主要的团队及销售人员的战略计划能力。各种体系也需要更为完善以获取贸易账目的专门数据从而提升渠道管理活动。这些活动一旦完成，就可以在最后一个阶段，把知识管理的实践与企业整体的战略和核心价值观更为正式地结合起来。

238

喜力美国公司运用了大量的尺度去衡量项目成功与否。其中一个重要尺度是信息可供使用的速度，另一尺度是确保具有更多的专业知识，更为有效的一线决策能力以促进员工、客户和商业伙伴之间的合作。而最为重要的尺度是在知识管理上的投入是否能从增加的啤酒销售额和更高的利润中得到回报。

知识管理架构

对于企业来说，想要保持强劲的竞争力就需要不断地创新、寻找、获取并共享知识从而寻求机遇以解决问题。这绝非一个简单的目标，因为在大多数企业里，知识是零散的，难以寻找的，至于共享的可能性也就更加渺茫（Zack，1999）。不仅如此，这种情况还直接引发了另外一个问题，那就是知识常以隐性的形式存在，虽然为个人的潜意识所理解，但却很难得到良好的表达。在此情况下，知识的共享通常表现为诸如对话、讲故事等一些非正式的活动。

要使知识能在企业得到共享并加以合理利用，就应努力把知识由隐性的形式转化为显性的形式。因为，把隐性的知识显性化就意味着，这些知识能够更为有效地更有意义地被共享，从而能在整个企业得到最大限度的利用。反之，如果企业没有对关键的知识进行详细说明，或者疏漏了某一块知识，结果可能会因此失去一个在竞争中处于有利地位的机会。

一旦企业决定使显性的知识得到最大的利用，将需要建立四个主要资源：

1. 显性知识库。

2. 搜集、管理并传播知识的提炼体系。

3. 管理知识角色的定义。

4. 建立信息技术系统以支持知识的储存和传播。

在知识库里的结构中，最基本的成分便是知识单位。如果我们要以一个正式的定义来界定它，那么所谓知识单位就是能被归类、索引、储存及检索的知识集。知识单位的格式、大小、内容可以有巨大的变化，但关键在于知识库必须包含使已存储的知识可以相互连接、相互参照的体系。

239 　　知识的提炼过程包括对知识库内知识的创造及传播。在向知识库增加新的内容之前，我们要对知识库进行整理、分类、索引、挑选、提取、规范、整合。此外，还应在潜在用户与知识库之间建立必要的联系，这样做可以支持跨企业间的知识传播。

随着知识是企业一笔重要财富的观念越来越得到广泛认可，一些企业甚至设立了知识官员来专门管理知识的传播过程。这些官员的职责主要是为管理知识提供支持和服务，承担整个企业的教育培训工作，规划知识并确保所有知识能融入企业的整体架构中。其他的企业也选择把知识积聚到专业知识中心。每一个中心都承担着管理特定知识的功能。随着这些中心数量的增加，这些知识官员的职能就演变成为确保所有的中心能为整个企业提供知识供应服务。

信息技术的广泛使用可以极大地帮助企业获取多方面的知识，并使知识以可查询的形式存储下来。例如：互联网和群件软件的普及使企业建立用于存储显性知识的多媒体库成为可能。只要交流者掌握相似的知识，那么在诸如群件软件的电子中介系统中便可以建立完全的信任。但是，假如交流者所掌握的知识没有太多的相似之处，那么选择那些更强调互动的交流渠道，比如电子邮件或用于讨论的数据库会更为适宜。如果交流者所掌握的知识交叉点非常有限，而且主要以隐性形式存在，那么知识的共享就最好通过召开会议、面谈或是举行电视会议等方式来完成。

知识处理

扎克（Zack，1999）提出知识的处理方式主要可以分为两大类：综合式和交互式。综合应用即知识库里的显性知识有序地导入和导出。在这种情况下，知识的创造者和使用者并不直接发生作用，而是两者与知识库三者之间相互作用。因此，知识库就成为知识交流最重要的载体。

一些综合应用软件包含着相对恒定的知识。这些知识一旦被创造出来就几乎不再需要更新。人力资源管理部门所建立的网上数据库就可以视为这类知识库的一个范例。这个数据库可以详细列出对上级提出不满意见的具体程序。其他的综合应用软件虽然仍展示了

240

知识的有序流动，但却允许用户在系统内增加自己的个人经验从而建立一个集体知识库。例如：销售工程师可以通过使用最佳数据库来共享他们在工作中所遇到的解决普通技术问题的经验。

创建综合数据库需要知识的创造者、搜索者及收集者。获取口头传递的知识同样需要采访者和记录者。知识的提炼需要分析者、归类者及编辑者的共同努力。因此，必然有一些人会承担管理数据库及传播知识的职责。

交互式应用软件（interactive applications）通常着眼于支持人与隐性知识之间的相互作用。从这个意义上说，知识库仅仅是相互作用和合作的副产品，而不是软件所关注的主要重点。软件的内容也非恒定不变，而是不断更新，处于动态的过程当中。交互式知识库最常见的形式为电子讨论区，人们在这个平台上可以提出问题并寻求帮助，或者向其他人介绍自己的专业知识以及实践经验等等。参与者的互动同时也促成了经验的积累。如果此时有人通过对软件内容进行适当的组合及索引而担当编辑者的角色，知识库就产生了。其他人可以通过搜索这个知识库而掌握利用这些经过不断累积沉淀的知识。

巴克曼知识论坛

巴克曼实验室是一家拥有 3 亿美元资产的专业公司。该公司占领市场份额的方式并不是通过大量倾销产品而是依靠解决客户关于处理化学物质的问题而逐渐形成品牌（Zack，1999）。销售及应用该公司的产品需要拥有解决客户问题的实际能力。这种知识是隐性的，存在于这个领域工作人员的潜意识里。分领域的知识是复杂的，必须处理很多变化的因素，也可能会随着地域、客户及具体机器的变化而相异。

为了确保知识可以被获取并共享，该公司建立了巴克曼知识网络 K'Netix。这个系统的建立依靠几条核心原理，其中一条是强调员工之间直接交流信息的重要性，另一条是对于企业的知识，任何员工可以随意浏览或补充。该公司把关于客户、产品、技术的显性知识放到网上的知识库，通过建立技术论坛，该公司能够获取并传播所有员工的应用知识和经验。论坛采用标准的结构，评论按谈话的顺序排列，并且按照标题、作者、日期分类编入索引内容包括一些问题、反馈及对该领域的观察。

　　该公司建立了知识传递部门，在此部门中，各个专题的专家会带头组织讨论并对他人提出的建议提供保证。知识传递部门的专家会定期检查技术论坛以确保其流程通畅。讨论的细节会经选录、编辑、总结并冠以关键词以资提示。诸如产品开发经理一类的负责人可以利用这个论坛在网上给本部门的员工提供技术建议，也可以从中了解到困扰客户的最新问题。

241

管理文化

　　德·朗和法赫（De Long and Fahey，2000）提出，知识管理和企业文化是密不可分的。企业文化反映企业内部的潜在价值取向及价值观，价值观的存在难以用文字准确表达，但却从深层次上影响着员工，其行为便是具体的体现之一。从价值观所演化而来的行为规范即是大多数员工所持有的共同理念。企业文化的另一面则是企业内部所广泛接受的行为惯例，主要体现在对诸如完成报告、按照规定的流程工作等重复性行为的理解上。

　　企业文化会在很大程度上影响到对什么是重要知识或正确知识的评判。例如，一家会计事务所会把财政管理知识置于最重要的地位，而一家制造企业则会认为工程知识是企业最关键的财富。因此，在后一种情况中，如果我们要求创造并共享如何控制成本的知识，那么我们很可能会遇到企业文化所形成的障碍。因为在制造企业，员工们不会认为对于完成自己的工作而言，积累财政知识是非常重要的，或有一定的裨益。

一个企业中常会遇到不同集团、不同部门间的文化变化。这种变化反映了企业亚文化（subculture）的存在。例如，制造部门价值观主要体现为效率和生产率。相反，营销和销售部门的价值观则在于考虑如何才能令客户最大限度地满意。这种亚文化的差异可能会导致冲突。因为两个部门可能会就优化制造过程的知识以及有效地满足客户需求的知识持不同的态度。为了解决这一冲突，两个部门应达成这样一种共识：为了达到优化制造过程以及确保客户满意这两个目标，两方面的知识都应予以同等的重视。

文化会影响知识在个体之间以及企业内部的传播。通常，企业的主流文化会鼓励员工固守他们现有的知识。但这会造成一种障碍，因为管理总是力图通过寻求建立普通的数据库来改善知识的传播。主流文化可能意味着员工倾向于自己掌握知识而不愿向已建立的数据库提供信息。导致这种情况出现的两大因素在于缺乏信任感以及企业内部地位的不断变更。

如果员工之间或部门之间缺乏必要的信任，那么知识的共享将会受到巨大的阻碍。因此，如果营销部门有公布销售人员所犯错误的习惯，那么销售人员很可能会限制与营销人员所共享的信息。同样，如果特定的个人或团体受到了过高的重视，相同的情况也会出现。

由企业主流文化所决定的相互交流程度也会影响企业内部知识共享的程度。在一个旨在积极促进员工之间相互交流的企业，合作和知识共享的程度也应相对高一些。相互交流的影响应该从垂直交流（vertical interaction）和平行交流（horizontal interaction）两方面来看。在垂直交流的情况中，下属及上级的交流程度会影响在知识交流中下属是否愿意提出敏感问题的程度。在缺乏信任的企业文化里，上级被视为是难以接近的，知识的共享程度可想而知。

在员工间的平行交流中，企业文化会影响工作中相互交流所受重视的程度。这种交流的本质会通过开展一些活动而高度形式化，比如通过召开会议把员工聚集起来或是员工间一些没有固定形式的交流。从理论上讲，互联网及其他电子技术大大提高了员工间的平行交流。然而事实上，假如主流文化倾向于低程度的相互交流，那么这些新技术将不可能被员工所利用。

决定平行交流是否通畅的另一因素在于主流文化对合作的支持程度。在那些仅把客户需求视为营销或销售部门职责的企业，部门间的合作也就微乎其微。相反，在那些旨在为客户提供服务的企业里，部门之间会频繁合作，而且员工会在充分满足客户需求的目标下共享知识。

企业外的知识最终在企业内部得以建立、接受和传播，在很大程度上决定着一个企业文化的形成。那些采用新的外来知识并把其应用到改变战略方向或整合内部资源分配的企业会比其竞争者做得更为出色。德·朗和法赫（De Long and Fahey，2000）提出，那些能有效利用外来新知识的企业拥有许多与众不同的特点和别的企业所不具备的优势。

其中一个特点便是这些企业会认为新的外来知识能为刺激企业革新提供出发点。成功的企业总是强调思考新知识，考虑其与企业的关联并制定具体的措施以寻求新的机会。另一个特点是，只有当企业主流文化支持运用新知识去刺激员工间关于新知识所带来的战略及操作潜在机会的广泛争论时，革新才会发生。

只有当企业文化允许员工去挑战那些现有的、决定企业先前活动的设想及理念时，员工间的争论才是有成效的。对于管理者来说，对基础理念及现有工作模式的质疑是一种挑战。企业必须有这样一种文化，那就是允许使用新知识去质疑现有战略及操作设想的正确性。没有这样一种文化，新观念将不会被接受，企业也不可能根据

243

市场出现的新机会而实施相应的策略。

战略联盟

一般来说，在一个国家获得成功的大企业总会通过进入海外市场来拓展其产品销售。在20世纪，这种趋势表现为跨行业的诸如电子、汽车、银行及保险业的跨国公司的产生。自20世纪80年代以来，企业在参与全球经济的同时必须紧跟技术革新步伐的重要性日益突出。这同时也提出了一个问题，那就是企业如何有效地加速世界各子公司间的知识交流，一些企业解决这一问题的一个途径便是建立合作关系（或是战略联盟）。这种知识交流机制能为企业在世界市场中获取或维持战略性的竞争优势奠定基础。

进入全球联盟的企业试图与一个或多个合作伙伴在世界市场的基础上进行划分价值链的活动（Chonko，1999）。从联盟中可以获得大量的潜在利益，联盟的成员之一可能已经占有了一个市场，因此，通过开发一个分销管理系统，联盟可以向另一成员提供进入该市场的机会。合作伙伴间可以交流已有的知识，这种交流会使在缺乏主要数据收集的情况下，更加迅速地把握新的商机。联盟会允许一个成员通过利用另一成员的力量来弥补自己的不足。考虑到并非所有的企业都拥有相同的技术实力，因此联盟可能会给各成员提供机会以发展技术协作，从而达到平衡各子公司间技术实力的目标。

关于战略联盟的早期理论可以用交易成本这一基本原理来解释企业间的相互作用。交易成本原理强调最大限度地减少成本。例如，一家电视机制造商在面临高成本时，会通过与另一个国家的劳动力成本较低的制造商建立战略联盟从而转移产品的产地。然而，达斯和谭（Das and Teng，2000）指出，因为许多联盟的参与者总是寻求通过积累资源来获得价值的最大化，因此采用以资源为基础的理

244

论去考虑战略联盟会更加适宜。他们提出这一观点的原因之一是结成战略联盟一般出于两个明显的动机：获取对方的资源并保持、发展自己的资源。

就获取资源而言，结盟往往优于合并或收购另一个企业。因为在联盟中，一方可以避免拥有自己不想要的或不需要的资源。事实上，在联盟中，参与者看重的完全是成员之间有价值的资源交流。就保留资源而言，结盟的一方可能会没有充分利用诸如制造能力或研究开发人员等资源。在这种情况下，企业会暂时放弃那些对将来内部部署有用的资源。那些暂时未被利用的人员会被允许学习知识技能以帮助企业在将来实施新的项目。

米勒和沙姆斯（Miller and Shamise，1996）提出，联盟内部资源的利用可以分为两大类：一类是物产资源（property-based resources），它是企业所拥有的合法资产，包括资本、物质资源及人力资源。企业对这些资源拥有产权，资源的使用通过合同、专利等机制受到企业的控制。另一类则是知本资源（knowledge-based resources），它包括存在于企业内部的隐性技术。模拟这种类型的资源是困难的，因为它们是模糊的、抽象的。然而，企业却很少建立合法的保护措施以防止这些资源的转移。比如，一个员工跳槽到为竞争对手的另一企业便会造成知识资源的转移。

雅芳—美泰（Avon-Mattel）联盟   *245*

1997 年，雅芳公司和美泰公司发起了一系列的联合营销攻势（Chonko，1999）。这项联合攻势便是雅芳在美国参与销售新的芭比娃娃，并在国际市场中推广一组注册有芭比商标的化妆品。此外，有两款芭比娃娃只能在雅芳的直销店中出售。这一联盟为雅芳的产品提供了机会，同时也促进了美泰产品的销售。两家公司通过积蓄资源从扩大的运营规模中获利。美泰向这一联盟提供知名品牌，雅芳则提供进入全球分销网络的途径。

乔戈（Chonko）指出，两家公司都向我们展示了一些特点。这些特点对于建立成功的全球联盟是至关重要的。首先，两家企业公司都已制定了商业运作的全球视野，这种想法可以传递给盟友。其次，两家企业都拥有具有国际运作经验的管理人员，这也意味着不存在相互理解的障碍。第三，两家企业都拥有强大的国际商业网络，这表明他们已与全世界价值链上的其他成员，比如供应商和分销商建立了积极的关系。第四，双方都能为彼此的关系做出特有的贡献。就雅芳而言，是运作良好的销售力量，而对于美泰来说，则是管理品牌生产线的能力。

全球货物空运联盟

交通业发展最为迅速的领域之一便是货物空运服务（Morton，2001）。然而，大多数航空公司所面临的问题是他们所提供的航线数量有限，而客户却期望一站式的，覆盖全球的服务。解决问题的方法便是让航空公司结成联盟。天空团队（Sky Team）便是拥有6个成员的联盟，包括墨西哥航空公司，法国航空公司，意大利航空公司，捷克航空公司，达美航空公司以及韩国航空公司。为了合作成功，各成员达成以下共识；

1. 确保各航空公司都能提供相同的生产线。

2. 合并销售机构从而使全球各地的客户能享受相同的服务。

3. 把仓储储存及地面运作结合起来以确保货运能从一家航空公司顺利地转移到另一家航空公司。

另一个货物空运的联盟为WOW，包括德国汉莎航空公司、日本航空公司、北欧航空公司以及新加坡航空公司。作为该联盟的创立者，德国汉莎航空公司希望利用自己广泛的知识来开发业务，使其能在竞争中脱颖而出。通过与盟友的知识共享，确保客户能接触到全世界范围内的不同产品。服务组合就是为了满足特

殊工业部门的需求而产生的。酷公司（Cool，Ltd）便是针对诸如
药品之类对温度要求很高的货品的服务组合。这个组合被视作药
品及生物技术公司的标准运货方案而被广泛采用。

联盟架构

当结盟各方希望取得更加紧密的联系时，合资经营企业便产生
了。随着员工间密切的工作联系，这一结构会营造一个互相学习知
识的良好氛围。这种类型的联合企业能极大地促进企业间的技术转
移。在这种情况下，一些企业可能会有所警惕，因为会存在把自己
的知识资源泄漏给盟友的危险。如果知识资源不是联盟的主要资源，
他们也许会更加赞同这种联合企业，这些企业一般更倾向于向联盟
提供资产资源，因为资产是受法律所保护的。

在少数合资联盟里，各合作伙伴的地位是平等的。投资的复杂
性通常意味着只有结盟时间足够长，才有可能造就合资企业这种形
式。投资的企业通常倾向于把知识资源投入联盟，而其他合作伙伴
则提供资产资源。设想如果投入相同的资金，则知识资源的提供者
不会受到那些试图通过滥用知识进行投机行为的合作伙伴的威胁。

合资企业加速了知识资源的转移过程。但如果结盟双方都拥有
大量的知识资源的话，这将会是一个弊端。合作的一方可能会发现
知识正被另一方所盗用。在这种情况下，学习其他合作伙伴的技术
必须付出高昂的代价，那就是合资企业内部关键的隐性知识的流失。
在这种情况下，联盟在本质上通常是合约性的。结盟双方都认为自
己进入了一场学习竞赛，而且双方都相信自己能赢。一旦一方认为
自己已经胜出，那么该方会决定终止合同。

如果结盟双方均倾向于提供资产资源，那么通常会建立一种单

边合同联盟（unilateral contract-based alliance）。资产资源可以相互交换，这些资源包括资本、分销渠道、专利及版权。因此，在联盟中，单边合同通常与许可证及分包合同相联系。结盟的任何一方都不会太热衷于获取他人的隐性知识。

如果合作的目标是长期的相互学习，那么双边合同联盟（Bilateral contract-based alliance）将会建立。与单边合同所不同的是，双边合同需要结盟双方在继续合作的基础上投入资源并一起工作。双边合同的例子包括联合生产，联合营销以及联合促销活动。然而，双方的管理者们必须意识到企业关系的密切同时也意味着难以防止一些重要的隐性知识的转移。

联盟中的学习

虽然有这样一种趋势，那就是强调合作伙伴间怎样相互学习具体的技能，但常（Tsang, 1999）提出，实际上学习是一个意义更为宽泛的过程。他指出学习的另一维是取得优化具体联盟运作的能力及获取通用的能力从而在将来的任何联盟中可以实现更为有效的运作。该实例告诉我们，联盟中企业所得到的经验会随着时间而显现出来。就发展盟友间的合作关系及对一个项目生命周期的理解而言，企业的能力也会从不断的参与中得到提高。

假如一个联盟能把企业引入一个行业或另一个国家而不仅仅局限于自己的圈子，企业将会学习如何在一个新的环境当中运作。例如，当进入一个陌生的国家时，企业必须学会如何与当地政府打交道，熟悉当地法规、习俗，与供应商建立联系并调整产品以适应当地的需求。在这种情况下，该企业的盟友将成为一个能加速学习过程的知识来源。

对于联盟的知识，如果合作双方具有相同的学习目标，这种学习模式被称为对称学习（symmetrical learning）。如果双方学习目标不同，称为不对称学习（asymmetrical learning）。后一种模式通常出现在这样一种情况下：一个发达国家的企业与发展中国家当地企业结成联盟以便能打入发展中国家的市场。合作双方在技术实力上往往存在巨大差距。发达国家企业的学习目标在于如何在发展中国家进行运作，发展中国家的企业其目标通常在于学习新的先进的技术。

不对称学习具有一定的风险。从发达国家企业的角度来看，存在着这样一种危险，那就是一些本非用于共享的知识可能会流入发展中国家的企业，从而导致该企业将来有可能成为自己的竞争对手。例如，很多西方国家企业在中国就遇到了类似问题。随着时间的流逝，他们在中国的合作伙伴开始利用从西方国家企业所获取的技术知识来制造产品。这些产品对他们的外国合作伙伴所生产的产品构成了直接竞争。从发展中国家企业的角度来看，在学习知识的过程中存在着发达国家企业片面夸大所提供知识的价值的危险。因此，获取发达国家所提供的知识可能会付出高昂的代价。发展中国家企业所面临的另一个危险是企业缺乏从联盟有效吸收知识的能力，尤其是当发展中国家和与自己主要业务活动不同的企业结盟时，这种情况是很寻常的。

248

对称学习的过程包括非相互学习或相互学习。在非相互学习的过程中，虽然就整个联盟而言，合作双方具有相同的学习目标，但却并不互相学习。在合资企业中，合作双方在寻求进入海外市场的过程中，通常会出现这种状况，任何一方都不具有令对方感兴趣的技术技能。双方走到一起只是希望共同承担国际营销活动中的风险和成本。这些联盟的形成绝非是因为想要相互学习。因此，对于那些对学习机会采取消极态度的人来说，学习只是一种经验性的东西。

相反，在相互学习的情况下，合作双方会努力地相互汲取知识。通常，所需要的知识是以隐性的形式存在的。这就意味着要获取这种知识就必须仔细观察并与对方员工相互交流。这种类型的学习分为竞争性学习和非竞争性学习。在竞争性学习中，就产品和目标客户而言，合作双方互为对手（例如 IBM 和苹果公司的联盟）。这种情况会导致学习竞赛的产生。在这一竞赛中，谁能最迅速地将对方的知识化为己有，谁就将更有可能在双方的关系中占据主导地位，并随着时间的推移获得竞争上的优势。在竞争性学习中，相互信任程度很低，这对双方之间知识的有效传递会造成一定障碍。

在非竞争性学习中，合作双方通常并不构成直接竞争，也不打算成为可能的直接竞争对手。在这种情况下，不存在学习竞赛，结果很可能是双方都从这种关系中获得很大的收获。这是因为没有竞争，合作双方之间就会培养出高度的信任感。双方都意识到合作所带来的巨大利益。因此，相对于竞争性学习而言，非竞争性学习更有利于知识的传播。

企业间的学习可以通过企业间知识的传播或是通过创造新知识来实现。知识的传播和创造需要合作双方表现出透明性和接受性（Larsson et al.，1998）。透明性是指一个企业愿意把自己的知识公开与他人共享。接受性是指一个企业吸收知识的能力。

透明性不仅仅在于愿意把自己的知识供他人使用。在许多情况下，关键的知识是以隐性的形式存在，因此这就对他人使用知识创造了一些困难。透明性同时也会受到诸如不同语言、习俗、传统等社会因素的限制，这些可变因素会给来自不同国家的合作者带来交流障碍从而制约企业之间相互学习的能力。

一个企业的接受水平会受到许多因素的影响（Hamanl，1991）。企业不可能有能力使所有员工都参与学习。假如公开的知识与该企业先前的知识关系不大时，问题便会产生。在这种情况下，所透露的知识对于接受企业几乎没有意义，因为该企业与创造此知识的企业不具有相同的经历。接受性也会受到公司学习意图的限制。假如因为员工不感兴趣、不重视或是有更重要的工作使企业缺乏接受知

249

识的动机，那么学习的可能性也就微乎其微了。

联盟的发展

新西兰联合汽船公司（USSCo）和好利曼父子公司（Holyman & Sons）是在 19 世纪末期的淘金热中应运而生并逐渐发展壮大起来的海运公司。两家公司都通过为塔斯马尼亚岛、澳大利亚的社区，以及澳大利亚和新西兰之间的塔斯曼海域提供服务而不断扩大规模。

20 世纪初期，这一区域的船运业竞争变得激烈起来。为了解决这一问题，联合汽船公司与好利曼父子公司建立了合资企业关系，为了确保合作成功。联合汽船公司需要对好利曼父子公司的运作有一个深入的了解。因此，联合汽船公司对好利曼父子公司一些具有重要影响力的人物做了仔细的调查。比如对当地海运官员艾勒尔（Ellerker）的调查，对诸如银行经理等与好利曼父子公司有商业往来的人员的调查。通过分析，联合汽船公司确定好利曼公司具有成功的记录，健全的客户信贷分类，并且经营有方。因此，双方很快从 1910 年开始建立了合资企业，一直运作到 1976 年。

这一联盟合作成功的关键因素之一便是双方之间所培养的高度 *250*
信任感。两家公司之间的知识交流总是开诚布公的。为了确保交流的透明性，两家公司通过签订合同及设立一些程序来制定运作标准。这些体系是合作伙伴间建立信任和合作的重要基石。

为了遏制投机行为，双方同意建立后契约审核程序。这一体系用于监督对合约的违背行为，并确认居于劣势的一方可以获得适当的财政补偿。这一体系中一个关键的因素便是公开的簿记过程。通过这一过程，每一方都能掌握另一方的月收入及支出情况。

软信息的提供与信任及合作同样重要。提供软信息主要是通过两个公司的部门经理公开交换各自贸易活动的信息来实现。经理们会就改善一些程序以及确定新的商业机会交换意见。两家公司的总公司均意识到如果部门经理没有决策权，那么部门经理层有效关系的发展将会受到限制。因此，双方都同意建立一个共同体系，在此体系中，部门经理经授权可以相互进行商业交易而无需等待总公司的提前批准。

在一个能够称得上成功的联盟中，共同的文化也非常关键。文化的第一个方面是对部门经理进行授权。其次，有一个所有员工都习惯于寄望他人共同遵守的行为规范。第三，合作双方对合资企业的财政约定是基于相互信任的共同目标而发出的一个信号。

此外，两家公司间的知识交流量也是一个重要的因素。新西兰达尼丁的联合汽船公司与悉尼的好利曼父子公司平均每两天进行一次正式交流，平均每次交流 232 个字，内容包括从人力资源到具体财政分析等各类问题。这一体系成本较低，信件、电报等所有形式的交流所支出的费用不到整体运作经费的 0.5%。

联盟成功合作的障碍

虽然全球战略联盟能给参与者带来许多利益，但是我们必须意识到把世界不同地区的企业联合到一起同时也意味着有可能会存在一些遏制知识有效交流的潜在障碍（Parkhe，1991）。最明显的潜在障碍之一是员工的价值观及行为方式是由其所在的社会所决定的。例如：社会文化的不同会导致合作双方在解决问题及冲突方法上的差异。一些文化鼓励以积极的态度解决问题，在这种文化中，经理们必须主动采取行动去影响周围的环境。在其他一些文化中，生活被视为预先安排的，人只需要听天由命。同样，在一些文化中，冲突被视为是企业内部关系中健康、自然、必不可少的一部分。这与那些把激烈的冲突及公开对立视为可鄙行为的文化形成了鲜明的对

251

比，在这种文化中，任何一方一旦出现窘迫或丢脸的情况都应通过间接交谈从而避免冲突直至达成最后的共识。正因为世界存在着文化差异，因此，如果一个国际联盟想要进行成功的知识交流，各合作企业的员工必须培养对跨文化差异的高度理解和包容，同时也要准备改进自己的行为以适应自己所处的文化环境。

除了社会文化的影响，员工的行为还受到自身所处的企业文化的影响。如果合作双方的企业文化有所差异，那么联盟内部出现问题的几率就很高。例如，合作的一方以投资者为中心，强调每季度一次的收入报告及整体的财政表现，这就会与联盟中坚持认为以市场为中心，重点应关注市场占有率以及分销渠道管理的另一方相龃龉。为了克服文化差异就需要通过双方员工努力学习对方的意识形态及价值观来协调两种文化，这通常需要通过员工之间高密度的交往来实现。这种交往使那些关心联盟发展的员工找到共同之处，从而导致在具体操作中创造出一种折中的企业文化。

战略决定着目标及行动的广度。合作双方很可能有不同的战略从而导致关于做出反应的速度及将来管理营销计划上的摩擦。为了克服战略的不兼容性，合作双方需要建立一种有弹性的合作关系，当内部或外部环境改变时调整自己的态度。发展这种弹性关系最为有效的方法之一是使联盟在小规模的基础上解决具体的短期问题。在这一过程中，知识的传递能给合作双方提供基础以学习如何调整各自的战略方向以及在更长期、更大规模的联盟活动中采取更加具有兼容性的态度。

因为社会文化、企业文化、战略方向等因素的影响，合作企业 *252* 可能会有不同的管理模式，比如管理风格的不同（参与式或是命令式），不同的制定决策方式（集中化或非集中化）以及对使用正式计划及控制系统不同程度的依赖。这些企业间的差异甚至会导致联盟的解体。可能对于合作双方来说，避免问题最为有效的方法便是在联盟内就管理模式达成一个协议以确保各自员工在管理过程的决策上或是企业的结构上拥有自主权。

系统问题

　　星空联盟（Star Alliance）是一家由联合航空公司所领导的，由主要航空公司所组成，旨在为客户提供真正全球化服务的集团（McDonald，2000）。然而，在联盟成立初期，各航空公司却发现他们的计算机系统是不兼容的。例如，当联合航空公司的员工在处理巴西航空公司日常旅客的业务时就无法得知该旅客所飞行的距离。更为重要的是，当合作双方希望进入对方的订票系统时，便导致了一系列的问题。

　　虽然在航空业存在着系统标准，但这些标准都不足以确保星空联盟的各航空公司间的兼容性。解决这一问题的有效手段就是要投资建立新的中间设备软件。这一软件的功能设计可以允许各联盟成员保持自己原来的体系，员工们能够在他们所熟悉的网络环境里进行操作。

　　这种系统的主要供应商之一是爱尔兰的意蓝科技（Eland Technologies），该公司旨在开发一个植根于系统内部交流知识的服务器。服务器通过检测各条信息决定哪一方应提供反馈，建立不同版本的输入信息，并根据各成员当地的运输协议来传输经过翻译后的信息。在收到一方的反馈后，系统把反馈的信息翻译为一般的信息传送到最先提出索取知识要求的客户那里。

可能会出现的问题

　　哈特等人（Hutt et al.，2000）采用个案研究的方法去探寻一个新联盟形成过程中可能会出现的问题的实质。他们的研究基于对两家财富 500 强企业间所形成的营销联盟的审视。阿尔法（Alpha）是一家电信公司，而欧米加（Omega）是一家财政服务公司。

在两家公司达成协议结成联盟以后，第一个运作问题便是通过整合双方的数据库进行知识交流。每家公司的客户名单都是重要的企业资产，双方都不愿对方获得名单。因此，两家公司花了几个月的时间进行协商，就知识共享达成协议。但是，在此阶段占领市场份额的重要机会却永远地失去了。

在共同经营的第一年，也出现了其他的一些问题，包括在接听联合企业客户的咨询电话时应该用哪个公司任命的客户服务代表，以及哪个公司的标识应置于信笺的最上方。同样，为解决这些问题所进行的协商耗费了大量的时间，进而影响了第一年的收入。

两个公司各层人员之间也会产生冲突。为了克服这一障碍，联盟开始推广核心团队成员间的组队活动，但有些员工并不认为这一举动是非常有效的。直到两家公司引进"工作假期"（working vacation）聚会（公司间的社交活动）这一概念后，员工间各层的相互信任才开始形成。然而，这一主张却几乎没有丝毫改变两家公司的企业文化。阿尔法仍然坚持对员工进行管理控制，而欧米加主张把权力下放给员工。

在第二年结束之前，两家公司低层员工及低层、中层管理人员间培养的友谊挽救了两家公司的关系。通过相互自发、公开的讨论，他们能在诸如交流、竞争、团队团结性等重要问题上化解分歧。同时，他们也发现其实大家面临相同的日常问题以及在发展迅速的大公司里工作的挫败感。

这些个案研究同时也显示了两个企业的高层管理者几乎都没有为发展两家公司的紧密关系做出努力。在阿尔法—欧米加联盟中，高层人员的参与程度是不均衡的。欧米加更加重视联盟的战略重要性，因此高层的执行者们更紧密地参与到日常运作中。阿尔法的高层队伍被其他优先战略所吸引，因此他们对两家公司间的信任问题的关注要小得多，这就阻碍了一个有效的市场联盟的快速发展。

参考书目

Aaragon, I. (1997), Finding middle ground, *PC Week*, 15 September, pp. 91 – 92.

Adler, C. (1999), Going online, don't sacrifice marketing for technology, *Fortune*, 25 October, pp. 358 – 359.

Adria, M. and Chowdrey, D. (2002), Making room for the call center, *Information Systems Management*, Winter, pp. 71 – 80.

Alsop, S. (1999), The five new rules of web technology, *Fortune*, 21 June, pp. 185 – 186.

American Marketing Association (1985), *Defining Philosophy*, AMA, Chicago.

Anderson, J. C. and Narus, J. A. (1991), Partnering as a focused market strategy, *California Management Review*, Spring, pp. 95 – 113.

Anderson, R. (1994), *Essentials of Personal Selling: The New Professionalism*, Prentice Hall, Englewood Cliffs, NJ.

Argyris, C. and Schon, D. A. (1978), *Organisational Learning: A Theory of Action Perspective*, Addison-Wesley, Reading, Mass.

Armbrecht, F. M. R., Ross, C. and Chapelow, C. C. (2001), Knowledge management in R & D, *Research Technology Management*, Jul.-Aug., Vol. 44, No. 4, pp. 28 – 49.

Arthur Andersen (1999), Study finds European business at crossroads of e-commerce, www. ac. ac. com/showcase/ecommerce/ecom_estudy98. html

Baker, S and Baker, K. (1998), Mind over matter, *Journal of Business Strate-*

gy, Vol. 19, No. 4, pp. 22 – 27.

Baker, S. and Baker, K. (2000), Going up! Vertical marketing on the web, *Journal of Business Strategy*, Vol. 21, No. 3, pp. 30 – 37.

Baker, W. , Marn, M. and Zawada, C. (2001), Price smarter on the net, *Harvard Business Review*, February, pp. 122 – 127.

Bartholomew, D. (2000), Service to order, *Industry Week*, 3 April, pp. 19 – 20.

Beasley, A. (1996), Time compression in the supply chain, *Industrial Management & Data Systems*, Vol. 96, No. 2, pp. 12 – 17.

Beck, R. (1998), World wide web means world wide lawsuits, *Direct Marketing*, July, pp. 60 – 63.

Bell, D. (1973), *The Coming of Post Industrial Society*, Basic Books, New York.

Benady, A. (2001), Brand new you, *Real Business*, May, pp. 50 – 57.

Benjamin, R. and Wigand, R. (1995), Electronic markets and virtual value chains on the information superhighway, *Sloan Management Review*, Winter, pp. 62 – 72.

Berry, L. L. (1982), Relationship marketing, in L. L. Berry, G. L. Shostack and G. D. Upah, eds, *Emerging Perspectives on Service Marketing*, American Marketing Association, Chicago, pp. 25 – 28.

Berry, L. L. and Yadav, M. S. (1996), Capture and communicate value in the pricing of services, *Sloan Management Review*, Vol. 37, No. 4, pp. 41 – 52.

Berthon, P. (1996), Marketing communication and the world wide web, *Business Horizons*, Vol. 39, No. 5, pp. 24 – 33.

Bicknell, D. (2000), E-commerce outpaces strategy, *Computer Weekly*, 24 February, pp. 20 – 21.

Biggiero, L. (1999), Markets, hierarchies, networks, districts, *Human Systems Management*, Vol. 18, No. 2, pp. 71 – 87.

Bird, J. (1999), Time to get real and get out there with the big boys, E-business supplement, *Sunday Times*, 14 November, pp. 8 – 9.

Birkinshaw, J. (1999), Acquiring intellect: managing the integration of knowl-

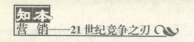

edge-intensive acquisitions, *Business Horizons*, May-June, pp. 33 – 41.

Bloch, M. , Pigneur, Y. and Segev, A. (1996), On the road to electronic commerce a business value, framework, gaining competitive advantage and some research issues, http://www. stern. nyu. edu/-mbloch/docs/roadtoec/ec. htm.

Bone, P. F. (1991), Identifying mature segments, *The Journal of Services Marketing*, Vol. 5, pp. 47 – 60.

Booth, E. (1999), Will the web replace the phone?, *Marketing*, 4 February, pp. 25 – 27. Boston Consulting Group (1999), Online retailing to reach $ 36 billion, www. bcg. com/features/shop/main_shop. html.

Bowen, D. E. and Lawler, E. E. (1992), The empowerment of service workers: what, why, how and when, *Sloan Management Review*, Spring, pp. 31 – 39.

Bowonder, B. and Miyake, T. (1992), A model of corporate innovation management: some recent high tech innovations in Japan, *R&D Management*, Vol. 22, No. 3, pp. 319 – 336.

Boyce, G. and Lepper, L. (2002), Assessing information quality theories, *Business History*, Vol. 44, No. 4, pp. 85 – 112.

Bradbury, D. (1999), 10 steps to e-business, *Computer Weekly*, 28 October, pp. 42 – 43.

Brailsford, T. W. (2001), Building a knowledge community at Hallmark Cards, *Research Technology Management*, Vol. 44, No. 5, pp. 18 – 29.

Brand, A. (1998), Knowledge management and innovation at 3M, *Journal of Knowledge Management*, Vol. 2, No. 1, pp. 17 – 22.

Brickau, R. (1994), Responding to the Single Market: a comparative study of UK and German food firms, Unpublished PhD dissertation, University of Plymouth, Plymouth.

Brooker, K. (1999), E-rivals seem to have Home Depot awfully nervous, *Fortune*, 8 August, pp. 28 – 29.

Brown, S. P. and Stayman, D. M. (1992), Antecedents and consequences of attitudes towards the ad: a meta analysis, *Journal of Consumer Research*, Vol. 19, pp. 143 – 158.

Burns, P. (1994), Keynote address, Proceedings 17th ISBA Sheffield Conference, ISBA, Leeds. *Business Week* (1994), The Schwab revolution, 19 December, p. 89.

Business Week (1999a), Going, going, gone, 12 April, pp. 30 – 31.

Business Week (1999b), The information gold mine, 26 July, pp. 10 – 12.

Business Week (2000), First America, then the world, 26 February, pp. 159 – 162.

Business Week (2001a), Sharing the wealth, 19 March, pp. 36 – 38.

Business Week (2001b), Collecting consumer knowledge on-line, 3 April, pp. 22 – 23.

Buzan, T. (1993), *The Mindmap Book*, BBC Publications, London.

Cahill, D. J. (1997), Target marketing and segmentation: valid and useful tools for marketing, *Management Decision*, Vol. 35, No. 1, pp. 10 – 14.

Cannon, T. (1996), *Welcome to the Revolution: Managing Paradox in the 21st Century*, Pitman, London.

Carlzon, J. (1987), *Moments of Truth*, Ballinger, New York.

Carson, D. J., Cromie, S., Mcgowan, P. and Hill, J. (1995), *Marketing and Entrepreneurship in SMEs*, Prentice Hall, London.

Cartellieri, C., Parsons, A. J., Rao, V. and Zeisser, M. P. (1997), The real impact of internet advertising, *The McKinsey Quarterly*, Summer, No. 3, pp. 44 – 63.

Castogiovanni, G. J. (1996), Pre-startup planning and the survival of new small business, *Journal of Management*, Vol. 22, No. 6, pp. 801 – 823.

Chait, L. P. (1999), Creating a successful knowledge management system, *Journal of Business Strategy*, Mar.-Apr., pp. 36 – 43.

Chase, C. (2001), Turning knowledge into action at Heineken USA, *Knowledge Management Review*, Vol. 5, No. 2, pp. 22 – 25.

Chaston, I. (1996), Critical events and process gaps in the D. T. I. SME structured networking model, *International Small Business Journal*, Vol. 14, No. 3, pp. 71 – 84.

Chaston, I. (1999a), *Entrepreneurial Marketing*, Macmillan Business, London.

Chaston, I. (1999b), *New Marketing Strategies*, Sage, London.

Chaston, I. (2000a), *E-Marketing Strategy*, McGraw-Hill, Maidenhead.

Chaston, I. (2000b), Relationship marketing and the orientation customers require of suppliers: assessing the influence on service satisfaction in the UK SME manufacturing sector, *Services Industries Journal*, Vol. 20, No. 3, pp. 36 – 47.

Chaston, I. and Mangles, T. (1997), Core capabilities as predictors of growth potential in small manufacturing firms, *Journal of Small Business Management*, Vol. 35, No. 1, pp. 47 – 57.

Chaston, I., Badger B. and Sadler-Smith, E. (1999), Organisational learning systems in relation to innovation management in small UK manufacturing firms, *Journal of New Product Management and Innovation*, Vol. 1, No. 1, pp. 32 – 43.

Chen, A. (2000), Buying online: may we have your fingerprint?, *PC Week*, 28 February, pp. 55 – 56.

Chonko, L. B. (1999), Case study: alliance formation with direct selling companies, *Journal of Personal Selling & Sales Management*, Vol. 19, No. 1, pp. 51 – 63.

Christensen, C. M. (1997), *The Innovator's Dilemma: When New Technologies Cause Great Firms to Fail*, Harvard Press, Boston, Mass.

Christensen, C. M. and Tedlow, R. S. (2000), Patterns of disruption in retailing, *Harvard Business Review*, Jan.-Feb., pp. 42 – 46.

Churbuck, D. (1995), Where's the money, *Forbes*, 30 January, pp. 100 – 105.

Clark, K. and Fujimoto, T. (1991), *Product Development Performance: Strategy, Organisation and Management in the World Autoindustry*, Harvard Business School Press, Boston, Mass. Cooper, R. G. (1975), Why new industrial products fail, *Industrial Marketing Management*, Vol. 4, pp. 315 – 326.

Cooper, R. G. (1986), *Winning at New Products*, Wesley, Reading, Mass.

Cooper, R. G. (1988), The new product process: a decision guide for managers,

Journal of Marketing Management, Vol. 3, No. 3, pp. 285 – 255.

Cooper, R. G. (1990), Stage-gate systems: a new tool for managing new products, *Business Horizons*, Vol. 33, No. 3, pp. 44 – 54.

Cooper, R. G. (1994), Third-generation new product processes, *Journal of Product Innovation Management*, Vol. 11, pp. 3 – 14.

Cooper, R. G. and Kleinschmidt, E. J. (1990), *New Products: The Key Factors of Success*, American Marketing Association, Chicago.

Coopers & Lybrand (1994), *Made in the UK: The Middle Market Survey*, Coopers & Lybrand, London.

Coover, H. W. (2000), Discovery of Superglue shows power of pursuing the unexplained, *Research Technology Management*, Sept. -Oct. , pp. 36 – 39.

Cort, S. G. (1999), Industry corner: industrial distribution: how goods will go to market in the electronic market place, *Business Economics*, Vol. 34, No. 1, pp. 53 – 56.

Cowell, D. (1984), *The Marketing of Services*, Heinemann, London.

Crawford, C. M. (1994), *New Products Management*, 4th edn, Irwin, Burr Ridge, Ill.

Cross, R. and Smith, J. (1995), Internet marketing that works for customers, *Direct Marketing*, Vol. 58, No. 4, pp. 22 – 25.

Crowley, A. E. and Hower, W. D. (1994), An integrative framework for understanding two-sided persuasion, *Journal of Consumer Research*, March, pp. 44 – 55.

Cyert, R. M. and March, J. G. (1963), A *Behavioural Theory of the Firm*, Prentice Hall, Englewood Cliffs, NJ.

Danneels, E. (1996), Market segmentation: normative model versus reality, *European Journal of Marketing*, Vol. 30, No. 6, pp. 36 – 52.

Das, T. K. and Teng, B. (2000), A resource-based theory of strategic alliances, *Journal of Management*, Vol. 26, No. 1, pp. 31 – 62.

Davenport, T. H. and Klahr, P. (1998), Managing customer support knowledge, *California Management Review*, Vol. 40, No. 3, pp. 195 – 208.

Day, G. S. (1994), The capabilities of market-driven organisations, *Journal of Marketing*, Vol. 58, No. 4, pp. 37 – 53.

De Guess, A. P. (1988), Planning as learning, *Harvard Business Review*, Mar. - Apr. , pp. 70 – 74.

De Long, D. W. and Beers, M. C. (1998), Successful Knowledge management projects, *Sloan Management Review*, Winter, Vol. 39, No. 2, pp. 43 – 48.

De Long, D. W. and Fahey, L. (2000), Diagnosing cultural barriers to knowledge management, *The Academy of Management Executive*, Vol. 14, No. 4, pp. 113 – 126.

DePrince, A. E. and Ford, W. E (1999), A primer on internet economics, *Business Economics*, October, pp. 42 – 51.

DiBella, A. J. , Nevis, E. C. and Gould, J. M. (1996), Understanding organizational learning capability, *Journal of Management Studies*, Vol. 33, No. 3, pp. 361 – 379.

Dinar, J. (2001), Herbsway: the making of a niche-market, http://www. healthwell exchange. com/manzone/11_00/herbsway. cfm.

Doyle, P. (1998), *Marketing Management and Strategy*, Prentice Hall, Hertfordshire.

Dysart, J. (2001), Integrate online and offline promotions to attract audiences to your web site, *Association Management*, July, pp. 49 – 58.

Dzinkowski, R. (1999), Mining intellectual capital, *Strategic Finance*, October, pp. 42 – 42.

Easterby-Smith, M. (1997), Disciplines of organisational learning: contributions and critiques, *Human Relations*, Vol. 50, No. 9, pp. 1085 – 1113.

Eckman, M. (1996), Are you ready to do business on the internet?, *Journal of Accountancy*, Vol. 181, No. 1, pp. 10 – 11.

The Economist (1997a), In search of the perfect market, 10 May, pp. 3 – 5.

The Economist (1997b), Going, going . ... on-line auctions, 31 May, pp. 61 – 62.

The Economist (1999), Digital rights and wrongs, 17 July, pp. 75 – 76.

The Economist (2000a), Reuters, 12 February, pp. 67 – 71.

The Economist (2000b), A thinker's guide, 1 April, pp. 64 – 68.

The Economist (2000c), All yours, 1 April, pp. 57 – 61.

The Economist (2001), A long march: mass customisation, 14 July, pp. 1 – 6.

Eddy, P. (1999), The selfish giants, *Sunday Times Magazine*, 14 March, pp. 43 – 48.

Electronics World (2000), Cycles in chip production, September, pp. 3 – 5.

Evans, P. and Wurster, T. S. (1999), Getting real about virtual commerce, *Harvard Business Review*, Nov.-Dec., pp. 85 – 93.

Feedman, D. H. (1997), Sonic boom, *Inc. Magazine*, Goldhirsh Group, Boston, pp. 36.

Fingleton, J. (1997), Competition between intermediated and direct trade, *Oxford Economic Papers*, Vol. 49, No. 4, pp. 543 – 557.

Foote, N. W., Matson, E. and Rudd, N. (2001), Managing the knowledge manager, *The McKinsey Quarterly*, No. 3, pp. 120 – 129.

Forsyth, J., Gupta, S., Haldar, S., Kaul, K. and Kettle, K. (1997), A segmentation you can act on, *The McKinsey Quarterly Review*, Summer, pp. 7 – 11.

Fortune (1998). Web commerce shopping, 16 November, pp. 244 – 245.

Fortune (1999), Net stock rules: masters of the parallel universe, 7 June, pp. 66 – 73.

Foxall, G. and Goldsmith, R. (1994), *Consumer Psychology for Marketing*, Routledge, London.

Fultz, P. (1999), One-to-one marketing, *Direct Marketing*, August, pp. 63 – 68.

Garda, R. A. and Marn, M. V. (1993), Price wars, *The McKinsey Quarterly*, Summer, No. 3, pp. 87 – 101.

Garvin, D. A. (1987), Competing on the 8 dimensions of quality, *Harvard Business Review*, Nov.-Dec., pp. 101 – 109.

Geroski, EA. (1999), Early warning of new rivals, *Sloan Management Review*,

Vol. 40, No. 3, pp. 107 - 118.

Ghosh, I. F. (1998), Making sense of the internet, *Harvard Business Review*, Mar-Apr., pp. 127 - 135.

Giacobbe, M. N. (1994), Market segmentation and competitive analysis for supermarket retailing, *International Journal of Retail and Distribution Management*, Vol. 22, No. 1, pp. 38 - 49.

Gibb, S. and Simkin, L. (1997), A program for implementing market segmentation, *Journal of Business & Industrial Marketing*, Vol. 12, No. 1, pp. 51 - 66.

Gielgud, R. E. (1998), *How to Succeed in Internet Business by Employing Real-World Strategies*, Actium Publishing, New York Gillies, C., Rigby, D. and Reichfeld, F. (2002), The story behind successful customer relations management, *European Business Journal*, Vol. 14, No. 2, pp. 73 - 79.

Glazer, R. (1999), Winning in smart markets, *Sloan Management Review*, Vol. 40, No. 4, pp. 59 - 73.

Glyn, M. A. (1996), Innovation genius: a framework for relating individual and organisational intelligence, *Academy of Management Review*, Vol. 21, pp. 1072 - 1085.

Goddard, J. (1997), The architecture of core competence, *Business Strategy Review*, Vol. 8, No. 1, pp. 43 - 53.

Goldfinger, C. (2002), Internet banking issues paper, http://www. fininter. net/retailbanking/InternetBankingIssues/paper

Gore, C. and Gore, E. (1999), Knowledge management: the way forward, *Total Quality Management*, July, pp. 554 - 561.

Goss, E. (2001), The internet's contribution to US productivity growth, *Business Economist*, Vol. 36, No. 4, pp. 32 - 44.

Green, P. E., Wind, Y. and Jain, A. K. (2000), Benefit bundle analysis, *Journal of Advertising Research*, Vol. 40, No. 6, pp. 32 - 38.

Grocer (1996), Niche marketing is the way to grow, 1 June, pp. 34 - 35.

Gronroos, C. (1994), From marketing mix to relationship marketing, *Journal of*

Academic Marketing Science, Vol. 23, No. 4, pp. 252 – 254.

Grossman, L. M. (1993), Federal Express, UPS face off over computers, *Wall Street Journal*, 17 September, pp. B1.

Gummesson, E. (1987), The new marketing-developing long-term interactive relationships, *Long Range Planning*, Vol. 20, No. 4, pp. 10 – 20.

Gupta, K. and Govindarajan, V. (2000), Knowledge management's social dimensions: lessons from Nucor Steel, *Sloan Management Review*, Vol. 42, No. 1, pp. 71 – 83.

Haley, R. J. (1963), Benefit segmentation: a decision orientated research tool, *Journal of Marketing*, July, pp. 30 – 35.

Hamal, G. (1991), Competition for competence and interpartner learning within international strategic alliances, *Strategic Management Journal*, Vol. 12, pp. 83 – 103.

Hamal, G. and Prahalad, C. K. (1993), Strategy as stretch and leverage, *Harvard Business Review*, Mar. -Apr. , pp. 75 – 84.

Hamal, G. and Prahalad, C. K. (1994), *Competing for the Future: Breakthrough Strategies for Seizing Control of Your Industry and Creating the Markets of Tomorrow*, Harvard Business School Press, Boston, Mass.

Hamal, G. and Sampler, J. (1998), The e-corporation, *Fortune*, 7 December, pp. 80 – 81.

Hammer, M. and Champy, J. (1993), *Re-engineering the Corporation: A Manifesto for Business Revolution*, HarperCollins, New York.

Harari, O. (1997), Closing around the customer, *Management Review*, Vol. 86, No. 11, pp. 29 – 34.

Harpin, S. (2000), *Kick-Start-Com: The Definitive European Internet Start-Up Guide*, Macmillan, London.

Hartley, J. R. (1992), *Concurrent Engineering*, Productivity Press, Cambridge, Mass.

Heldey, B. (1977), Strategy and the business portfolio, *Long Range Planning*, February, pp. 1 – 14.

Herbert, I. (2000), Knowledge is a noun, learning is a verb, *Management Accounting*, Vol. 78, No. 2, pp. 68 – 73.

Hitt, M. A. and Ireland, R. D. (1985), Corporate distinctive competence, strategy, industry and performance, *Strategic Management Journal*, Vol. 6, pp. 273 – 293.

Hornell, E. (1992), *Improving Productivity for Competitive Advantage: Lessons from the Best in the World*, Pitman, London.

Houston, M. J., Childers, T. L. and Hoeckler, S. E. (1987), Effects of brand awareness on choice for a common, repeat purchase product, *Journal of Marketing Research*, Vol. 14, pp. 404 – 420.

Hu, J., Huang, K., Kuse, K., Su, G. and Wang, K. (1998), Customer information quality and knowledge management, *Journal of Knowledge Management*, Vol. 1, No. 3, pp. 225 – 236.

Hunt, S. D. and Morgan, R. M. (1995), The comparative advantage theory of competition, *Journal of Marketing*, Vol. 59, No. 2, pp. 1 – 15.

Hunt, S. D. and Morgan, R. M. (1996), The resource-advantage theory of competition: dynamics, path dependencies and evolutionary dimensions, *Journal of Marketing*, Vol. 60, No. 4, pp. 107 – 115.

Hutt, M. D., Stafford, E. R., Walker, B. A. and Reingren, P. H. (2000), Case study defining the social network of a strategic alliance, *Sloan Management Review*, Vol. 41, No. 2, pp. 51 – 72.

Inmon, B. and Kelley, C. (1994), The 12 rules of data warehouse for a client/server world, *Data Management Review*, Vol. 4, No. 5, pp. 6 – 16.

International Journal of Retail and Distribution Management (1993), Kentucky Fried Chicken's recipe for globalisation, Vol. 21, pp. 3 – 5.

Internet Indicators (1999), The internet economy indicators, http://www. internetindicators. com/features. html, 22 June, pp. 1 – 5.

Jackson, B. B. (1985), *Winning and Keeping Industrial Customers: The Dynamics of Customer Relationships*, D. C. Heath, Lexington, Mass.

Jallar, F. and Capek, M. J. (2001), Disintermediation in question: new economy, new networks, new middlemen, *Business Horizons*, Vol. 44, No. 2, pp. 55 – 64.

James, D. (1999), Merr-e Christmas!, *Marketing News*, 8 November, pp. 1 – 3.

Jap, S. D. and Mohr, J. J. (2002), Leveraging internet technologies in B2B relationships, *California Management Review*, Vol. 44, No. 4, pp. 15 – 24.

Jarillo, J. C. (1993), *Strategic Networks: Creating the Borderless Organization*, Butterworth-Heinemann, Oxford.

Jassawalla, A. R. and Sashittal, H. C. (2001), The role of senior management and team leaders in building collaborative new product teams, *Engineering Management Journal*, Vol. 13, No. 2, pp. 33 – 39.

Jaworski, B. and Kohli, A. K. (1966), Market orientation: review, refinement and roadmap, *Journal of Market Focused Management*, Vol. 1, No. 2, pp. 119 – 135.

Jaworski, B. and Kohli, A. K. (1993), Market orientation: antecedents and consequences, *Journal of Marketing*, Vol. 57, Jan., pp. 53 – 70.

Jaworski, B., Kohli, A. K. and Sahay, A. (2000), Market-driven versus driving markets, *Journal of the Academy of Marketing Science*, Vol. 28, No. 1, pp. 45 – 54.

Jenkins, M. and McDonald, M. (1997), Market segmentation: organisational archetypes and research agendas, *European Journal of Marketing*, Vol. 31, No. 1, pp. 17 – 28.

Kalin, S. (1998), Conflict resolution, *CIO Web Business*, February, pp. 28 – 36.

Kelly, E. P. and Rowland, H. C. (2000), Ethical and online privacy issues in electronic commerce, *Business Horizons*, Vol. 43, No. 3, pp. 3 – 16.

Kemp, T. (2001), E-retailer's personal touch, *Internet Week*, 12 February, pp. 50 – 51.

Kleindl, B. (1999), Competitive dynamics and opportunities for SMEs in the virtual market place, *Proceedings of the AMA Entrepreneurship SIG*, University of Illinois at Chicago, Chicago, pp. 21 – 27.

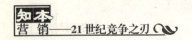
Knill, B. (1998), Managing flow in the supply chain, *Transportation & Distribution*, April, pp. 2 - 5.

Kobayashi, K. (1986), *Computers and Communication: A Vision of C&C, Translation*, M. I. T., M. I. T. Press, Cambridge, Mass.

Kotler, P. (1994), *Marketing Management: Analysis, Planning and Control*, 8th edn, Prentice Hall, New York.

Kotler, P. (1997), *Marketing Management: Analysis, Planning, Implementation and Control*, 9th edn, Prentice Hall, Upper Saddle River, NJ.

Kotler, P. (1999), *Marketing Management: The Millennium Edition*, Prentice Hall, Upper Saddle River, NJ.

Lahti, R. K. and Beyerlein, M. M. (2000), Knowledge transfer and management consulting: a look at the 'firm', *Business Horizons*, Vol. 43, No. 1, pp. 65 - 74.

Larsson, R, Bengtsson, L. , Henriksen, K. and Sparks, J. (1998), The interorganisational learning dilemma, *Organization Science*, Vol. 9, No. 3, pp. 285 - 306.

Lawson, B. and Sampson, D. (2001), Developing innovation capability in organisations, *International Journal of Innovation Management*, Vol. 5, No. 3, pp. 377 - 398.

Leibs, S. (2000), World of difference, *Industry Week*, 7 February, pp. 23 - 25.

Leong, E. K. F. Huang, X. and Stanner, P. J. (1998), Comparing the effectiveness of the web site with traditional media, *Journal of Advertising Research*, Vol. 38, No. 5, pp. 44 - 53.

Leszinski, R. and Marn, M. V. (1997), Setting value, not price, *The McKinsey Quarterly*, Winter, pp. 98 - 116.

Levitt, T. (1972), Production-line approach to service, *Harvard Business Review*, Sept. -Oct. , pp. 41 - 52.

Levitt, T. (1976), Industrialisation of services, *Harvard Business Review*, Sept. -Oct. , pp. 63 - 74.

Li, T. and Calantone, R. J. (1998), The impact of market knowledge competence on new product advantage: conceptualization and empirical examination, *Journal of Marketing*, Vol. 62, pp. 13 – 29.

Lindsay, V. (1990), *Export Manufacturing-Framework for Success*, New Zealand Trade Development Board, Wellington.

Linneman, R. E. and Stanton, J. L. (1992), Mining for niches, *Business Horizons*, May-June, pp. 43 – 52.

Litan, R. E. and Rivlin, A. M. (2001), Prospecting the economic impact of the internet, *American Economic Review*, Vol. 91, No. 2, pp. 313 – 317.

Lord, R. (1999), The web audience, *Campaign*, 28 May, pp. 10 – 14.

Loutfy, R. and Belkhir, L. (2001), Managing innovation at Xerox, *Research Technology Management*, Jul.-Aug., pp. 15 – 24.

Mahoney, J. T. and Pandian, J. R. (1992), The resource-based view within the conversation of strategic management, *Strategic Management Journal*, Vol. 13, pp. 363 – 380.

Management Today (2000), Top of the dot. coms, March, pp. 12 – 13.

Marketing (1997), Relaunching organics, 17 April, p. 4.

Marsh, H. (1999), Children's choice, *Marketing*, 15 July, pp. 27 – 29.

Mathews, J. A. (2001), Competitive interfirm dynamics with an industrial market system, *Industry and Innovation*, Vol. 8, No. 1, pp. 79 – 107.

McCoy, M. (2002), Soaps and detergents, http://pubs. acs. org/cen/coverstory/ 8003/8003 soaps. html.

McCright, J. S. (2001), Exchange turning to P2P platforms, *eWeek*, 26 March, pp. 29 – 30.

McCune, J. (1997), Employee appraisals, the electronic way, *Management Review*, October, pp. 44 – 47.

McDonald, M. (2000), A journey to middleware, *Air Transport World*, August, pp. 57 – 58.

McGarvey, R. (2000), Connect the dots, *Entrepreneur*, March, pp. 78 – 82.

McGovern, J. M. (1998), Logistics on the internet, *Transportation & Distribution*, Vol. 39, No. 7, pp. 68 – 72.

The McKinsey Quarterly (1998), Best practice and beyond: knowledge strategies, Winter, pp. 19 - 26.

McLuhan, R. (2000), A lesson in online brand promotion, *Marketing*, 23 March, pp. 31 - 32.

McWilliam, G. (2000), Building stronger brands through online communities, *Sloan Management Review*, Vol. 41, No. 3, pp. 43 - 57.

Miles, R. and Snow, C. C. (1986), Organisation: new concepts for new forms, *California Management Review*, No. 28, pp. 53 - 72.

Miller, D. and Shamsie, J. (1996), The resource-based view of the firm in two environments, *Academy of Management Journal*, Vol. 39, pp. 519 - 543.

Mintzberg, H. (1989), Strategy formation: schools of thought, in J. Fredickson, ed., *Perspectives on Strategic Management*, Ballinger, San Francisco.

Mintzberg, H. (1994), *The Rise and Fall of Strategic Planning*, Prentice Hall, Englewood Cliffs, NJ.

Mintzberg, H. and Waters, J. A. (1982), Tracking study in an entrepreneurial firm, *Academy of Management. Journal*, Vol. 25, No. 3, pp. 465 - 499.

Moad, J. (1997), Forging flexible links, *PC Week*, 15 September, pp. 74 - 79.

Morgan, R. E., Katsikeas, C. S. and Appuh-Adu, K. (1998), Market orientation and organisational learning capabilities, *Journal of Marketing Management*, Vol. 14, pp. 353 - 381.

Moriaty, R. W. and Moran, U. (1990), Managing hybrid marketing systems, *Harvard Business Review*, Nov. -Dec., pp. 146 - 155.

Morton, R. (2002), Fourth annual air cargo report, *Transportation & Distribution*, Vol. 43, No. 9, pp. 18 - 25.

Moschis, G. P. Euhun, L. and Mathur, A. (1997), Targeting the mature market: opportunities and challenges, *Journal of Consumer Marketing*, Vol. 14, No. 4, pp. 282 - 294.

Munch, A. and Hunt, S. D. (1984), Consumer involvement: definition issues and research directions, in T. Kinnear, ed., *Advances in Consumer Research*, Vol. 11, Association for Consumer Research, Provo, Utah.

Murphy, J. and Lanfranconi, C. (2001), PixStream Inc. , *Ivy Business Journal*, Vol. 65, No. 4, pp. 49 – 57.

Myers, S. C. and Rajan, R. G. (1998), The paradox of liquidity, *Quarterly Journal of Economics*, Vol. 113, No. 3, pp. 733 – 762.

Nakache, P. (1998), Secrets of the new brand builders, *Fortune*, 22 June, pp. 167 – 172.

Nakata, C. and Sivakumar, K. (1996), National culture and new product development: an integrative review, *Journal of Marketing*, Vol. 60, No. 1, pp. 61 – 73.

Nobeoka, K. , Dyer, J. H. and Madhok, A. (2002), The influence of customer scope on supplier learning, *Journal of International Business Studies*, Vol. 33, No. 4, pp. 717 – 727.

Nonaka, I. (1994), A dynamic theory of organisational knowledge creation, *Organization Science*, Vol. 5, pp. 14 – 37.

Norman, R. and Ramirez, R. (1993), From value chain to value constellation, *Harvard Business Review*, Jul. -Aug. , pp. 65 – 77.

Noto, A. (2000), Vertical vs. broadline e-retailers: which will survive? *Cnetnews. com*, 2 March.

Nystrom, H. (1990), *Technological and Market Innovation: Strategy for Product and Company Development*, Wiley & Sons, Chichester.

Oates, B. , Shafeldt, L. and Vaught, B. (1996), A psychographic study of elderly and retail store attributes, *Journal of Consumer Marketing*, Vol. 13, No. 6, pp. 14 – 28.

OECD (2000), E-commerce: impacts and policy challenges, *OECD Economic Outlook*, June, OECD, Paris.

Owens, D. and Thompson, E. (2001), Fusing knowledge and learning at the St Paul companies, *Knowledge Management Review*, Vol. 4, No. 3, pp. 6 – 12.

Owens, D. , Brown, S. P. and Stayman, D. M. (1992), Antecedents and consequences of attitude towards the ad: a meta analysis, *Journal of Consumer Research*, Vol. 19, pp. 143 – 158.

Parasuraman, A., Zeithmal, V. A. and Berry, L. L. (1985), A conceptual model of service quality and its implications for future research, *Journal of Marketing*, Vol. 49, Fall, pp. 34 – 45.

Parasuraman, A., Zeithmal, V. A. and Berry, L. L. (1988), SERVQUAL: a multiple item scale for measuring consumer perceptions of service quality, *Journal of Retailing*, Vol. 64, No. 1, pp. 12 – 23.

Parasuraman, A., Zeithmal, V. A. and Berry, L. L. (1994), Reassessment of expectations as a comparison standard in measuring service quality, *Journal of Marketing*, Vol. 58, pp. 111 – 24.

Parkhe, A. (1991), Interfirm diversity, organisational learning and longevity in global strategic alliances, *Journal of International Business Studies*, Vol. 22, No. 4, pp. 579 – 601.

Parzinger, M. J. and Frolick, M. N. (2001), Creating competitive advantage through data warehousing, *The Executive's Journal*, Summer, pp. 10 – 15.

PC Week (1997), New alliance to reflect customs of Arab culture, 8 September, p. 88. Pechman, S. (1994), Custom clusters: finding your true customer segments, *Bank Marketing*, July, pp. 33 – 38.

Pepper, D., Rogers, M. and Dorf, B. (1999), Is your company ready for one-to-one marketing, *Harvard Business Review*, Jan. -Feb., pp. 151 – 162.

Peters, T. (1992), *Liberation Management*, A. F. Knopf, New York.

Pine, J. B. (1993), *Mass Customization: The New Frontier in Business Competition*, Harvard Business School Press, Boston, Mass.

Piore, M. and Sabel, C. (1984), *The Second Industrial Divide*, Basic Books, New York.

Pitt, L., Berthon, P. and Berthon, J. (1999), Changing channels: the impact of the internet on distribution strategy, *Business Horizons*, Vol. 42, No. 2, pp. 19 – 34.

Pitta, J. (1998), Competitive shopping, *Forbes*, 9 February, pp. 92 – 94.

Plotkin, H. (1998), Art net, *Forbes*, 6 April, pp. 29 – 32.

Polanyi, M. (1996), *The Tacit Dimension*, Routledge, London.

Porter, M. E. (1980), *Competitive Strategy: Techniques for Analysing Industries and Competition*, The Free Press, New York.

Porter, M. E. (1985), *Competitive Advantage: Creating and Sustaining Superior Performance*, The Free Press, San Francisco.

Porter, M. E. (1998), *On Competition*, Harvard Business School Press, Boston, Mass.

Porter, M. E. and Miller, V. E. (1985), How information technology gives you competitive advantage, *Harvard Business Review*, Jul.-Aug., pp. 149 – 160.

PR Newswire (2000), Offer web-based employee benefits and HR administrative services, California, 14 June, 12.00 a.m.

Prahalad, C. K. and Hamal, G. (1990), The core competence of the corporation, *Harvard Business Review*, May-June, pp. 79 – 91.

Puente, M. (2000), Art discovers the internet, USA *Today*, 10 January, pp. 5 – 6.

Quinn, J. B. (2000), Outsourcing innovation: the engine of growth, *Sloan Management Review*, Vol. 41, No. 4, pp. 13 – 28.

Quinn, J. B. and Parquette, P. C. (1990), Technology in services: creating organisational revolutions, *Sloan Management Review*, Winter, pp. 67 – 78.

Quinn, J. B., Anderson, P. and Finkelstein, S. (1996), Leveraging intellect, *Academy of Management Executive*, August, pp. 7 – 27.

Quinn, J. B., Doorley, T. L. and Parquette, P. C. (1990), Technology in services: rethinking strategic focus, *Sloan Management Review*, Winter, pp. 79 – 87.

Rangan, V. K., Moriaty, R. T. and Swartz, G. (1992), Segmenting customers in mature industrial markets, *Journal of Marketing*, Vol. 56, October, pp. 72 – 82.

Rangan, V. K., Moriaty, R. T. and Swartz, G. (1993), Transaction cost theory: inferences from field research on downstream vertical integration, *Organization Science*, Vol. 4, No. 3, pp. 454 – 477.

Rapp, S. (1990), From mass marketing to direct mass marketing, *Direct Mar-*

keting, May, pp. 63 – 65.

Rapp, S. and Collins, T. L. (1994), *Beyond Maxi-Marketing*, McGraw-Hill, New York.

Reed, M. (1999), Going beyond the banner ad, *Marketing*, 29 April, pp. 25 – 27.

Reichfeld, F. F. and Sasser, W. E. (1990), Zero defections: quality comes to services, *Harvard Business Review*, Sept. -Oct. , pp. 301 – 307.

Reinartz, W. and Kumar, V. (2002), The mismanagement of customer loyalty, *Harvard Business Review*, Jul. -Aug. , pp. 86 – 95.

Richman, T. (1989), Growth strategies: cart tricks, *Inc. Magazine*, Goldhirsh Group, Boston, pp. 138.

Rob, P. and Coronel, C. (2000), *Database Systems: Design, Implementation Management*, 4th edn, Thomson Learning, Cambridge, Mass.

Robertson, T. S. and Barich, H. (1992), A successful approach to segmenting industrial markets, *Journal of Marketing*, December, pp. 5 – 11.

Romano, C. (1995), The new gold rush?, *Management Review*, November, pp. 119 – 124.

Ryals, L. and Payne, A. (2001), Customer relationship management in services, *Journal of Strategic Marketing*, Vol. 9, pp. 3 – 27.

Rycroft, R. W. and Kash, D. E. (2000), Steering complex innovation, *Research Technology Management*, Vol. 43, No. 3, pp. 18 – 23.

Sasser, W. E. (1976), Match supply and demand in service industries, *Harvard Business Review*, Nov. -Dec. , pp. 133 – 140.

Schoeffler, S. , Buzzell, R. D. and Heany, D. F. (1974), Impact of strategic planning on profit performance, *Harvard Business Review*, Mar. -Apr. , pp. 137 – 145.

Schonberger, R. J. (1990), *Building a Chain of Customers: Linking Business Functions to Create the World Class Company*, Hutchinson, London.

Schuette, D. (2000), Turning e-business barriers into strengths, *Information Systems Management*, Vol. 17, No. 4, pp. 20 – 26.

Schwartz, J. (2000), Schwab reaps benefits of early net investments, *Internet Week* 12 June, pp. 61 – 62.

Schwarz, B. (2000), E-business: new distribution models coming to a site near you, *Transportation & Distribution*, Vol. 41, No. 2, pp. 3 – 4.

Sellers, P. (1999), Inside the first e-christmas, *Fortune*, 1 February, pp. 52 – 55.

Senge, P. (1990), *The Fifth Discipline: The Art and Practice of the Learning Organisation*, Doubleday, New York.

Seybold, P. B. and Marshak, R. T. (1998), *Customer. com: How to Create a Profitable Business Strategy for the Internet and Beyond*, Random House, New York.

Shapiro, C. and Varian, H. R. (1999), *Information Rules*, Harvard Business School Press, Boston, Mass.

Sharman, G. (2002), How the internet is accelerating supply chains, *Supply Chain Management Review*, Mar. -Apr. , pp. 19 – 26

Siekman, P. (2000), New victories in the supply-chain revolution: still looking for ways to tighten shipping, inventory and even manufacturing costs at your company? *Fortune*, 30 October, pp. 208 – 218.

Sinkula, J. M. (1994), Market information: processing and organisational learning, *Journal of Marketing*, Vol. 58, January, pp. 125 – 134.

Sinkula, J. M. , Baker, W. E. and Noordewier, T. (1997), A framework for marketbased organisational learning: linking values, knowledge and behaviour, *Journal of the Academy of Marketing Science*, Vol. 25, No. 2, pp. 305 – 318.

Sinha, I. (2000), Cost transparency: the net's real threat to processes and brands, *Harvard Business Review*, Mar. -Apr. , pp. 43 – 52.

Slater, S. F. and Narver, J. C. (1994), Does competitive environment moderate the market orientation-performance relationship, *Journal of Marketing*, Vol. 58, January, pp. 46 – 55.

Slater, S. F. and Narver, J. C. (1995), Marketing orientation and the learning organisation, *Journal of Marketing*, Vol. 59, July, pp. 63 – 74.

Slywotzky, A. J. (1996), *Value Migration: How to Think Several Moves Ahead of the Competition*, Harvard Business School Press, Boston, Mass.

Smith, C. G. (1995), How newcomers can undermine incumbents' marketing strengths, *Business Horizons*, Sept. -Oct. , pp. 16 – 24.

Smith, D. S. (1999a), Web makes a world of difference, *Sunday Times Enterprise Network*, 21 November, pp. 1 – 7.

Smith, D. S. (1999b), Boating partners face stern test, *Sunday Times Enterprise Network*, 10 January, pp. 19 – 20.

Smith, W. (1956), Product differentiation and market segmentation as alternative marketing strategies, *Journal of Marketing Research*, July, pp. 3 – 8.

Sonoda, T. (2002), Honda: global manufacturing and competitiveness, *Competitiveness Review*, Vol. 12, No. 1, pp. 7 – 13.

Sorce, P. , Tyler, P. R. and Loomis, L. M. (1989), Lifestyles in older Americans, *The Journal of Consumer Marketing*, Vol. 6, pp. 53 – 63.

Sowalski, R. (2001), The five CRM essentials for insurance, *National Underwriter*, 9 July, pp. 24 – 27.

Stackpole, B. (1999), A foothold on the web: industry-specific net markets, *PC Week*, 10 May, pp. 78 – 80.

Starkey, K. and McKinley, A. (1996), Product development in Ford of Europe, in K. Starkey, ed. , *How Organisations Learn*, Thomson Business Press, London, pp. 214 – 229.

Stauffer, D. (1999), Sales strategies for the internet age, *Harvard Business Review*, Jul. -Aug. , pp. 3 – 5.

Stern, L. W. and E1-Ansary, A. I. (1988), *Marketing Channels*, 3rd edn, Prentice Hall, Englewood Cliffs, NJ.

Stewart, T. A. (1998), The leading edge, cold fish, hot data, new profits, *Fortune*, 3 August, pp. 3 – 7.

Stewart, T. A. (1999), Telling tales at BP Amaco: knowledge management at work, *Fortune*, 7 June, pp. 220 – 221.

Storey, J. (ed.) (1994), *New Wave Manufacturing Strategies: Organisational and Human Resource Management Dimensions*, Paul Chapman Publishing, London.

Straub, D. and Klein, R. (2001), E-competitive transformation, *Business Horizons*, Vol. 44, No. 3, pp. 3 – 14.

Sugar, A. (1999), Show us the money, *Computer Weekly*, 4 March, pp. 34 – 35.

Sviokla, J. J. (1996), Knowledge workers and radically new technology, *Sloan Management Review*, Summer, pp. 25 – 41.

Synder, B. (1994), The great escape, *PC Week*, 4 April, pp. 13 – 15.

Tedlow, R. S. (1990), *New and Improved: The Story of Mass Marketing in America*, Heinemann, Oxford.

Teng, A. (2000), Detergent market update, http://www.happi.com/jan204.htm.

Thorson, E. and Friestadt, M. (1989), The effectiveness of emotion on episodic memory for TV commercials, in L. Percy and A. G. Woodside, eds, *Advertising and Consumer Psychology*, Lexington Books, Lexington, Mass.

Thurm, S. (1998), Leading the PC pack, *Wall Street Journal*, 7 December, pp. 4.

Toffler, A. (1990), *Powershift: Knowledge, Wealth and Violence at the Edge of the 21st Century*, Bantam Books, New York.

Tsang, E. W. (1999), A preliminary typology of learning in international strategic alliances, *Journal of World Business*, Vol. 34, No. 3, pp. 211 – 230.

Vaas, L. (2000), Customer privacy lockdown, *eWeek*, 16 October, pp. 73 – 76.

Vandermerwe, S. (2000), How increasing value to customers improves business results, *Sloan Management Review*, Vol. 24, No. 1, pp. 27 – 37.

Ville, S. and Fleming, G. (2000), The nature and structure of trade-financial networks: evidence from the New Zealand pastoral sector, *Business History*, Vol. 42, No. 1, pp. 41 – 63.

Violino, B. (2000), UPS sketches a broad e-commerce agenda, *Internet Week*, 8 May, pp. 1 – 4.

von Krogh, G. and Cusumano, M. A. (2001), Three strategies for managing growth, *Sloan Management Review*, Vol. 42, No. 2, pp. 53 – 62.

Vowler, J. (1999), Trouble free, seamless service, *Computer Weekly*, 14 October, pp. 28 – 33.

Wagner, M. (2000), Hilton's online strategy, *Internet Week*, 12 December, pp. 89 – 90.

Wah, L. (1999), Behind the buzz, *Management Review*, April, pp. 17 – 21.

Wasson, C. R. (1978), *Dynamic Competitive Strategy and Product Life Cycles*, Austin Press, Austin, Tex.

Wayne, L. (1994), The next giant in mutual funds?, *New York Times*, 20 March, Section 3, pp. 8 – 9.

Webb, D. (2000), Understanding customer role and its importance in the formation of service quality expectations, *The Service Industries Journal*, Vol. 20, No. 1, pp. 1 – 21.

Webster, F. E. (1992), The changing role of marketing in the corporation, *Journal of Marketing*, Vol. 56, October, pp. 1 – 17.

Weinberg, N. (2000), Not. coms, *Forbes*, 17 April, pp. 424 – 425.

Weinstein, L. (2000), Using technology to reach the next generation, *Bank Marketing*, December, pp. 14 – 16.

Whittington, R. (1993), *What Is Strategy and Does it Matter?*, Thompson Business Press, London.

Wiersema, F. (1996), *Customer Intimacy: Pick Your Partners, Shape Your Culture, Win Together*, HarperCollins, London.

Wilson, G. (1973), *The Psychology of Conservatism*, Academic Press, London.

Wilson, S. (1999), Going once, going twice, *Intelligent Business*, December, pp. 84 – 89.

Winer, R. S. (2001), A framework for customer relationship management, *California Management Review*, Vol. 43, No. 4, pp. 89 – 105.

Wong, V. , Saunders, J. and Doyle, P. (1988), The quality of British marketing, *Marketing Management*, Vol. 4, pp. 32 – 46.

Woodruff, R. B. (1977), Customer value: the next source of competitive advantage, *Journal of the Academy of Marketing Science*, Vol. 25, No. 2, pp. 139 – 153.

Young, K. M., El Sawy, O. A, Malhotra, A. and Gosain, S. (1997), The relentless pursuit of 'Free Perfect Now': IT enabled value innovation at Marshall Industries, 1997 SIM International Papers Award Competition, http://www, simnet. ord/ public/programs/capital197papers/paper I. html.

Zack, M. H. (1999), Managing codified knowledge, *Sloan Management Review*, Vol. 40, No. 4, pp. 45 – 56.

Zeithmal, V. A. and Bitner, M. J. (1996), *Services Marketing*, McGraw-Hill, New York.

Zeithmal, V. A., Parasuraman, A. and Berry, L. L. (1993), The nature and determinants of customer expectations of service, *Marketing Science Institute Research Program Series*, May, Report No. 11, pp. 91 – 113.

Zemke, R. and Schaaf, I. R. (1989), *The Service Edge*: 101 *Companies that Profit from Customer Care*, New American Library, New York.

译后记

　　知识经济作为信息经济的延伸与拓展已经成为 21 世纪发展的主流。随着知识经济时代的降临，经济领域频卷巨澜，世界经济的格局与规则也在发生巨大的变化。"知识社会"、"知识潮"、"知识产业"、"信息社会"、"智力经济"等已被视作当今社会的显著特征。

　　知识与经济之间的密切关系是不言而喻的，但对其重要性的认识却正在发生转型：知识在经济领域中正从背景走上前台。彼得·德鲁克（Peter Drucker）早在 1966 年便提出了"知识经济"这一术语。尽管他所使用的术语与今天的实际情况有所不同，但还是预示了经济的走向，体现了社会发展的一些特征。例如，他区别了劳动工人与知识工人：前者凭借双手生产"东西"；而后者则是利用自己的头脑来创造思想、知识和信息。知识在当今经济中发挥着重要作用，它已成为当代经济的代表性特征之一，知识经济已成为家喻户晓的名称。"知识就是力量"，培根这一名言在商业语境里也得到了普遍性验证，知识成为了价值之源。我们由知而识，由识而获得财富。由于知识全面渗入经营活动，不少学者开始认为，知识的价值超过了传统的经济三要素：土地、资本、劳动力。知识不再扮演先前的那种辅助性角色，而是直接介入经营活动，成为经济活动成功与否的决定性因素。它一反传统资源因使用而递减的规律，在共享与运用中越积越多。现代企业所面临的一个新问题便是，如何科学地管理知识的生产与运用而不是让知识散存于员工的头脑内。由于知识的上述特征，保罗·洛玛尔（Paul Romer）认为，"知识是资本的一种基本形式，知识积累推动着经济的增长"。

　　本书的作者伊恩·查斯顿是一位具有丰富的理论与实践经验的学者及管理者，他在英国、新西兰等国的高校里担任教职，已指导过20余名博士生。他全面关注企业经营活动，在企业管理、市场营销、创业途径、电子商务、知识管理和组织性学习方面颇有建树，撰写了大量的论文及著作（他在2000年撰写的《营销e术》已由荆林波先生在2003年译介进我国）。他在2004年推出的这本《知本营销》更是在其先前研究成果的基础上，深入系统地研究了知识与经济活动的关系。查斯顿认为，在新的形势下，企业应该奉行一种新的经营哲学，即企业的价值是组织内部知识的价值的反映。他将知识经济与企业的营销结合起来，清晰地勾勒出当代经济发展的轮廓，论证了知识在营销过程中的作用。他的论述既有宏观理论概括，也有大量的案例佐证，显示了他把握时代的发展脉搏的能力及对世界经济的走向的敏锐的洞察力。在他看来，如何获得知识、管理知识及运用知识是摆在现代企业、商业人士面前的一项亟需研究的课题。如作者所言，掌握知识并娴熟地学以致用是现代企业在竞争中的立身之本、开路之斧，知识流的畅通与否是决定我们在市场上成败的关键。要想在经济领域里驰骋，必须善于学习、善于管理所得到的信息。

　　这部著作对中国经济建设有着较强的现实意义。随着全球化进程的加快，特别是在成为世界贸易组织的成员国后，我国正式进入世界经济的大流通与大循环之中。舞台的拓宽，既意味着机会，又意味着挑战以及更加激烈的竞争。我国现处于一种非常特殊的地位：一方面有机会参加国际竞争，另一方面受历史原因所限，在开拓国际市场方面经验并不丰富，尚未形成一套强有力的竞争机制与体系。我们不但要弥补因历史原因所造成的不足，而且还须紧盯世界发展的动向，早日成为世界经济强国。为此，我们迫切地需要借助外力，掌握先进的技术，形成自己得心应手的竞争之器。有鉴于此，我们翻译了这部著作，希望它能为我国的企事业人员了解国外在经济与营销方面的研究成果有所帮助。由于译者受外语水平和专业水平的双重局限，译文多有不当之处，敬请各位专家和读者不吝赐教。本书的翻译工作分工如下：张继军负责翻译序言、第一章、第二章、第三章、第四章和第五章；江马益负责翻译第六章、第七章、第八章、第九章和索引部分；第十章、第十一章和第十二章由孙煜华负责翻译。此外，张继军、江马益还校阅了全文。

最后，本书在翻译过程中得到了中国人民大学出版社的大力支持和帮助，我们也借此机会表达我们的感激之情。

译者谨识

2007 年 8 月 10 日

图书在版编目（CIP）数据

知本营销：21世纪竞争之刃／（英）查斯顿著；张
继军等译. —北京：中国人民大学出版社，2007
（文化创意产业译丛）
ISBN 978-7-300-08534-0

Ⅰ. 知…
Ⅱ. ①查…②张…
Ⅲ. 市场营销学
Ⅳ. F713.50

中国版本图书馆 CIP 数据核字（2007）第 144421 号

文化创意产业译丛

知本营销——21世纪竞争之刃

［英］伊恩·查斯顿　著

张继军　江马益　孙煜华　译

出版发行	中国人民大学出版社			
社　　址	北京中关村大街 31 号		邮政编码	100080
电　　话	010 - 62511242（总编室）		010 - 62511398（质管部）	
	010 - 82501766（邮购部）		010 - 62514148（门市部）	
	010 - 62515195（发行公司）		010 - 62515275（盗版举报）	
网　　址	http://www.crup.com.cn			
	http://www.ttrnet.com（人大教研网）			
经　　销	新华书店			
印　　刷	河北三河市新世纪印务有限公司			
规　　格	155 mm×230 mm　16 开本		版　次	2007 年 10 月第 1 版
印　　张	22.75		印　次	2007 年 10 月第 1 次印刷
字　　数	292 000		定　价	45.00 元